Condomínio Edilício
TEORIA E PRÁTICA

C672c   Coelho, José Fernando Lutz
        Condomínio edilício: teoria e prática / José Fernando Lutz Coelho.
   – Porto Alegre: Livraria do Advogado Ed., 2006.
      216 p.; 23 cm.

    ISBN 85-7348-400-4

    1. Condomínio de apartamentos. 2. Condomínio. I. Título.

                    CDU - 347.238

    Índices para o catálogo sistemático:

Condomínio
Condomínio de apartamentos

(Bibliotecária responsável: Marta Roberto, CRB-10/652)

José Fernando Lutz Coelho

Condomínio Edilício
TEORIA E PRÁTICA

Porto Alegre, 2006

© José Fernando Lutz Coelho, 2006

Capa, projeto gráfico e diagramação
Livraria do Advogado Editora

Revisão
Rosane Marques Borba

Direitos desta edição reservados por
Livraria do Advogado Editora Ltda.
Rua Riachuelo, 1338
90010-273 Porto Alegre RS
Fone/fax: 0800-51-7522
editora@livrariadoadvogado.com.br
www.doadvogado.com.br

Impresso no Brasil / Printed in Brazil

Ao meu pai, Luiz Arami Drago Coelho, que completa 50 anos de atividade junto ao mercado imobiliário santa-mariense, expoente como corretor de imóveis, demonstrando que a experiência se adquire com o mestre, que é o tempo.

A vida é uma festa!
Lauro Trevisan

Sumário

Introdução 13

1. Condomínio 15
   1.1. Noções gerais 15
   1.2. Espécies de condomínio 16
      1.2.1. Condomínio voluntário 16
      1.2.2. Condomínio necessário 17
      1.2.3. Condomínio em edificações ou edilício 18

2. Do condomínio edilício 21
   2.1. Natureza jurídica 21
   2.2. Constituição do condomínio 24
   2.3. Convenção do condomínio 27
      2.3.1. Natureza jurídica 27
      2.3.2. Conteúdo 28
   2.4. Despesas extraordinárias e ordinárias 30
   2.5. O síndico 31
      2.5.1. Quem pode ser síndico 32
      2.5.2. Funções do síndico 32
      2.5.3. Representação do condomínio pelo síndico 33
      2.5.4. Destituição do síndico 34
      2.5.5. Prestação de contas do condomínio 35
      2.5.6. Outras figuras na administração do condomínio 35
   2.6. Os quóruns legais 36
   2.7. Da prescrição 37
   2.8. O condômino anti-social 40
   2.9. Assembléia geral 41
      2.9.1. Espécies 42
      2.9.2. Considerações sobre a validade da assembléia 45
      2.9.3. Formalidades na instalação da assembléia 46

3. Questões controvertidas no condomínio edilício 47
   3.1. O condomínio como parte ativa no Juizado Especial Cível 47
   3.2. Perturbações sonoras no condomínio 54
      3.2.1. A poluição sonora pelo uso anormal da propriedade 56
      3.2.2. Os reflexos nas relações de vizinhança 58
      3.2.3. A ausência de adequado isolamento acústico 61

3.2.4. Do laudo técnico de isolamento acústico 62
3.2.5. A responsabilização do construtor 67
3.3. As despesas condominiais como obrigação *propter rem* 69
3.3.1. Natureza jurídica 70
3.3.2. A preferência do condomínio frente à hipoteca 71
3.4. Animais em condomínio edilício 72
3.5. Garagens em condomínio edilício 76
3.5.1. Compra e venda de garagens 76
3.5.2. A locação de garagens 78
3.5.3. Furto em garagens 80
3.6. A multa de 2% como cláusula penal moratória 83
3.7. Possibilidade ou impossibilidade do protesto das despesas de condomínio . . 89

4. Legislação comparada e anotada (novo Código Civil e Lei nº 4.591/64) 91

5. Outras modalidades de condomínio 101
5.1. *Shopping centers* 101
5.1.1. Da locação em *shopping center* perante o condomínio 102
5.1.2. O confronto entre a lei de locações e o CDC 109
5.2. Condomínio fechado ou loteamento fechado 112
5.3. Direito de superfície 113
5.4. *Time-sharing* 114

6. Informações práticas ao síndico e administrador 117
6.1. Despesas 117
6.2. Prestação de contas 118
6.3. Administração por empresa capacitada e assessoria jurídica 118

7. Ações judiciais pertinentes no condomínio edilício 121
7.1. Ação de cobrança 121
7.2. Ação monitória 124
7.3. Ação de execução 129
7.3.1. Execução com base em título executivo extrajudicial 131
7.3.2. Execução com base em título executivo judicial 132
7.4. Ação cominatória 133
7.5. Ação de prestação de contas 138
7.6. Ação de consignação em pagamento 139
7.7. A arbitragem 142
7.8. Ação declaratória de alteração na participação de rateio sobre despesas
condominiais 144
7.9. Ação de nunciação de obra nova 146

8. Modelos 149
8.1. Convenção do condomínio 149
8.2. Contrato de prestação de serviços 162
8.3. Ação de cobrança de taxas condominiais 165
8.4. Ação de prestação de contas 166
8.5. Ação de nunciação de obra nova 168
8.6. Ação cominatória 171
8.7. Ação condenatória de obrigação de fazer (art. 461 do CPC) 175

8.8. Ação de consignação em pagamento 181
8.9. Ação cautelar preparatória para sustação de protesto de despesas condominial . 183
8.10. Ação principal declaratória 187
8.11. Contestação no Juizado Especial Cível 191
8.12. Recurso de Apelação 193
8.13. Ação monitória 199
8.14. Ação declaratória para alteração de participação em rateio de despesas
condominiais 201

9. Tabela prática das despesas ordinárias e extraordinárias 205

Bibliografia 214

Introdução

O assunto que trata sobre o condomínio em edificações, consagrada como propriedade horizontal, e que após o decurso temporal de quase quatro décadas, vem a ser disciplinada pelo novo Código Civil, com uma nova denominação de condomínio edilício, e que desperta grande discussão e curiosidades, não só pela nova "expressão", mas pela suma importância da propriedade coletiva no contexto econômico e social.

O avanço progressivo da construção civil e a preferência pelos empreendimentos que envolvem a propriedade compartilhada, na instituição de condomínios residenciais e comerciais, induziu e ensejou um regramento jurídico próprio, que inicialmente surgiu em 1964, com a Lei nº 4.591, diante da omissão do CC/1916, e agora amparada e disciplinada pelo novo CC, Lei nº 10.406/02, através dos artigos 1.331/1.358.

Por conseqüência, concebeu-se uma nova socialização da coletividade que se insere dentro do condomínio, havendo a extrema necessidade de uma disciplina legal, mas também de um regramento interno, com "comandante", coordenador, organizador, dirigente, que se materializam na pessoa do síndico ou administrador, com poderes e obrigações/deveres legais e convencionais, figura de vital exponência da "pequena cidade", sim, pois os condomínios se traduzem em uma sociedade com problemas que se comparam com uma cidade, ou seja, o prefeito da cidade, e o síndico do condomínio.

O síndico e/ou administrador não são efetivamente figuras meramente decorativas, ou apenas "quebra-galho", são representantes com poderes de representação, administração, sujeitos até a responsabilização civil em caso de conduta ativa ou omissiva.

Como aumentaram a propriedade coletiva, com a forma de condomínios especiais em edificações, que podem se enquadrar como condomínio edilício, ou condomínio fechado, ou até *time-sharing*, por efeito, as necessidades também aumentaram proporcionalmente, e os problemas não só aumentaram, como surgiram outros problemas, em decorrência das próprias mudanças sociais e econômicas, o que faz originar novas facetas no condomínio moderno.

O intuito da presente obra, originada de inúmeros trabalhos de assessoria jurídica, na labuta diária em questões de ordem judicial e extrajudicial, e ainda, como professor no cursos de graduação e pós-graduação, nos levou a pensar, repensar, traduzir, interpretar e opinar, na busca de soluções frente às inúmeras celeumas que envolvem o condomínio em edificações, hoje edilício.

Para tal, reportamo-nos às matérias de cunho teórico e prático, não tendo a pretensão de esgotar a matéria, até mesmo em virtude da sua complexidade, face às diversas situações fáticas que delas possam surgir, mas, no sentido de propiciar elementos informativos ao profissionais do direito, como operadores do direito, na incansável busca da tutela jurisdicional do Estado, patrocinando as causas de condomínio, por tal razão, a inserção de modelos de petições iniciais e contestações mais utilizadas no meio jurídico.

Objetivamos, também, atingir e auferir informações e dicas que podem de forma significativa auxiliar os síndicos e administradores dos condomínios edilícios, na solução de problemas do cotidiano, mas acima de tudo, conferindo instruções para a prevenção de litígios, evitando transtornos e custos com a utilização de eventuais medidas judiciais, o que se denota como uma forma de evitar demandas, contribuindo como vetor de diminuição de processos judiciais.

Condomínio Edilício – Teoria e Prática analisa a matéria da propriedade coletiva no plano de direito material, através de comentários aos dispositivos que regulam o assunto, além da apreciação de questões polêmicas e ainda não pacificadas pela doutrina e jurisprudência, mas com postura fundamentada, e visando a uma solução adequada e racional, com conformidade aos ditames de equilíbrio e justiça.

A preocupação com a satisfação da tutela jurisdicional do Estado é delineada com a apresentação das ações judiciais mais praticadas no condomínio, com as peculiaridades e características de cada ação e com a pretensão deduzida por meio do processo judicial.

1. Condomínio

1.1. Noções gerais

Condomínio é comunhão de direitos entre duas ou mais pessoas sobre a mesma coisa ou conjunto de bens, é a propriedade comum, ou o domínio exercido em comunhão, considerando uma coisa comum, onde os titulares ou proprietários são denominados como condôminos, com-proprietários, co-proprietários, comunheiros ou consortes. Pertencendo o direito de propriedade a vários sujeitos ao mesmo tempo, teremos na hipótese um condomínio, que poderá ser em razão da comunhão, *pro indiviso*, que perdura por circunstâncias de fato e de direito, permanecendo em estado de indivisão entre os condôminos, sem localização das partes sobre a coisa. A propriedade é exercida em comum em quotas ou frações ideais.

A comunhão *pro diviso* existe de direito, não de fato, onde ocorre a localização da parte certa e determinada da coisa pelo condômino, ou seja, cada um dos co-proprietários procede como dono exclusivo da porção localizada sobre a coisa, como exemplo podemos destacar nos edifícios de apartamentos, em que cada unidade autônoma é independente das demais, e a indivisão se restringe às áreas de uso comum.

O condomínio é causador de inúmeras polêmicas ou discórdias, em virtude da própria dificuldade de convivência entre as pessoas, no compartilhamento de atividades, seus direitos e deveres, e por vezes a origem é voluntária ou convencional, embora por decorrência de fenômenos naturais pode se estabelecer por sucessão hereditária, em que *verbi gratia*, vários herdeiros recebem uma unidade imobiliária em conjunto.

Mas o condomínio pode resultar por manifestação de vontade dos adquirentes, que por interesses comuns, adquirem um apartamento, tendo cada um dos titulares uma fração ideal sobre a propriedade, devendo ser aduzida também, a com-propriedade decorrente de testamento, disposição legal, a usucapião, podendo ter como objeto coisas móveis ou imóveis.

CONDOMÍNIO EDILÍCIO

1.2. Espécies de condomínio

1.2.1. Condomínio voluntário

Na concepção do Código Civil de 1916, denominava-se condomínio ordinário, clássico ou tradicional onde no Código Civil, encontra-se inserido dentro do capítulo VI, com a denominação de "condomínio geral", nos arts. 1.314 a 1.330. É voluntário aquele que decorre da vontade das partes.

Efetivamente, é direito real de propriedade pertencente simultaneamente a mais de uma pessoa, e que a legislação brasileira considera o condomínio geral como uma situação jurídica especial, em que a propriedade de uma coisa pertence a mais de uma pessoa, gerando direito sobre a integralidade, na proporção da quota-parte ou fração ideal do condômino, e que nesse sentido a fração ideal é a parte abstrata, que na coisa indivisa corresponde a cada condômino. Sobre a fração ideal ou quota-parte, o condômino pode comportar-se como proprietário exclusivo. Sobre a coisa comum, o condômino depende de autorização dos demais, ou de deliberação da maioria.

Os condomínios gerais, conforme deduziremos, podem resultar da vontade dos indivíduos (contratual), que aliás, pode ser convencionado pelo prazo de cinco anos, podendo ser prorrogado, quando ajustado pelos consortes (art. 1.320, § 1º, CC). Prazo máximo de 5 anos, quando estipulado pelo doador (art. 1.320, § 2º, CC).

Importante destacar os direitos dos condôminos, em que evidenciamos; usar livremente a coisa, conforme a sua destinação, bem como exercer todos os direitos compatíveis com a indivisão, desde que não impeça igual uso pelos demais consortes, conforme art. 1.314 do CC; o condômino não pode alterar a coisa sem autorização dos demais consortes (art. 1.314, parágrafo único, CC). O condômino que usar além da sua parte ideal deve ressarcir os demais consortes (art. 1.319 CC).

Reivindicar o bem de terceiros na sua totalidade, não podendo ser contra o seu consorte (art. 1.314 CC). Pode defender a posse contra quem quer que seja (art. 1.314 CC), inclusive contra consortes no condomínio *pro diviso*. Alienar ou gravar a sua quota-parte.

No condomínio indivisível, na hipótese da alienação da quota-parte, deve o condômino conceder a preferência aos demais condôminos, na forma do art. 504 do CC, e sendo preterido o consorte ou condômino poderá exercer o direito de preferência real, dentro de um prazo de 180 dias, sob pena de decadência, mediante depósito do preço e mais despesas do negócio.

Se a coisa for indivisível e não houver interesse na aquisição da quota-parte pelos consortes, então poderá ocorrer a alienação da coisa comum, que poderá ser judicial, com procedimento de jurisdição voluntária previsto no art. 1.113 do CPC, e com previsão legal substantiva no art. 1.322 do Código Civil.

No condomínio divisível, problema surge para o adquirente quando não houver autorização para imissão na posse, uso e gozo pelos demais consortes, conforme determina o art. 1314, parágrafo único, do CC, pois o adquirente adquire o bem nas mesmas condições do condômino alienante, embora existam entendimentos de que o adquirente não poderá sequer tomar posse sem a devida autorização dos demais, mas que a alternativa legal e solução, neste último caso, será a propositura de uma ação de divisão (arts. 946 e seguintes do CPC) pelo adquirente, na forma do art. 1.320 do CC.

A divisão da coisa comum, a qualquer tempo, quando possível, se encontra expressa por disposição legal, nos moldes do art. 1.320 CC. Mas não sendo viável a divisão e não havendo interesse na adjudicação do bem por um dos consortes, então a solução será a mencionada ação de alienação de coisa comum.

Os deveres dos condôminos, nos condomínios gerais, como formulado na classificação deduzida: destacamos a obrigação de concorrer, na proporção de sua parte, para as despesas de conservação e manutenção da coisa, presumindo-se iguais as partes ideais dos consortes, na forma do art. 1.315 e parágrafo único do CC. As dívidas de condomínio são *propter rem*. O novo Código Civil trouxe inovação em seu art. 1.316, permitindo ao consorte eximir-se do pagamento das despesas, mediante renúncia de sua fração ideal.

Há o dever de reembolsar o pagamento realizado por outro condômino de dívida feita em proveito da comunhão, na forma do art. 1.318 CC; e, responder perante a comunhão, pelos frutos que perceber da coisa comum pelos danos que lhe causar, na forma do art. 1.319 CC.

No que pertine à administração do condomínio, o legislador dispôs expressamente a partir do art. 1.323 do CC, e não sendo viável ou possível a utilização em comum, os condôminos deliberarão sobre: administração; locação; ou venda. As decisões serão tomadas pela maioria dos quinhões, sendo considerada maioria absoluta a metade mais um dos quinhões. Na hipótese de administração, haverá a escolha de um administrador; em caso de locação, os condôminos terão direito de preferência. E na opção de venda, será amigável ou judicial.

A extinção do condomínio, dar-se-á em caso de perecimento ou extinção da coisa comum, pela sucessão hereditária, a usucapião, forma contratual ou até mesmo pelo término do prazo convencionado para a indivisão.

1.2.2. Condomínio necessário

Condomínio insuscetível de divisão, o condomínio necessário também é denominado de condomínio forçado, como na meação de paredes, cercas, muros e valas, estabelecido em virtude da utilidade de paz e segurança dos proprietários vizinhos. O compáscuo é o condomínio sobre pastagens, em que vários sujeitos têm direito de explorar o mesmo pasto, onde o Código Civil de 1916 dispunha claramente no seu art. 646, o que não se repetiu com o advento do novo Código Civil, através da Lei nº 10.406, de 10/01/2002, que suprimiu esta espécie, o que não se inviabiliza a utilização dos princípios que norteiam o condomínio.

O art. 1.327 do CC dispõe que o condomínio por meação de paredes, cercas, muros e valas regula-se pelo disposto neste Código (arts. 1.297 e 1.298; 1.304 a 1.307), estabelecendo-se que o proprietário que tiver direito a estremar um imóvel com paredes, cercas, muros, valas ou valados, terá igualmente a meação na parede, muro, valado ou cerca do vizinho, embolsando-lhe metade do que atualmente valer a obra e o terreno por ela ocupado (art. 1.297), o que se vislumbra pelo art. 1.328.

Regra básica no condomínio necessário é que qualquer que seja o valor da meação, enquanto aquele que pretender a divisão não o pagar ou depositar, nenhum uso poderá fazer na parede, muro, vala, cerca ou qualquer outra obra divisória, aliás, o que se denota em dispositivo legal (art. 1.330).

1.2.3. Condomínio em edificações ou edilício

As questões que envolvem o condomínio tratam na realidade de comunhão de propriedade ou com-propriedade, onde mais de uma pessoa, geralmente várias, exercem determinado direito sobre bem, embora possa resultar do acordo de vontade entre os condôminos (voluntário ou convencional) ou por causas involuntárias, como a decorrente de sucessão hereditária, em que a comunhão é estranha à vontade dos condôminos.

De qualquer forma, e independente de classificação doutrinária, o condomínio repercute no meio social, pela importância no cenário jurídico, face à necessidade e na evolução do próprio direito imobiliário, e as mudanças não se restringem às denominações implementadas pelo novo Código Civil, onde o condomínio, ordinário, clássico ou tradicional, passa a ser definido como geral ou voluntário, o condomínio vertical, em necessário, ou ainda, o condomínio horizontal ou em edificações, para edilício, pois as normas legais avançam no sentido da própria evolução das relações comunitárias e coletivas, e os problemas e controvérsias se proliferam ou se alteram, e os operadores do direito apontam e buscam soluções, na busca do equilíbrio jurídico e social.

Exemplificando, é preocupante o acentuado inadimplemento das obrigações relativas às despesas ou taxas condominiais que incidem nos prédios residenciais ou comerciais, causando sérios transtornos aos condôminos pontuais, ao síndico e administradores, já que as despesas do condomínio serão rateadas na forma prevista na convenção, geralmente correspondendo a quota do rateio a fração ideal da cada unidade imobiliária, seja apartamento ou sala.

Na Lei nº 4.691/64, era viabilizada ao síndico a cobrança das contribuições no prazo fixado na convenção, com imposição de juro moratório de 1% (um por cento) ao mês, e multa de até 20% (vinte por cento) sobre o débito, desde que prevista na convenção do edifício, devidamente atualizado pelos índices de correção monetária, tal possibilidade resolvida pela via amigável ou judicial, que foi alterada pelo novo Código Civil brasileiro, ainda que existam outros inúmeros problemas que envolvem a coletividade condominial.

Na realidade, para utilização e manutenção dos equipamentos e facilidades comuns do prédio, é indispensável que os pagamentos dos serviços essenciais sejam devidamente pagos, tais como: fornecimento de água; manutenção dos elevadores e equipamentos básicos de segurança; serviços de portaria e limpeza; o gás, quando for o caso de central; e, ainda, outras facilidades ou comodidades que determinados edifícios fornecem.

Evidentemente que em caso de atraso das taxas condominiais, deverá ser procedido um rateio entre os condôminos pontuais, ou até a utilização do fundo de reserva do condomínio, para ser suprida a inadimplência dos outros condôminos, que mesmo em atraso, continuam usufruindo de todas as utilidade do prédio, como se nada houvesse, não podendo nem ser cobrados publicamente, pois poderá ser "vexatório", e nesses casos, utilizam a água, às vezes gás, salão de festa, usufruem de todos os serviços, facilidades e privilégios do condomínio, sem existir a possibilidade de serem suspensas todas as vantagens pelo síndico, o que não é permitido por lei, ficando os devedores, sem qualquer constrangimento, com o beneplácito da justiça.

O síndico ou administrador, nestas hipóteses, deverá ser cauteloso, não podendo suspender por conta própria a água, por exemplo, que o condômino devedor utiliza, para banhar-se, e os outros que não são relapsos pagam em prol do edifício, pois serão passíveis de penalização, com a caracterização de um ilícito penal, denominado de exercício arbitrário das próprias razões, ou seja, não se pode fazer justiça pelas próprias mãos.

Nesse sentido é que o síndico ou administrador terá de ser diligente, aplicando a convenção ou o regimento interno do condomínio, tentando a composição amigável e, não obtendo êxito, promover o ajuizamento da competente ação de cobrança das taxas mensais devidas, além dos acréscimos viabilizados pela convenção, tais como: multa, juros, correção monetária, ainda estarão sujeitas a custas judiciais e honorários advocatícios que poderão ser arbitrados no percentual de até 20% (vinte por cento) do débito atualizado.

CONDOMÍNIO EDILÍCIO

Portanto, é necessário agilidade, para evitar maiores prejuízos ao condomínio, e principalmente aos condôminos que cumprem regularmente com as suas obrigações, ressaltando-se que a relação do condomínio é com os condôminos proprietários, não podendo ser cobrado judicialmente dos locatários ou eventuais ocupantes. É evidente que no caso de locação o locador proprietário poderá acionar o inquilino através da ação de despejo por falta de pagamento de encargos, ou até, com base no contrato de locação escrito, executar os fiadores com penhora de bens.

Não se pode descartar a demora na obtenção dos créditos, face à morosidade do nosso Judiciário, além do que, o condomínio pelo menos na regra geral, não pode utilizar os juizados especiais cíveis (pequenas causas), geralmente rápidos e eficazes na prestação jurisdicional, face à proibição legal, necessitando do processo comum, onde infelizmente, alguns condômino de forma equivocada, utilizam com intuito eminentemente protelatório, para simplesmente "ganhar tempo", o que ocasionará, com certeza, um aumento significativo da dívida.

Importante esclarecer que tais atitudes temerárias e até irresponsáveis de tais condôminos inadimplentes, que prejudicam a vida condominial, poderão ser desastrosas, pois mesmo que o imóvel seja residência do condômino devedor, não estará ele abrigado ou beneficiado pela impenhorabilidade do imóvel residencial, não respondendo por *dívida civil*, comercial, fiscal, previdenciária ou de outra natureza, pois, nos termos do art. 3º, inciso V, da Lei nº 8.009/90, viabiliza como forma de exceção a penhora do imóvel residencial quando resultar da cobrança de taxas e contribuições devidas em função do imóvel familiar.

Por tais razões, ficará o condômino devedor sujeito a perder o imóvel comercial ou mesmo residencial, em virtude de que os tais bens poderão ser penhorados, passíveis de venda judicial por hasta pública ou leilão, sendo os valores obtidos revertidos em prol do condomínio, o que se constata que, embora demorada a maratona judicial, não vale a pena aos condôminos devedores. Deverá existir uma maior conscientização dos condôminos da postura e comportamento social, no sentido de proporcionar uma harmonia das relações condominiais, onde todos possam usufruir das benesses e utilidades do prédio, ou é justo que o vizinho que não efetua o pagamento das taxas utilize o salão de festas, aproveite a piscina, consuma gás e água, por exemplo, e você que paga a conta?

Estas são algumas das questões a serem analisadas, evidenciando a grande importância do regramento e da administração da comunidade condominial, que tem vida própria, com anseios, preocupações, adaptações, mudanças, no sentido de viabilizar uma vivência harmoniosa e salutar, mas não é tão simples assim, pois veremos.

2. Do condomínio edilício

2.1. Natureza jurídica

No plano teórico, várias teorias procuraram decifrar e conceituar a natureza jurídica do condomínio, dentre elas podemos elencar:

a) acéfala: nega a existência da verdadeira propriedade nessa forma de condomínio;

b) condomínio como servidão: oriunda do direito francês;

c) condomínio como direito de superfície: adotada pelo direito alemão;

d) comunhão de bens: teoria que classifica a propriedade horizontal como uma comunhão de bens, que para alguns autores como João Batista Lopes,[1] deve ser afastada, pois insatisfatória, já que cada condômino é titular de uma unidade autônoma e, ao mesmo tempo, utiliza áreas em comum com outros condôminos;

e) sociedade imobiliária: não aceita pela doutrina, pois o condomínio não possui a característica da *affectio societatis*, requisito para a identificação de uma sociedade;

f) sociedade imobiliária: não aceita pela doutrina, pois o condomínio não possui a característica da *affectio societatis*, requisito para a identificação de uma sociedade;

g) universalidade de fato e universalidade de direito. Personalização do patrimônio comum: tese defendida por Hannebicq, onde a universalidade de bens, através de reunião de pessoas, constitui complexo de coisas, em que o patrimônio comum adquire personalidade jurídica.[2]

h) condomínio como ente despersonalizado: vigente no Brasil.

Os doutrinadores contemporâneos não obtiveram uma fixação da real natureza jurídica da propriedade horizontal em razão das muitas fórmulas empregadas, mas é de grande valia a apresentação de algumas tendências de opiniões entre doutrinadores, pois não podemos olvidar que somente o fato de um grupo visar a um determinado fim não denota que o mesmo seja dotado de personalidade jurídica.

---

[1] LOPES, João Batista. *Condomínio*. 8. ed. rev., ampl. e atual. pelo novo Código Civil, Lei nº 10.406, de 10/01/2002, em vigor desde 11/01/2003. São Paulo: Editora Revista dos Tribunais, 2003. p. 47.

[2] HANNEBICQ. *Les universalités de biens. Apud* LOPES, João Batista. *Condomínio*. Op. cit p. 49.

Para Maria Helena Diniz,[3] o condomínio em edifício de apartamentos possui personalidade jurídica. Sua tese está amparada na interpretação do art. 63, § 3°, da Lei n° 4.591/64 *ipsis litteris*:

> Art. 63. É lícito estipular no contrato, sem prejuízo de outras sanções, que a falta de pagamento, por parte do adquirente ou contratante, de três prestações de do preço da construção, quer estabelecidas inicialmente, quer alteradas ou criadas posteriormente, quando for o caso, depois de prévia notificação com o prazo de 10 (dez) dias para a purgação da mora, implique na rescisão do contrato, conforme nele se fixar, ou que, na falta de pagamento pelo débito respondem os direitos à respectiva fração ideal de terreno e à parte construída adicionada, na forma abaixo estabelecida, se outra forma não fixar o contrato.
>
> ...
>
> § 3º No prazo de 24 horas após a realização do leilão final, o condomínio, por decisão unânime de assembléia geral em condições de igualdade com terceiros, terá preferência na aquisição dos bens caso em que serão adjudicados ao condomínio.

Na posição da autora, o dispositivo acima admite, de maneira implícita, a personalidade do condomínio, possibilitando ao mesmo tornar-se proprietário dos bens adjudicados.

J. Lamartine Corrêa de Oliveira sustenta que o condomínio é dotado de capacidade jurídica, conforme citação na obra *Condomínio* (p.50), de João Batista Lopes,[4] *in verbis*: "Não sustentamos, portanto, que o condomínio seja proprietário das áreas comuns. Não o é. Mas é, evidentemente, titular de créditos, de débitos, sujeito de ralações de direito cambiário, titular de contas bancárias, empregador, pode contratar, pode ser devedor de reparações de ato ilícito praticado por seus órgãos ou por seus prepostos e empregados, credor e devedor por via contratual e extracontratual. É evidentemente o condomínio, e não os condôminos, o titular do direito de preferência do § 3° do art. 63 da Lei 4.591..." (*A dupla crise da pessoa jurídica*. São Paulo: Saraiva, 1979. p. 225-226).

Para Serpa Lopes e Carlos Maximiliano, citados igualmente na obra de João Batista Lopes, o condomínio não é dotado de personalidade jurídica, pois parte seria somente o síndico, através de mandato especial, que lhe daria o poder de representação.

O Tribunal de Justiça do Rio de Janeiro, por sua vez, proferiu decisão que aborda a questão, manifestando-se no sentido de que "não estando incluído entre as pessoas jurídicas de direito privado (art. 44, do Código Civil/1916) e, portanto, não sendo sujeito de direito, o condomínio, que não é dotado de personalidade jurídica, não pode figurar como parte em compromisso de promessa de cessão de direitos" (RT, 468:201).

---

[3] DINIZ, Maria Helena. Les universalités de biens. *Apud* LOPES, João Batista. *Condomínio*. Op. cit p. 49.

[4] LOPES, João Batista. *Condomínio*. Op. cit.

Plausível é a lição do próprio João Batista Lopes ao discorrer que embora o art. 63, § 3°, da Lei n° 4.591/64 induza autorizar a conclusão de que o condomínio seria pessoa jurídica, tal interpretação entraria em conflito direto *com o disposto nos* arts. 1.331, 1.332, e 1.335 do Código Civil, que aduz que nas edificações, partes são propriedade exclusiva e partes são propriedade comum dos condôminos. O condomínio será instituído por ato entre vivos ou testamento, registrado no Cartório de Registro de Imóveis, devendo constar daquele ato, além do disposto em lei especial: – a discriminação e individualização das unidades de propriedade exclusiva, estremadas umas das outras e das partes comuns – a determinação da fração ideal atribuída a cada unidade, relativamente ao terreno e partes comuns – o fim a que as unidades se destinam.

Mesmo tendo a Lei n° 4.591/64, que aponta pela preferência na aquisição de bens, não pode fazer com que o intérprete ou operador de direito realize um pensamento no sentido de classificar, o condomínio, como pessoa jurídica, por duas razões: a primeira significaria uma contradição com o sistema que o legislador elegeu; a segunda pelo fato de a prática de tais atos pelo condomínio tratarem-se de meros motivos de conveniência, simplificação e praticidade sem qualquer contradição com a sistemática adotada pela lei.

É nesse sentido que optamos pela classificação do condomínio edilício como um ente despersonalizado, assim como o são a família, as sociedades irregulares ou de fato, a herança jacente e o espólio. A massa falida, por exemplo, é representada por um síndico e pode adquirir direitos mediante contratos bilaterais, e só por tal fato não é classificada como pessoa jurídica, assim como não é, também, o espólio que é representado pelo inventariante.

A hipótese aludida no art. 63, § 3°, da Lei n° 4.591/64 serviu apenas para fins práticos, como foi exibido anteriormente. Embora interessantes teses são defendidas no sentido de que o condomínio, e não os condôminos, é capaz de contratar, ser empregador, devedor, assim como ser titular de contas bancárias, e que tais casos seriam capazes de conceder a tão discutida personalidade jurídica, não se pode olvidar que tais atos serão pactuados através de um representante (síndico).

O condomínio, portanto, não deve ser encarado como uma pessoa jurídica, pois não tem fins lucrativos. Ademais, porque representa tão-somente a união de pessoas físicas que visam ao bem comum de seus associados, ou seja, é uma representação comunitária.

Ao síndico, como é notório, cabe representar o condomínio em juízo dentre muitas de suas funções, prerrogativas e obrigações. O texto da lei é expresso: o síndico representa ativa e passivamente o condomínio, em juízo ou fora dele, e pratica os atos de defesa dos interesses comuns, nos limites

CONDOMÍNIO EDILÍCIO

da Lei e da Convenção. (art. 22, § 1º, *a*, Lei nº 4.591/64, e art. 1.348 do Código Civil).

Não se deve confundir a ausência de personalidade jurídica pertinente ao condomínio com a personalidade judiciária, que o Código de Processo Civil assegura ao condomínio edilício.

Além do Código Civil de 2002, na esteira da Lei nº 4.591/64, dispor ser dever do síndico representar, ativa e passivamente, o condomínio (artigo 1.348, inciso II, Novo Código Civil), tal norma é reforçada pelo artigo 12, IX, do CPC, segundo o qual o condomínio será representado, em juízo, pelo administrador ou síndico. Trata-se da capacidade de ser parte.

2.2. Constituição do condomínio

O novo Código Civil brasileiro, em seu dispositivo legal, mais particularmente o art. 1.332, estabelece que o condomínio por unidades autônomas constituir-se-á por ato *inter vivos* ou por testamento, com o devido registro no Cartório Imobiliário da situação do imóvel, com a especificação e individualização das unidades imobiliárias, a identificação e discriminação de cada uma, bem como a respectiva fração ideal constante sobre o terreno e partes comuns, correspondentes a cada unidade, além da finalidade a que se destinam as unidades imobiliárias.

Para caracterização do condomínio em edificações ou edilício, é imprescindível a existência de várias unidades e vários proprietários, não havendo a configuração do aludido condomínio na hipótese de uma edificação com várias unidades imobiliárias que sejam do domínio de um único proprietário.

Geralmente a instituição do condomínio é realizada pelo incorporador imobiliário, que é o empreendedor da construção. Pode o mesmo alienar as frações ideais e acessões que se constituirão nas futuras unidades imobiliárias que integram a edificação, pois a incorporação imobiliária nada mais é que a atividade exercida com a finalidade de promover e realizar a construção. Para a alienação total ou parcial, onde pode ser incorporador a pessoa física ou jurídica, comerciante ou não, que, embora não efetuando a construção, compromisse ou efetive a venda de frações ideais do terreno no intuito da vinculação das frações ideais das unidades, portanto, podem ser incorporadores: o proprietário do imóvel; o promitente comprador; o cessionário de direitos de promitente comprador; o promitente cessionário; o promitente permutante; promitente recebedor de promessa de dação em pagamento; o construtor; e os corretores de imóveis.

As incorporações podem ser por empreitada, em que o incorporador se compromete a entregar a obra pronta a preço fechado; ou por administração, em que o incorporador realiza uma obra a preço de custo.

A incorporação imobiliária será registrada perante o Cartório de Registro de Imóveis da situação do imóvel, requerido pelo incorporador, por instrumento particular, que deverá conter os seguintes documentos: requerimento do incorporador, requerendo o registro da incorporação, com o indispensável memorial de incorporação, que deverá conter os seguintes dados:

a) Nome e qualificação do proprietário do terreno;

b) Nome, qualificação e qualidade do Incorporador, sendo que se não for o proprietário deverá constar que está devidamente autorizado pelo proprietário para realizar a Incorporação;

c) Descrição do terreno, com a sua filiação registral;

d) Descrição do Empreendimento (Nome, área total construída, número de pavimentos, destinação a ser dada às unidades autônomas);

e) Descrição das unidades autônomas (Indicação numérica ou alfabética, pavimento em que se localiza, localização no pavimento, área privativa, área comum, área total, fração ideal no terreno e nas coisas comuns);

f) Descrição das áreas de uso comum;

g) Descrição do número de veículos por box-garagens ou critérios de utilização da garagem;

h) Prazo de carência.

Com o requerimento e memorial de incorporação, é necessário o título dominial, ou seja, a comprovação da titularidade da propriedade do terreno ou contrato tendente à aquisição da propriedade, com a respectiva autorização do proprietário para o incorporador realizar a Incorporação, com a apresentação de certidão vintenária do imóvel e certidão negativa de ônus reais, pessoais e reipersecutórios sobre o imóvel.

A idoneidade econômico-financeira do incorporador será comprovada através da apresentação de atestado expedido por instituição financeira, com mais de 5 anos de operação no país; certidões negativas de débitos federais; certidões negativas de débitos estaduais; certidões negativas de débitos municipais; certidão negativa de débito junto ao INSS; e certidão negativa de protestos de títulos.

Em regra são os documentos necessários, devendo ser observadas as exigências do art. 32 da Lei nº 4.591/64, além dos projetos arquitetônicos do empreendimento, devidamente aprovados pela Municipalidade e assinados por engenheiro responsável e pelo proprietário; planilha de áreas do empreendimento, na qual conste a área privativa, área comum, área total e frações ideais das unidades autônomas, devidamente aprovada pela Muni-

CONDOMÍNIO EDILÍCIO

cipalidade e assinada por engenheiro responsável; memorial descritivo da obra, devidamente aprovado pela Municipalidade e assinado por engenheiro responsável; planilha de custos da obra, devidamente assinado por engenheiro responsável; anotação de responsabilidade técnica (ART) do engenheiro responsável pelo empreendimento; e minuta da futura Convenção do Condomínio.

Importante destacar a novidade inserida pela Medida Provisória n° 2.221, de 4 de setembro de 2001, denominada de patrimônio de afetação, onde, a critério do incorporador, a Incorporação poderá ser submetida ao regime de afetação, pelo qual o terreno e as acessões objeto da incorporação imobiliária, bem como os demais bens e direitos a ela vinculados, manter-se-ão apartados do patrimônio do incorporador e constituirão patrimônio de afetação, destinados à consecução da Incorporação correspondente e à entrega das unidades imobiliárias aos respectivos adquirentes, conforme art. 30-A, da lei de incorporação imobiliária (4.591/64).

Além da incorporação imobiliária, estão também legitimados o proprietário de uma edificação imobiliária composta por mais de uma ou várias unidades, por meio de testamento, com a instituição de condomínio edilício sobre as unidades que o integram, com a devida descrição e caracterização na forma legal exigida, atribuindo autonomia a cada unidade, especificando as partes de uso comum, além das regras de uso e administração sobre o conjunto imobiliário.

Os condôminos proprietários de um imóvel que resolvam extinguir o condomínio geral, através da divisão, poderão também instituir o condomínio de um edifício, assim como os titulares da propriedade, que adquirem em conjunto um terreno para a construção de um prédio residencial ou comercial, poderão estabelecer na mesma escritura pública de compra e venda do terreno a instituição do condomínio, com a fixação das frações ideais, descrição e caracterização das futuras unidades imobiliárias a cada condômino proprietário.

Na linguagem de Melhim Namem Chalhub,[5] que atribuiu a expressão *condomínio especial*, na sua instituição, consideradas as peculiaridades materiais e jurídicas dessa propriedade especial, é indispensável a instituição de um estatuto regulamentado de uso e fruição das partes privativas e das partes de uso comum, que contemple a individualização e descrição das unidades e das partes comuns, a destinação do conjunto, e as regras limitadoras de uso, necessárias a assegurar a normalidade do uso da propriedade.

---

[5] CHALHUB, Melhim Namem. *Curso de direito civil:* direitos reais. Rio de Janeiro: Forense, 2003, p. 129.

2.3. Convenção do condomínio

É a lei interna da coletividade condominial, objetivando regular o convívio social dos condôminos proprietários, bem como de todos os usuários, como locatários, comodatários, depositários, usufrutuários etc., preservando a tranqüilidade, paz social e a própria moralidade da comunidade que integra o condomínio edilício.

Considerado o regramento basilar do condomínio, vai estabelecer os direitos e deveres dos titulares da propriedade horizontal, que representa a vontade da maioria que estabelece as regras de conduta, tendo por tais razões uma conotação contratual, embora deva estar vinculada às regras legais expressamente previstas na Lei 4.591/64 e nos dispositivos insertos no novo Código Civil brasileiro.

Por efeito, os usuários ou ocupantes das unidades imobiliárias deverão respeitar as cláusulas estabelecidas na convenção, mesmo como dissemos, não sendo condômino, mas locatário, por exemplo, em que ao formular contrato de locação, seja escrito ou verbal, deverá obrigatoriamente ficar adstrito às normas internas do condomínio, decorrentes da convenção estabelecida no edifício onde se localiza a unidade imobiliária, com finalidade residencial ou não-residencial (comercial, profissional liberal, prestação de serviços etc.) seja sala, loja ou apartamento.

2.3.1. Natureza jurídica

a) Associação: o caráter associativo da convenção de condomínio não pode ser admitido, pois não há a *affectio societatis*, pois na associação, em tese haveria uma celebração de reciprocidade, em relação a bens ou serviços com objetivo econômico objetivando a obtenção de lucros e dividendos.

b) Contrato: considerar a convenção como uma relação contratual é o critério adotada por alguns doutrinadores, pois decorre basicamente da manifestação de vontade dos partícipes do condomínio edilício, mas como pondera o mestre Caio Mário da Silva Pereira, "Alguns consideram a convenção uma relação contratual. E na sua origem assemelha-se ela, na verdade, a um contrato, por que nasce de um acordo de vontades. Mas a sua ligação com o contrato é apenas formal. Na essência ela mais se aproxima da lei".[6]

c) Mista: entendem alguns que além do caráter de contratualidade entre os condôminos é também um ato normativo, já que também vincula não-condôminos, pois as regras deverão ser obedecidas pelos usuários, inclusive pelos locatários que utilizam a unidade imobiliária, aliás, expressamente dispõe o art. 1.333, parágrafo único, do

---

[6] PEREIRA, Caio Mário da Silva. *Condomínio e incorporações*. 5. ed. Rio de Janeiro: Forense, 1985, p. 125.

Código Civil. com esse entendimento observamos o autor Vilebaldo Monteiro, na sua recente obra *Condomínio Edilício no Novo Código Civil*.[7]

d) Ato normativo: o caráter normativo da convenção está delineado na própria Lei nº 4.591/64 e no Código Civil, operando a sua forma cogente aos condôminos titulares da propriedade, bem como às pessoas que freqüentam e utilizam o prédio objeto da coletividade condominial, como norma jurídica restrita ao condomínio do edifício, a convenção estabelece restrições e faculdades que acabam por vincular a todos que se inserem no condomínio, sendo a natureza que nos parece mais adequada.

2.3.2. Conteúdo

A convenção do condomínio, que deverá ser escrita, embora o instrumento poderá ser particular ou público, deverá observar as cláusulas do art. 1.332 do CC, a ser instituído por ato entre vivos ou testamento, registrado no Cartório de Registro de Imóveis, devendo constar daquele ato, além do disposto em lei especial:

I – a discriminação e individualização das unidades de propriedade exclusiva, estremadas uma das outras e das partes comuns;

II – a determinação da fração ideal atribuída a cada unidade, relativamente ao terreno e partes comuns;

III – o fim a que as unidades se destinam.

Além disso, deverá a convenção edilícia estipular as determinações inseridas claramente no art. 1.334, tais como:

I – a quota proporcional e o modo de pagamento das contribuições dos condôminos para atender às despesas ordinárias e extraordinárias do condomínio;

II – sua forma de administração;

III – a competência das assembléias, forma de sua convocação e *quorum* exigido para as deliberações;

IV – as sanções a que estão sujeitos os condôminos, ou possuidores; e,

V – o regimento interno.

A convenção, mesmo com o seu caráter normativo, não poderá se sobrepor à lei, sob pena de nulidade, razão pela qual, sequer poderá estar em conflito, mas efetivamente complementar o regramento legal exarados na Lei n° 4.591/64 e Código Civil.

De qualquer maneira, torna-se crível que exista uma participação efetiva e solidária dos condôminos titulares, no sentido de discutirem e refletirem, para anunciar as proposições e regras que convergirem no interesse da comunidade que compõe o condomínio horizontal.

---

[7] MONTEIRO, Vilebaldo. *Condomínio edilício no novo código civil*. Rio de Janeiro: Roma Victor Editora, 2003.

Deve ser evitada a imposição de pessoas ou grupos, o que muitas vezes ocorre na realidade prática, onde em determindas situações alguns proprietários ou titulares não se "envolvem", ou seja, não participam na confecção do instrumento convencional, por comodidade, falta de tempo ou até mesmo por desinteresse.

Embora existam dispositivos legais que disciplinem a matéria, e que devem ser respeitados, pois não podem os condôminos de forma livre estabelecer todas as regras, o que se destaca uma iniciativa ou prisma de contratualidade, mas a convenção é normativa, e que institucionalmente limita a vontade dos titulares que integram a propriedade horizontal.

As normas legais do condomínio em edificações se encontram acima da vontade dos interessados, e se prestam, de forma cogente, a implementar o seu caráter público, supremacia das normas, onde o espírito é amparar a coletividade condominial, em atenção aos primórdios de ordem econômica e social, primando pela convivência e conveniência das pessoas.

Por tal razão, como ocorre em outras legislações, como no direito agrário, mais especificamente, aos contratos agrários de arrendamento e parceria rural, qualquer disposição contratual em contrário aos ditames do estatuto da terra (Lei 4.504/64) ou do próprio regulamento (Dec. 59.566/66), serão nulas de pleno direito, o que não é diferente com a lei do inquilinato (Lei 8.245/91), em que concerne a relação locatícia, onde o art. 45, expressamente dispõe que serão nulas de pleno direito as cláusulas do contrato de locação que visem a elidir os objetivos da presente lei, notadamente as que proíbam a prorrogação prevista no art. 47, ou que afastem o direito à renovação, na hipótese do art. 51, ou que imponham obrigações pecuniárias para tanto.

No mesmo sentido, as cláusulas formuladas na convenção de condomínio, na hipótese de contrariarem expressa ou implicitamente a Lei 4.591/64 e as normas do Código Civil, serão inócuas, nulas, ao contrário, por maioria, os condôminos poderiam auferir vantagens em prol de uns, em prejuízo de outros, através de privilégios que não se coadunam com os preceitos legais, o que se exemplifica, no caso de se estabelecer que determinados condôminos estejam impedidos de utilizar áreas de uso comum, proibir de participar em assembléias, alterar ou inviabilizar o direito de voto, etc.

Portanto é inevitável, quase imprescindível, que os titulares da propriedade horizontal de forma democrática estabeleçam as regras da convenção, inclusive o próprio regimento interno, no sentido de prevenirem futuros litígios na interpretação das normas legais, o que se vislumbra nas situações corriqueiras, como na utilização do salão de festas, com horários, taxas, possível revestimento acústico, horários para realização de mudan-

CONDOMÍNIO EDILÍCIO

ças, e que não venham a perturbar a utilização adequada e racional das unidades imobiliárias.

2.4. Despesas extraordinárias e ordinárias

As despesas extraordinárias de condomínio, conforme dispõe o art. 22, inciso X, da lei do inquilinato, são deveres do locador, norma de ordem pública, que não admite renúncia ou convenção em contrário, em que independente da autonomia da vontade, viabilizando às partes de estabelecerem cláusulas e condições, sofre as restrições decorrentes do dirigismo contratual, onde através da intervenção do Estado no negócio jurídico em face da relação *ex locato*, estabelece regras restritivas e impositivas, no sentido de proteger uma parte em relação a outra, com base no princípio da função social do contrato, boa-fé, ou seja, proteger o locatário, evitando a transferência de despesas que não são rotineiras, e que poderiam ser pactuadas como obrigação sua.

Tanto é que o art. 45 da Lei 8.245/91, como já duzido, estabelece no dispositivo legal que são nulas de pleno direito as cláusulas do contrato de locação que visem a elidir os objetivos da presente lei, notadamente as que proíbam a prorrogação prevista no art. 47, ou que afastem o direito à renovação, na hipótese do art. 51, ou que imponham obrigações pecuniárias para tanto, ou seja, qualquer determinação em oposição à determinação legal, constituirá em fundamento para elidir a lei inquilinária.

Por despesas extraordinárias de condomínio se entendem aquelas que não se refiram aos gastos rotineiros de manutenção do edifício, especialmente, as enunciadas no parágrafo único do art. 22 da lei de locações:

a) obras de reformas ou acréscimos que interessem à estrutura integral do imóvel;

b) pintura das fachadas, empenas, poços de aeração e iluminação, bem como das esquadrias externas;

c) obras destinadas a repor as condições de habitabilidade do edifício;

d) indenizações trabalhistas e previdenciárias pela dispensa de empregados, ocorridas em data anterior ao início da locação;

e) instalação de equipamento de segurança e de incêndio, de telefonia, de intercomunicação, de esporte e de lazer;

f) despesas de decoração e paisagismo nas partes de uso comum;

g) constituição de fundo de reserva.

Por despesas ordinárias de condomínio se entendem as necessárias à administração da vida condominial e se encontram estabelecidas no art. 23, inciso XII, da lei do inquilinato (8.24/91), onde o parágrafo único exara especificamente:

a) salários, encargos trabalhistas, contribuições previdenciárias e sociais dos empregados do condomínio;

b) consumo de água e esgoto, gás, luz e força das áreas de uso comum;

c) limpeza, conservação e pintura das instalações e dependências de uso comum;

d) manutenção e conservação das instalações e equipamentos hidráulicos, elétricos, mecânicos e de segurança, de uso comum;

e) manutenção e conservação das instalações e equipamentos de uso comum destinados à prática de esportes e lazer;

f) manutenção e conservação de elevadores, porteiro eletrônico e antenas coletivas;

g) pequenos reparos nas dependências e instalações elétricas e hidráulicas de uso comum;

h) rateios de saldo devedor, salvo se referentes a período anterior ao início da locação;

i) reposição do fundo de reserva, total ou parcialmente utilizado no custeio ou complementação das despesas referidas nas alíneas anteriores, salvo se referentes a período anterior ao início da locação.

O locatário ficará obrigado ao pagamento das despesas referidas, desde que comprovados a previsão orçamentária e o rateio mensal, podendo exigir a qualquer tempo a comprovação das mesmas, se ressaltado que o rol das despesas anunciadas não é taxativa, significa que outras despesas condominiais poderão ser exigidas, desde que relacionadas a utilização de uso rotineiro do imóvel que integra a coletividade no edifício constituído por unidades imobiliárias autônomas.

2.5. O síndico

Quando se fala na administração do Condomínio, logo vem à memória aquela pessoa muitas vezes considerada "implicante", incompreensível, imperativa. Realmente, o Síndico, muitas vezes malcompreendido, desempenha um papel de grande importância no Condomínio, não só porque lhe incumbe representar o condomínio ativa e passivamente em juízo, mas também porque ele exerce funções executivas de administrador.

O Síndico é o indivíduo escolhido para defender os interesses de uma associação, de uma classe, de um condomínio.

O novo Código Civil estabelece a competência do Síndico em seu art. 1.348. O síndico deve-se pautar pela lei, mas é essencial o uso do bom-senso, da razoabilidade e principalmente do diálogo com todos os condôminos a fim de manter o bom relacionamento entre os vizinhos.

A atividade do síndico não faz jus à remuneração se esta não estiver regularmente escrita e mesmo na hipótese de remuneração, não caracteriza relação empregatícia nem locação de serviço.

Na eventualidade de o Síndico causar algum prejuízo ao condomínio, seja por culpa ou dolo, responderá por indenização nos termos do art.186 do Código Civil.

2.5.1. Quem pode ser síndico

O síndico não necessita ser condômino proprietário, nem mesmo pessoa do condomínio, permitindo a lei, que este seja pessoa estranha ao corpo condominial. O Novo Código Civil suprimiu a lacuna deixada pelo Código de 1916, que não dispunha especificadamente sobre a matéria da possibilidade ou não do exercício da função de Síndico por pessoa que não fosse condômino. O Código de 1916 se subsidiava na Lei Condominial (Lei nº 4.591/64), que em seu art.22 atribuía poder à Convenção para estabelecer a possibilidade de pessoa estranha ao condomínio poder administrá-lo.

Assim, antes do advento da Lei 10.406/2002, prevaleciam as disposições da convenção quanto à possibilidade de escolha do síndico, se deveria este ser escolhido entre os condôminos ou se era permitida a eleição de estranho.

O Novo Código Civil positivou o art.1347, dispondo que:

A assembléia escolherá um síndico, que poderá não ser condômino, para administrar o condomínio, por prazo não superior a 2 (dois) anos, o qual poderá renovar-se.

Vislumbra-se, assim, que a partir da disposição do art. 1.347 do novo diploma civil, o síndico é escolhido pela assembléia e poderá ser pessoa estranha ao condomínio, dispensando a faculdade expressa na convenção.

Quanto ao mandato de síndico, este será de dois anos, podendo ser renovado, por mais um mandato, porém, não são proibidas constantes reeleições.

2.5.2. Funções do síndico

O síndico deve ter consciência de que ele, mais do que um simples mandatário, é o administrador de uma comunidade, por isso cabe a ele zelar pelos interesses da coletividade, ou seja, de todos os condôminos, em prol da estabilidade e do bem viver.[8]

O síndico, escolhido pela assembléia, seja ele condômino ou não, possui como principais funções a representação do condomínio em juízo e a administração do condomínio.

O art. 1.348 do Código Civil estabelece a competência dos síndicos, estabelecendo que:

---

[8] MONTEIRO, Vilebaldo. *Condomínio edilício no novo código civil.* Op. cit, p. 80.

José Fernando Lutz Coelho

Compete ao síndico:

I – convocar a assembléia dos condôminos;

II – representar, ativa e passivamente, o condomínio, praticando, em juízo ou fora dele, os atos necessários à defesa dos interesses comuns;

III – dar imediato conhecimento à assembléia da existência de procedimento judicial ou administrativo, de interesse do condomínio;

IV – cumprir e fazer cumprir a convenção, o regimento interno e as determinações da assembléia;

V – diligenciar a conservação e a guarda das partes comuns e zelar pela prestação dos serviços que interessem aos possuidores;

VI – elaborar o orçamento da receita e da despesa relativa a cada ano;

VII – cobrar dos condôminos as suas contribuições, bem como impor e cobrar as multas devidas;

VIII – prestar contas à assembléia, anualmente e quando exigidas;

IX – realizar o seguro da edificação.

Assim, vislumbram-se da leitura do supracitado artigo as atribuições do síndico. Entrementes, a Lei Condominial pode ser utilizada subsidiariamente às disposições, e, assim, principalmente, em seus artigos 10, 12, 16, 21, 24 e 25 traz algumas outras atribuições específicas, como por exemplo, de mandar desmanchar[9] as obras irregulares feitas por qualquer condômino.

2.5.3. Representação do condomínio pelo síndico

Segundo João Batista Lopes, "A representação do condomínio pelo síndico, em juízo, só é admissível quando se cuidar de medidas de caráter geral ou ordinário (ex.: cobrança de encargos de condomínio, moléstia ao uso das partes comum)".

O interesse defendido em juízo deve ser de interesse coletivo, comum do condomínio, para que o síndico possa representá-lo. Assim, poderá incorrer em ausência de condição da ação (legitimação *ad causam*), pois o síndico, através da eleição, recebe poderes de representação de interesses comuns, e não de interesses privados ou particulares, podendo o processo ser extinto sem julgamento de mérito (art. 267, VI, do CPC).

---

[9] CONDOMÍNIO. NUNCIAÇÃO DE OBRA NOVA E DEMOLITÓRIA. EDIFICAÇÃO SOBRE TERRAÇO. LEGITIMIDADE DE CONDOMÍNIO, REPRESENTADO PELA SÍNDICA. CERCEAMENTO DE DEFESA. DIREITO DE USO. MODIFICAÇÃO DA FACHADA. NECESSIDADE DE AUTORIZAÇÃO DA UNANIMIDADE DOS CONDÔMINOS. O síndico possui poderes para representar o condomínio em juízo, na defesa dos interesses desse, não dependendo de autorização anterior para tanto. A parte deve requerer e justificar especificamente a necessidade da produção de determinada provra. O indeferimento de pedido genérico formulado na contestação não caracteriza cerceamento de defesa. O direito de exclusivo de terraço de edifício não autoriza a nele edificar sem anuência da totalidade dos condôminos. Afastaram as prelimninares e negaram provimento ao apelo. (APELAÇÃO CÍVEL N° 70008485260, DÉCIMA NONA CÂMARA CÍVEL, TRIBUNAL DE JUSTIÇA DO RS, RELATOR: LEOBERTO NARCISO BRANCHER, JULGADO EM 25/05/2004).

Nas lides que o condomínio é autor ou réu, e a matéria não for pertinente a matéria administrativa, cabe ao síndico como representante do condomínio, apenas receber citações e tomar medidas imediatas, mas logo em seguida submeterá a matéria para apreciação e decisão por parte do órgão deliberativo.

Ressalta-se que a fim de comprovar sua legitimação para representar o condomínio, se faz necessária a apresentação da ata da assembléia, na qual houve a eleição do síndico.

2.5.4. Destituição do síndico

O síndico exerce cargo de confiança, logo, permite-se a revogação do seu mandato e a destituição do cargo.

Anteriormente à entrada em vigor do Novo Diploma Civil, a previsão da hipótese de destituição do síndico era tratada pela Lei Condominial[10] em seu art. 22, § 5º, o qual previa a possibilidade de destituição do síndico na forma da Convenção ou no caso não previsto nela, o *quorum* de dois terços dos condôminos da assembléia convocada para tal poderia deliberar a destituição.

O novo Código Civil, em seu art. 1.349, estabelece que a maioria absoluta dos membros da assembléia poderá através do voto destituir o síndico. Assim, estabelece o art.1.349 do Código Civil:

A assembléia, especialmente convocada para o fim estabelecido no § 2º do artigo antecedente, poderá, pelo voto da maioria absoluta de seus membros, destituir o síndico que praticar irregularidades, não prestar contas, ou não administrar convenientemente o condomínio.

Dessa maneira, o Estatuto Civil confere à assembléia uma faculdade, qual seja poder destituir o síndico desde que este não administre de maneira conveniente o condomínio, não preste contas ou pratique irregularidades. Entretanto, deve-se utilizar a razoabilidade, pois não é toda e qualquer irregularidade ou pequenos erros que justificarão a destituição.

Quanto ao subjetivismo da terminologia da expressão contida no art. 1.349: administração "conveniente" mister que se façam observações com o devido cuidado que esta merece.

A averiguação da situação fática, do caso em concreto é que revelará a inconveniência ou não da administração desenvolvida pelo síndico. Assim, por exemplo, como observa João Batista Lopes,[11] "a ausência reiterada

---

[10] Lei nº 4.591, de 16.12.1964, art. 22, § 5º: "O síndico poderá ser destituído pela forma e pelas condições previstas na Convenção, ou, no silêncio desta, pelo voto de dois terços dos condôminos, presentes, em assembléia geral especialmente convocada".

[11] LOPES, João Batista. *Condomínio*. Op. cit, p. 117.

do síndico e sua omissão podem caracterizar administração não conveniente; mas também será inconveniente a intervenção do síndico em assuntos que devam ser resolvidos pela assembléia".

2.5.5. Prestação de contas do condomínio

O síndico eleito para administrar o condomínio tem como uma de suas atribuições a prestação de contas à assembléia, conforme disposição do art.1.348, VIII, do Código Civil. A ausência da prestação representa violação dos deveres atribuídos ao síndico, bastando a mera omissão para que seja caracterizada a infração, desde que não sejam invocados impedimentos, tais como questões de saúde.

Obviamente, que o síndico não necessita ser um contabilista profissional, porém, a prestação das contas deve ser efetuada de forma documentada e minuciosa, onde devem ser arrolados gastos, recebimentos, saldos de fundo de reserva, valores em atraso e demais verbas.

A prestação de contas há de ser feita pelo síndico a qualquer momento, e se não for exigida, deve ser no mínimo anual a prestação de contas à assembléia, conforme se infere da leitura do art.1.348, VIII, do Código Civil. Desta maneira, a não-prestação de contas como infração aos deveres do síndico pode resultar em destituição do cargo.[12]

2.5.6. Outras figuras na administração do condomínio

A administração do condomínio compete *a priori* ao síndico; entretanto, outras figuras aparecem como auxiliares na administração condominial. São elas: o subsíndico, o conselho consultivo, o conselho fiscal e a assembléia geral.

Quanto ao subsíndico, este poderá receber, total ou parcialmente, os poderes de representação ou as funções administrativas, desde que aprovado em assembléia, salvo disposição em contrário da convenção, conforme disposição do art. 1.348, § 2º, do Código Civil.

Assim, a existência do subsíndico não é obrigatória, podendo a convenção prevê-la ou não, e se o fizer deve atribuir suas funções, bem como estabelecer seu mandato.[13]

Obviamente, assim como o síndico, o subsíndico não é um empregado nem caracteriza locação de serviço o seu cargo. O subsíndico é visto como

---

[12] Art. 1.349 do atual Código Civil, que corresponde na legislação extravagante do art. 22, § 5º, da Lei 4.591/64 (condomínio em edificações).

[13] Lei nº 4.591, de 16.12.1964, art. 22, § 6º – A convenção poderá prever a eleição de subsíndicos, definido-lhes atribuições e fixando-lhes o mandato que não poderá exceder de dois anos, permitida a reeleição.

CONDOMÍNIO EDILÍCIO **35**

um administrador do condomínio, auxiliar ao síndico, que desempenha um cargo de confiança, podendo ser demitido a critério da assembléia geral.

O parágrafo único do art.23 da lei condominial, estabelece de forma imperativa e não facultativa a criação do Conselho Consultivo, ao dispor que:

Funcionará o Conselho como órgão consultivo do síndico, para assessorá-lo na solução dos problemas que digam respeito ao condomínio, podendo a Convenção definir suas atribuições específicas.

Diante disso, o conselho consultivo traduz-se em um órgão que tem por escopo auxiliar o síndico em questões de conflitos, deliberações da assembléia, que cotidianamente resultam da vida em comum de um viver em condomínio.

Sem disposição correspondente no Código Civil de 1916, o art.1.356 do novo diploma material, faculta a existência e criação de um conselho fiscal, composto de três membros, eleitos pela assembléia, por prazo não superior a dois anos. O conselho fiscal terá como competência a fiscalização da prestação de contas dadas pelo síndico, emitindo pareceres a respeito.

A assembléia geral é órgão máximo do condomínio, assim como o povo está para as eleições, pois ela expressa a vontade da coletividade, aqui dos condôminos, para deliberar assuntos e interesses comuns. Através da união, fusão, discussão e, mesmo divergência, da vontade dos condôminos chega-se a um consenso no qual deverá prevalecer o interesse coletivo para o caso em discussão.

Por fim, diga-se que o síndico e o subsíndico devem se subordinar à vontade da assembléia geral à medida que esta, como expressão maior da vontade dos condôminos, é o órgão máximo dentro do condomínio. Entretanto, logicamente, que seja a assembléia geral, seja o síndico ou os conselhos(consultivo ou fiscal) devem agir conforme e dentro dos limites fixados na convenção e na lei, para que suas decisões, deliberações ou atitudes não sejam invalidadas.

2.6. Os quóruns legais[14]

Existem matérias referentes ao condomínio em que a aprovação depende da observância de quóruns previstos em lei (em especial a Lei 4.591/64 e o Código Civil), sob pena de nulidade das decisões tomadas, especialmente quando omissa a convenção. Em outras palavras, a aprova-

---

[14] Destacamos interessante artigo publicado na coluna de Secovi, jornal A Razão, 02/03/2005, pelo acadêmico da UFSM Albenir Itaboraí Querubini Gonçalves, sobre os diversos quóruns legais em matéria condominial.

ção somente se efetivará com a participação mínima de determinado número de condôminos, prevista em lei.

Em geral, as votações acontecem no âmbito das assembléias, que podem ser ordinárias ou extraordinárias. A assembléia geral é o órgão mais elevado do condomínio em que se decide sobre interesses comuns dos condôminos, tais como assuntos administrativos e elaboração das normas internas do condomínio. Já a assembléia extraordinária tem caráter eventual para deliberar sobre assuntos que necessitam de decisão conveniente e que surgem aleatoriamente, como modificação da convenção, assunto de interesse geral, entre outros.

São estes alguns exemplos de quóruns legais:

a) Aprovação da instituição e especificação do condomínio: depende da assinatura que represente 2/3 (dois terços) das frações ideais. (§ 2º do art. 9º da Lei 4.591/64);

b) Aprovação ou modificação da convenção: depende da assinatura que represente 2/3 (dois terços) das frações ideais. (arts. 1.333 e 1.351 do Código Civil);

c) Alteração do regimento interno do condomínio: maioria simples (metade mais um) dos votos dos condôminos. (art. 1.351 do Código Civil, alterado pela Lei 10.931/04);

d) Eleição e destituição de síndico: 2/3 (dois terços) dos votos dos condôminos;

e) Mudança na destinação do edifício ou de qualquer unidade imobiliária: exige a aprovação unânime dos condôminos (art. 1.351 Código Civil);

f) Realização de obras no edifício: as obras úteis, tais como o conserto de goteiras, depende da maioria dos votos dos condôminos (metade mais um); e obras voluptuárias, tais como a decoração do hall de entrada, exige de 2/3 (dois terços) dos votos dos condôminos (art. 1.341 do Código Civil);

g) Realização de obras nas partes de uso comum: se tiver como finalidade de facilitar o aumento da utilização das mesmas, dependerá de 2/3 (dois terços) dos votos dos condôminos (art. 1.342 do Código Civil);

h) Construção de outro pavimento no prédio: depende de aprovação unânime dos condôminos (art. 1.343 do Código Civil);

i) Modificação da fachada: depende de aprovação unânime dos condôminos (art. 10, § 2º da Lei 4.591/64);

j) Concessão do uso exclusivo de área de uso comum para qualquer condômino: depende de aprovação por unanimidade dos condôminos.

Logo os *quoruns* legais devem ser observados nas deliberações do condomínio, sendo que a vontade expressa nas votações é soberana entre os condôminos.

2.7. Da prescrição

O código civil não trata da matéria especificamente no que pertine ao condomínio edilício, nem mesmo deixa a critério da convenção a fixação de prazos para a cobrança de taxas ou contribuições condominiais, anulação de decisões ou procedimentos decorrentes de assembléia ordinária ou extraordinária.

Para tal, devemos observar as considerações realizadas por J. Nascimento Franco,[15] na sua recente obra sobre Condomínio, em que enumera os prazos prescricionais decorrentes das normas do Código Civil, e que evidenciamos as seguintes: a) de 4 (quatro) anos (art. 178, I e II, do CC) para anulação das deliberações assembleares e outras tomadas sob coação, ou por erro ou dolo; b) de 5 (cinco) anos para cobrança de despesas de condomínio (art. 206, § 5°); c) de 10 (dez) anos para as ações fundadas em direito, tais como a remoção de placa publicitária chumbada na parede externa do edifício, a desobstrução de área comum; d) de 10 (dez) anos (art. 205 do CC) para anulação de decisão de assembléia que ilegalmente decide sobre obras no prédio, benesses em prol de condômino em prejuízo de outros, e alteração de convenção ou regimento interno, em desconformidade à própria convenção ou quorum legal.

Entendemos que a prescrição no condomínio edilício, diante da ausência de regra específica, é a estampada na norma do art. 205 do Código Civil, em prazo de 10 anos, ou seja, a "A prescrição ocorre em 10 (dez) anos, quando a lei não lhe haja fixado prazo menor", o que se aplicava com o Código Civil/1916, com os prazos de 10 e 20 anos, inseridos no art. 177.

Não podemos deixar de considerar, as disposições finais e transitórias, em especial o art. 2.028, e estabelece que serão os da lei anterior os prazos, quando reduzidos por este Código, e se na data de sua entrada em vigor, já houver transcorrido mais da metade do tempo estabelecido na lei revogada.

Pela aplicação do prazo decenal figuram os doutrinadores J. Nascimento Franco[16] e Silvio Salvo Venosa.[17]

Conforme já aduzimos no nosso livro sobre a fiança locatícia,[18] no que diz respeito às questões de ordem processual a prescrição é questão de mérito, conforme preceitua o art. 269, IV, do CPC, e quando o juiz indefere a petição inicial por prescrição, há extinção do processo com julgamento do mérito, pois é causa extintiva da pretensão, e não do direito abstrato da ação, sendo instituto de direito material.

Evidente que a decisão que decreta a prescrição é uma sentença, pondo termo ao processo, passível do recurso adequado da apelação, e em tese, com a decretação da prescrição, sequer serão apreciadas as outras questões

---

[15] FRANCO, J. Nascimento. *Condomínio*. 5.ed. amp. e atual. São Paulo: Editora Revista dos Tribunais, 2005.

[16] FRANCO, J. Nascimento. *Condomínio*. Op. cit, p. 364.

[17] VENOSA, Sílvio Salvo. *Direitos reais*. São Paulo: Atlas, 2002, p. 308.

[18] *O contrato de fiança e sua exoneração na locação*, de nossa autoria, publicado pela Livraria do Advogado, Porto Alegre, 2002, p. 78.

de mérito, como as atinentes à validade da assembléia ou taxas, por exemplo.

A interrupção da prescrição se dará à data da propositura da ação, esta foi a nova redação ao § 1º do art. 219 do Código de Processo Civil, através da Lei nº 8.952, de 13.12.94, considerando-se que a propositura da ação ocorre com o despacho pelo juiz da petição inicial, ou pela distribuição, onde houver mais de uma vara (art. 263 do CPC).

A argüição da prescrição, em referência ao art. 741, VI, do CPC, seria oportuno, via embargos à execução, mas tal procedimento não é uníssono, tanto na doutrina como na jurisprudência. Em caso de execução por título judicial, somente pode ser alegada a prescrição superveniente por meio de embargos, como medida incidental, já no que pertine à execução decorrente de título extrajudicial, no caso decorrente de taxa condominial embasada no contrato de locação, na relação locador, locatário e fiador, entendem alguns, que somente pode ser formulada em sede de embargos, após seguro o juízo, no caso, pela penhora.

Passado o prazo para apresentação dos embargos, o devedor não poderá alegar a prescrição, nem mesmo argüi-la, se não constou dos embargos, esta é a posição adotada pelo STJ – 1ª Turma, REsp. 181.588-PE, relator Min. Garcia Vieira, julgado em 12.11.98, com provimento unânime, publicado no Diário de Justiça da União em 22.2.99, p. 75; ainda, posição da 3ª Turma, no REsp. 61.606-MG, relator o Min. Nilson Naves, julgado em 24.2.97, onde pela maioria foi dado provimento, publicado em 22.4.97, p. 14.423.

Por outro lado, existem entendimentos de que a prescrição poderá ser deduzida até por meio de petição avulsa, fora do prazo legal para oposição dos embargos do devedor (RT 754/301), ou na ausência de penhora, não correndo prazo para serem opostos embargos, ser alegada independentemente de seguro o juízo (RT 624/105).

Diante das posturas evidenciadas, aludimos ainda o caso da exceção da pré-executividade, como instrumento processual para suscitar e levantar a questão da prescrição, e a tese contrária seria que a prescrição, sendo matéria de mérito, não poderia ser admitida em sede de exceção.

Esta restrição deve ser bem analisada, pois a alegação nada mais seria de que um questionamento da própria admissibilidade da execução aforada, como na hipótese do pagamento, forma extintiva da obrigação, também indicada no art. 741, VI, do CPC, e que é matéria de defesa, e inevitavelmente, não poderíamos rejeitá-la.

Na ação de cobrança proposta pelo Condomínio contra o condômino, a mesma poderá ser suscitada pela parte-ré, a qualquer tempo, mesmo que seja matéria de direito disponível, pois conforme previsão do novo Código

Civil, em seu art. 193, a mesma pode ser alegada em qualquer grau de jurisdição, pela parte a quem aproveita, não sendo imprescindível a alegação na peça contestatória, embora seja de bom alvitre, no sentido de celeridade e economia processual.

Em execução forçada, entendemos que por meio de exceção de pré-executividade será possível, pois se caracteriza nessa situação, mesmo como matéria de mérito, indispensável requisito de exercício da pretensão executiva, mesmo sem os embargos do devedor.

2.8. O condômino anti-social

Com o advento do novo Código Civil, muito se tem propalado sobre a exclusão do condômino que pratica condutas que prejudiquem a paz e a própria ordem social no condomínio em edificações, o que fere as regras de postura legal e a própria convenção e regulamento interno, e principalmente, o direito de vizinhança em face das tensões provocadas que vulneram o direito ao sossego, saúde e até a segurança.

É indiscutível que o conflito entre os condôminos que também são vizinhos se reveste em foco de tensões sociais que se transformam em problemas de cunho econômico.

Mas o que causa perplexidade são as inúmeras invocações e comentários de que o novo CC viabilizou a "exclusão" do condômino anti-social, o que nos parece, com todo o respeito, absurda e contrárias às regras legais, já que não existe na lei condominial e no Código Civil previsão ou fundamento legal que oportunize esta medida drástica.

Portanto, o condomínio através de seu síndico ou administrador não poderá promover medida judicial que exclua[19] ou despeje[20] o condômino

[19] O direito Argentino admite o seqüestro, pelo prazo de 24 dias, dos apartamentos em caso de procedimento nocivo (Lei 13.512/48, art. 15), e o direito Uruguaio permite o "despejo" dos ocupantes do imóvel considerados nocivos (Lei 10.751/64, art. 11).

[20] É imprópria a utilização da expressão *despejar*, pois a mesma é decorrente de ação de despejo, que não se aplica na hipótese de condômino anti-social, pois a ação de despejo encontra-se amparada no artigo 5º da Lei 8.245/91 o qual dispõe: "Seja qual for o fundamento do término da locação, a ação do locador para reaver o imóvel é a de despejo". Através deste dispositivo se vislumbra ser a ação de despejo a única competente para dissolver o pacto locatício promovendo a retomada do imóvel. Excetuando-se o caso de ocorrência de desapropriação do prédio locado, disposto no parágrafo único do mesmo dispositivo legal. Por efeito, a ação de despejo é cabível para qualquer espécie de contrato locatício, seja ele residencial ou não residencial, por prazo certo ou indeterminado, nos casos de locação para temporada, assim como a locação para hospitais e escolas. Ainda concorde o supra-citado artigo 5º compete à ação de despejo seja qual for a causa da extinção do contrato de locação. Inúmeras são as hipóteses de despejos previstas em vários artigos da Lei do Inquilinato, dentre os quais destaca-se a extinção do usufruto e fideicomisso (art. 7º), a alienação do imóvel locado (art. 8º, *caput*), mútuo acordo, infração legal e contratual, e, em especial, a falta de pagamento do aluguel e demais encargos locatícios (art. 9º, I, II e III). A ação de despejo a rigor segue o procedimento ordinário, sendo regulada

ou morador da unidade, pois inexiste possibilidade jurídica, mas que, até poderia ser possível, na hipótese de o morador anti-social ser locatário, utilizando o imóvel que integra o condomínio edilício em decorrência de pacto locatício com o condômino-proprietário, onde este, em virtude da locação residencial, amparada pela lei do inquilinato (Lei nº 8.245/91), poderá promover a ação de despejo por infração à obrigação legal e contratual, visto que, a atitude do locatário transgride a utilização adequada do imóvel, com cláusula prevista no contrato locatício e deveres constantes no art. 23, incisos I e X, em servir-se do imóvel para o uso convencionado ou presumido, compatível com a natureza deste e com o fim a que se destina, devendo tratá-lo com o mesmo cuidado como se fosse seu, e em cumprir integralmente a convenção do condomínio e os regulamentos internos, viabilizando a exclusão por meio da ação despejatória nos moldes do art. 9º, inciso II, da Lei do Inquilinato.

2.9. Assembléia geral

Através da assembléia geral é que a vontade coletiva dos condôminos é manifestada, no que concerne aos interesses comunitários que integram a propriedade horizontal, hoje, condomínio edilício.

É uma espécie de órgão ou conselho deliberativo em que analisa e decide questões de ordem administrativa, do interesse comum, estabelecendo, inclusive, regras a serem obedecidas e cumpridas pelos condôminos com base na convenção condominial e seu regulamento interno.

A assembléia geral é soberana se constituindo em órgão valoroso do condomínio, pois através dela serão tomadas posturas decisórias no sentido de gerir e administrar, com a função de externar a vontade da maioria, ou quando for o caso, em conformidade com os quóruns fixados na lei ou convenção.

Na realidade, com a posição deliberada em assembléia, imprime ao síndico, conselho fiscal, administradores, colaboradores e condôminos que cumpram as suas determinações, pois a assembléia geral está em posição hierarquicamente superior.

Mesmo assim, as deliberações que advierem da assembléia deverão estar em consonância às regras legais da Lei nº 4.591/64, Código Civil, convenção e regimento interno, além das demais leis individuais, sob pena de nulidade absoluta.

---

pelas normas do Código de Processo Civil e art. 59, Lei 8.245/91, aplicando-se as especialidades da Lei do Inquilinato que lhe são pertinentes. Além da locação urbana, o despejo é possível nos contratos agrários, tanto de arrendamento como de parceria rural, em vista do amparo legal extraído do Estatuto da Terra (Lei nº 4.504/64) como do regulamento (Dec. nº 59.566/66).

2.9.1. Espécies

a) **Ordinária**

Conforme dispõe o art. 1.350 do CC, é a assembléia convocada anualmente, com objetivo de aprovar o orçamento de despesas dos condôminos e as contas a serem prestadas. É convocada pelo síndico a reunião da assembléia dos condôminos, na forma prevista na convenção, e além do orçamento e contas, poderá eventualmente eleger-lhe o substituto e alterar o regimento interno. Caso o síndico não convoque a assembléia, poderá ser realizada por solicitação de um quarto dos condôminos, e na hipótese de não ser possível a realização da assembléia geral, poderá a mesma se realizar por meio de medida judicial a ser promovida isoladamente por qualquer dos condôminos que integre a propriedade horizontal, que embora sendo uma alternativa extremista, é diante das circunstâncias a solução para a satisfação da pretensão legal de qualquer dos condôminos interessados.

Não é demasiado ressaltar que a assembléia ordinária deverá respeitar o quórum em particular, os denominados especiais, consoante alude o art. 1.351 do CC; dependendo da aprovação de (2/3) dois terços dos votos dos condôminos a alteração da convenção e do regimento interno; e da aprovação pela unanimidade dos condôminos, para a mudança da destinação do edifício, ou da unidade imobiliária, onde em relação à unanimidade para alterar a destinação do prédio, é salutar descrever a crítica de Carlos Alberto Dabus Maluf e Márcio Antero Motta Ramos Marques, na obra sobre o Condomínio Edilício:

> Entendemos que a previsão de unanimidade de votos para a mudança de destinação do prédio é excessivo rigor, pois há edifícios, principalmente no centro velho da cidade de São Paulo, que não mais se prestam para moradia, e a unanimidade impede a mudança de sua destinação e, conseqüentemente, sua comercialização, provocando a desvalorização do bem, com prejuízos incomensuráveis aos proprietários. Tal regra é um paradoxo, pois, se para emendar a Constituição da República não se exige unanimidade, por que a mudança de uma regra de direito privado a exigiria ?[21]

Concordamos com tal posicionamento, pois importante situação seria, na dependência de obter unanimidade para mudança de destinação do prédio, a aprovação por exemplo de 99%, onde apenas um condômino discorda, até por mera intolerância ou recalcitrância, inviabilizando a alteração, tendo em vista a exigência legal de 100%.

Mas diante disso, mesmo com as críticas dos doutrinadores à exigência de unanimidade, vislumbramos uma solução plausível para tais situações, que seria o suprimento judicial do consentimento do condômino opositor,

---

[21] MALUF, Carlos Alberto Dabus e MARQUES, Márcio Antero Motta Rosa. *O condomínio Edilício no novo Código Civil*. São Paulo: Saraiva, 2004, p. 112.

embora não haja previsão legal expressa nesse sentido, pois a negativa de um condômino ou de minoria absoluta não pode impedir o desenvolvimento e até mesmo o progresso econômico e social.

Na labuta diária, observamos certas situações curiosas, onde podemos destacar um condomínio de quase oitenta unidades imobiliárias, onde até por necessidade buscam a alteração da destinação da unidade que competia a utilização do zelador, ou seja para fins residenciais exclusivo de tal empregado, mas que, por medida de economia e desnecessidade, objetivam a alterar a destinação para fins de locação não-residencial, com valores significativos de renda por meio de aluguel, que culminará na redução das contribuições e taxas condominiais, mas apenas um condômino discorda, e mais do que isso, anuncia que vai a juízo impedir a modificação, pela simples razão de constar na convenção e da exigência legal, em total incompatibilidade com os demais condôminos, em virtude das atuais circunstâncias da coletividade.

É por tais razões de ordem prática, e pelas peculiaridades de caso a caso, que endentemos ser plenamente possível afastar a posição isolada do condômino, por meio de suprimento judicial do seu consentimento, o que embora pareça absurdo, mas não é, aliás, já tivemos oportunidade de observar a discussão do suprimento, na análise realizada pelo mestre Silvio Rodrigues, no tópico que trata da venda de ascendente à descendente, onde um dos descendentes, injustamente, se recusa a concordar com a venda projetada pelo ascendente a um dos seus descendentes por mero capricho ou negativa injustificada.

Na sua exposição que é favorável, enumera com salutar propriedade as posições contrárias, como Washington de Barros Monteiro, Agostinho Alvim e Clóvis Beviláqua, mas fundamenta a possibilidade de suprimento judicial do consentimento com a assertiva de que: "Prefiro a tese oposta e não me parece que a lei impeça o suprimento judicial apenas por não ter consignado expressamente. Neste terreno, nada proíbe a interpretação analógica: Se o suprimento judicial corrige o arbítrio de um recusa injusta, deve ser admitido, pois o interesse social da circulação da riqueza prevalece sobre o individual do descendente recusante, cada vez que o móvel deste último não seja legítimo".[22]

É nesse sentido, com base na função social e no interesse da coletividade condominial, é que deve prevalecer sobre a posição isolada e individual, e a negativa deduzida na simples aplicação da regra pura, que exige ser a posição unânime, mas que é contrária às necessidades e facilidades do condomínio edilício, é que propugnamos pela possibilidade de ser substi-

---

[22] RODRIGUES, Silvio. *Direito Civil, Dos contratos e das declarações unilaterais da vontade*, v. 3, 27. ed., São Paulo: Saraiva, 2000, p. 142.

tuída a vontade do condômino que discorda, por meio de sentença judicial, de acordo com as características específicas de cada situação fática.

No tocante aos votos em assembléia, serão os mesmos proporcionais às frações ideais no solo e nas outras parte comuns de cada condômino, exceto se houver regra diversa na convenção de constituição do condomínio, podendo ser utilizado o voto por unidade. (parágrafo único do art. 1.352 do CC).

Embora não haja referência expressa no Código Civil, nada impede que se realize mais de uma assembléia geral ordinária por ano, pois é possível que se realizem anualmente duas assembléias ordinárias, uma que poderá ser obrigatória, para aprovação do orçamento da receita e despesas, e outra para prestação de contas do síndico, embora o art. 24, *caput* da Lei 4.591/64, estabeleça que haverá, anualmente, uma assembléia geral ordinária dos condôminos.[23]

O locatário, em caso de não-comparecimento do condômino-locador, poderá votar, não se tratando de despesas extraordinárias, que são aquelas elencadas no art. 22, parágrafo único, da Lei nº 8.245/91, com fundamento legal viabilizado pelo art. 24, § 4º, da Lei 4.591/64.

b) **Extraordinária**

A assembléia geral extraordinária (art. 1.355, CC) será convocada pelo síndico ou por (1/4) um quarto dos condôminos, sempre que exigirem os interesse gerais dos partícipes do condomínio em edificações, podendo ser várias durante o ano, de acordo com a necessidade ou urgência da coletividade, tais como; deliberar sobre obras no condomínio, construção de outro pavimento, destituição do síndico, alteração da convenção e regulamento interno, mudança na destinação do edifício ou da unidade imobiliária, entre outras hipóteses, que surgiram conforme as circunstâncias de cada prédio residencial ou comercial.

c) **Especial**

Em conformidade ao art. 1.341 do CC, a realização de obras no condomínio depende: em se tratando de benfeitorias voluptuárias, de voto de dois terços dos condôminos; se benfeitorias úteis, de voto da maioria dos condôminos. As obras ou reparações necessárias podem ser realizadas, independentemente de autorização, pelo síndico, ou, em caso de omissão ou impedimento deste, por qualquer condômino e se as obras ou reparos necessários forem urgentes (restabelecer a energia elétrica do prédio, fornecimento de água, evitar ruptura de viga ou muro divisório sobre terreno lindeiro) e importarem em despesas excessivas, determinada sua realização,

---

[23] RODRIGUES, Silvio. *Direito Civil, Dos contratos e das declarações unilaterais da vontade*, v. 3, 27. ed., São Paulo: Saraiva, 2000, p. 142.

o síndico ou o condômino que tomou a iniciativa delas dará ciência à assembléia, que deverá ser convocada imediatamente, consoante exara os §§ 2º e 3º do referido dispositivo legal.

Se as obras não forem em caráter de urgência, mas forem obras ou reparos necessários, que importarem em despesas excessivas, somente poderão ser efetuadas após autorização da assembléia, especialmente convocada pelo síndico, ou, em caso de omissão ou impedimento deste, por qualquer dos condôminos. O condômino que realizar obras ou reparos necessários será reembolsado das despesas que efetuar, não tendo direito à restituição das que fizer com obras ou reparos de outra natureza, embora de interesse comum.

2.9.2. Considerações para validade da assembléia

Para a regularidade da assembléia é importante observar a sua regular convocação e o seu funcionamento, pois para a valia e eficácia das deliberações, formalidades devem ser atendidas. Portanto, todos os condôminos devem ser convocados na forma prevista na convenção, por carta ou aviso registrado, com antecedência mínima prevista, ou com prazo razoável que viabilize a participação na reunião (art. 1.354 CC).

A convenção deve primar pela forma de convocação da assembléia geral, devendo constar a ordem do dia, conter de forma especificada e clara os assuntos a serem tratados e decididos, a data com horário e local da assembléia, que é aconselhável que se realize no próprio prédio do condomínio, para facilitar a participação dos condôminos, salão de festas, e na ausência, na própria garagem ou hall de acesso, não importa o local, mas que seja propício aos debates, o critério e horário de primeira e segunda convocação.

Para o condômino votar nas deliberações de assembléia, nos moldes do art. 1.335, III, do CC, deverá estar em dia com as contribuições ou taxas condominiais, o que não afasta a necessidade de convocação dos condôminos inadimplentes, que não podem votar e participar da reunião, mas que na hipótese de ser efetivado o pagamento até o começo da assembléia, propiciará a sua participação, o que denota que todos os condôminos devem ser convocados.

Não apenas as normas legais devem ser conhecidas pelo síndico ou administradores, mas também, as regras da convenção que possibilitam ou não o voto do síndico ou conselheiros, em caso de aprovação ou prestação de contas, a utilização de instrumento procuratório para votar, se a procuração pode ser outorgada ao síndico ou candidato, se o procurador pode representar vários condôminos, ou até três no máximo, se a assinatura da procuração deve estar reconhecida por autenticidade, são hipóteses que geralmente são esclarecidas ou apreciadas pela convenção, e que devem ser atendidas, sob pena de nulidade da assembléia.

2.9.3. Formalidades na instalação da assembléia

Para a validade da reunião assemblear, como dissemos, devem ser observadas as normas legais e a convenção do condomínio, mas muitas questões e dúvidas surgem no ato de realização da assembléia, o que podem causar transtornos e confusões, culminando com a anulação ou ineficácia da mesma, tendo que ser repetida a convocação e realização da assembléia geral.

Sendo assim, além do bom-senso, que deve imperar no trato dos assuntos comunitários, o esclarecimento e a urbanidade, podemos enumerar certas exigências e detalhes que devem ser respeitados, para que se realize uma assembléia profícua, quais sejam:

• a confecção de lista de presença para ser assinada pelos participantes, para a própria apreciação do quórum e da qualidade de condômino, procurador, interessado;

• após a obtenção do quórum necessário, o síndico ou condômino dará início aos trabalhos, declarando instalada a assembléia, devendo esclarecer se em primeira ou segunda convocação, devendo ser lavrada ata de instalação;

• com a instalação da assembléia, poderá haver a escolha de um presidente e secretário, de preferência que não seja o síndico ou conselheiros;

• deverá ser lida a ordem do dia, e as matérias a serem apreciadas e discutidas, para serem devidamente deliberadas, observando os quóruns legais e eventuais exigências da convenção do condomínio;

• após a apreciação das matérias constantes da ordem do dia, será lavrada a competente ata pelo secretário designado, com leitura de forma clara (em voz alta) e assinada por todos presentes, inclusive secretário e presidente. É comum, embora não aconselhável, que a ata seja redigida posteriormente, por conveniência, mas para evitar qualquer desconformidade que venha causar a nulidade da assembléia, é salutar que a mesma seja lavrada no mesmo dia, com a assinatura dos presentes.

3. Questões controvertidas no condomínio edilício

3.1. O condomínio como parte ativa no Juizado Especial Cível

A possibilidade do condomínio figurar no pólo ativo perante o juizado especial é uma questão que tem despertado inúmeras controvérsias, sendo oportuna a sua discussão, pois se poderá atender aos princípios da celeridade e economia processual, na viabilidade ou faculdade de utilização.

A função jurisdicional dos Juizados ganha destaque em razão de sua suposta eficiência em matéria de pacificação e celeridade nos julgados. A gratuidade, sendo uma de suas características, permite o amplo acesso a esse juízo, podendo, dessa maneira, resgatar a credibilidade perdida em parte do Poder Judiciário em relação à sociedade.

A divergência sobre a possibilidade de o condomínio figurar no pólo ativo de ações propostas nos Juizados Especiais Cíveis é relevante, inexistindo consenso em matéria de jurisprudência, havendo julgados no sentido de admitir tal possibilidade e outros negando.

A doutrina não guarda uma manifestação muito clara e objetiva acerca da questão, pois é escasso o número de autores que oferecem um enfrentamento direto com esta controvérsia.

Como sabemos, os condomínios receberam a denominação de propriedade horizontal, o que de certa forma se contradiz com os edifícios (verticais) que aumentam progressivamente em nossas cidades. A denominação é explicada pelo fato de que os edifícios estarem divididos em planos horizontais.

Esse tema não atingiu a esfera do Código Civil de 1916, sendo abordado pela Lei nº 4.591/64 (Lei de Condomínios e Incorporações Imobiliárias) e, recentemente, pelo Novo Código Civil de 2002, em que este último instituto derrogou considerável parte da lei especial de 1964, embora essas duas últimas leis não guardam contradição entre si quanto à essência do condomínio.

Ao síndico, como é notório, cabe representar o condomínio em juízo dentre muitas de suas funções, prerrogativas e obrigações. O texto da lei é expresso: o síndico representa ativa e passivamente o condomínio, em juízo ou fora dele, e pratica os atos de defesa dos interesses comuns, nos limites da lei e da Convenção (art. 22, § 1º, a, Lei nº 4.591/64).

Não se deve confundir a ausência de personalidade jurídica pertinente ao condomínio com a personalidade judiciária, que o Código de Processo Civil assegura ao condomínio edilício.

Além de o Código Civil de 2002, na esteira da Lei nº 4.591/64, dispor ser dever do síndico representar, ativa e passivamente, o condomínio (artigo 1.348, inciso II, Novo Código Civil), tal norma é reforçada pelo artigo 12, IX, do CPC, segundo o qual o condomínio será representado, em juízo, pelo administrador ou síndico. Trata-se da capacidade de ser parte.

No magistério de Silvio de Salvo Venosa,[24] o direito de usar da unidade autônoma encontra limites nos princípios de ordem natural de vizinhança, como também nos ordenamentos particulares do condomínio. Os titulares de unidades condominiais são co-proprietários de suas respectivas frações ideais de terreno e das partes de uso comum. Nesse sentido, sendo omissa a lei condominial específica, deve-se interpretar o caso a partir das normas pertinentes ao condomínio em geral do Código Civil.

Sendo assim, há uma combinação dessas duas modalidades de propriedade (uma de direito próprio de cada unidade, e outra de direito comum) que se completam e se interpenetram. O titular da unidade autônoma condominial possui a propriedade de um direito complexo. O próprio art. 1.131 do Novo Código Civil reza que "pode haver, em edificações, partes que são propriedade exclusiva, e partes que são propriedade comum dos condôminos."

Eis a razão da natureza dúplice no que concerne aos condomínios. Há uma propriedade comum e outra exclusiva.

O mesmo jurista argumenta no sentido de que essa comunidade condominial de natureza real dúplice não pode ser considerada simplesmente pessoa jurídica em razão de lhe faltarem vários requisitos. Ademais, a lei não propõe qualquer manifestação, pois o próprio Código Civil teve a oportunidade de reconhecer a personalidade jurídica desse ente, mas não o fez.

Outra questão intrigante é sobre o condomínio não possuir personalidade jurídica, ou não é visto como uma pessoa jurídica, como se explica o fato de o mesmo possuir registro no Cadastro Nacional de Pessoas Jurídicas (CNPJ)?

Embora possuam registro no Cadastro Nacional de Pessoas Jurídicas, os condomínios não se constituem como pessoas jurídicas, já que de acordo

---

[24] VENOSA, Silvio de Salvo. *Direito Civil: Direitos Reais*, 2. ed. São Paulo: Atlas, 2002.

com entendimento da Receita Federal abaixo, os condomínios não são classificados como pessoa jurídica, mas necessitam de registro para fins cadastrais e tributários, conforme informações *in verbis*:

Cadastro Nacional da Pessoa Jurídica – CNPJ Informações Gerais. O CNPJ é o cadastro administrado pela Receita Federal que registra as informações cadastrais das pessoas jurídicas e de algumas entidades não caracterizadas como tais.

Quem está obrigado a se inscrever:

1. Todas as pessoas jurídicas, inclusive as equiparadas (firma individual e pessoa física equiparada à pessoa jurídica);

2. As seguintes entidades não caracterizadas como pessoa jurídica:

a) os condomínios em edifícios, comerciais ou residenciais, que aufiram ou paguem rendimentos sujeitos à incidência do imposto de renda na fonte;

...

Mas o fato de estarem inscritos no CNPJ não faz dos condomínios pessoas jurídicas contribuintes do Imposto de Renda de Pessoa Jurídica (IRPJ), consoante esclarece a própria Receita Federal:

MINISTÉRIO DA FAZENDA

SECRETARIA DA RECEITA FEDERAL

DELEGACIA DA RECEITA FEDERAL DE JULGAMENTO EM BRASÍLIA

4ª TURMA

ACÓRDÃO Nº 6024, DE 22 DE MAIO DE 2003

ASSUNTO: Obrigações Acessórias

EMENTA: CONDOMÍNIO DE EDIFÍCIOS – Os condomínios de edifícios não se caracterizam como pessoa jurídica, para fins de apuração do Imposto de Renda, ainda que inscritos no CNPJ. EXERCÍCIO: 1998. RESULTADO DO JULGAMENTO: Lançamento Improcedente.

Analisando sob o aspecto legal, vislumbramos que a posição jurídica que desconsidera a personalidade jurídica do condomínio, outra questão ainda deve ser enfrentada, pois supostamente concede lastro para um entendimento contrário, devendo ser efetivada a partir da análise dos arts. 275, II, do CPC, e 3°, *caput*, I e II, da Lei n° 9.099/95 *ipsis litteris*:

Art. 275. Observar-se-á o procedimento sumário:

I – ...

II – nas causas, qualquer que seja o valor:

a) ...

b) de cobrança de condomínio de quaisquer quantias devidas ao condomínio;

...

Art. 3º O Juizado Especial Cível tem competência para conciliação, processo e julgamento das causas cíveis de menor complexidade, assim consideradas:

I – as causas cujo valor não exceda a quarenta vezes o salário mínimo;

CONDOMÍNIO EDILÍCIO

49

II – as enumeradas no art. 275, inciso II, do Código de Processo Civil;

III – ...

A previsão legal do art. 3º, II, da Lei 9.099/95 remete ao art. 275, II, do CPC, as hipóteses de competência para conciliação, processo e julgamento de causas cíveis de menor complexidade. O dispositivo do CPC prevê o procedimento sumário para as ações de cobrança do condomínio contra o condômino.

No que tange ao dispositivo dos JECs, as causas elencadas no inciso II são de menor complexidade pelo critério material, independentemente de seu valor, e por efeito, são competentes para atender, por opção do autor, as causas de menor complexidade. Há, no dispositivo e seus incisos, a determinação de competência em razão do valor (causas cujo valor não exceda a quarenta vezes o salário mínimo) e em razão da matéria (as enumeradas no art. 275, II, do CPC, despejo para uso próprio, possessórias sobre bens imóveis), embora prevaleça, nos Juizados, em todos os casos, a limitação de até 40 salários mínimos.

Sempre que não houver incompatibilidade procedimental, poderá o autor optar pela justiça tradicional ou pelo Juizado Especial Cível, em que no entender de Nelson Nery Jr.,[25] ao autor da ação cabe propô-la no juízo comum, utilizando-se do procedimento sumário do CPC, com todas as garantias processuais decorrentes dele, como recursos amplos, ação rescisória, recurso especial ao STJ, ou pelo juizado especial cível, com as restrições que nele existem.

A revogada Lei das Pequenas Causas, no seu artigo primeiro, oferecia ao autor a opção de ajuizamento da causa nos juizados de pequenas causas. Essa sistemática, embora não reze expressamente a Lei nº 9.099/95, foi mantida.

Há previsão constitucional do procedimento sumaríssimo perante os Juizados Especiais Cíveis como maneira de proporcionar mais uma opção de juízo aos jurisdicionados visando a uma solução justa, e julgados existem no sentido de legalizar a opção do autor em escolher a justiça comum ou a especial, como no exposto infra:

PROCEDIMENTO SUMÁRIO DO ART.275, DO CPC. OPÇÃO DO AUTOR. As ações previstas no art. 275, do CPC podem, por opção do autor, ser ajuizadas ou perante os juizados especiais cíveis (art. 3º, da LJE), ou perante os juízos comuns sob o procedimento sumário. (1º TACivSP, 7ª Câm. AG 679850-9, Relator Juiz Carlos Rebato, julgado em 12/03/96).

---

[25] NERY JUNIOR, Nelson. *Código de processo civil comentado: e legislação extravagante: atualizado até 7 de julho de 2003* / Nelson Nery Junior, Rosa Maria de Andrade Nery. 7. ed. rev. e ampl. São Paulo: Editora Revista dos Tribunais, 2003.

Theotonio Negrão,[26] por sua vez, leciona no sentido de que com a publicação da lei dos Juizados Especiais, a aplicação do procedimento sumário tornou-se consideravelmente limitada, pois por força do dispositivo da Lei nº 9.099/95, todas as ações que anteriormente eram de procedimento sumário passam, agora, à competência do JEC. As causas que permanecem sob a égide do procedimento sumário são aquelas nas quais, por *ratione personae*, não são abrangidas pela lei dos juizados.

O ilustre jurista ainda diverge de uma corrente que está cada vez mais consistente e a qual afirma em sustentar que o Juizado Especial é sempre opcional, independentemente do caso, dependendo, apenas, da livre opção de escolha da ação.

Sua divergência está amparada no sentido em afirmar que a "competência é matéria de ordem pública, somente se admitindo que a parte escolha a jurisdição ou o foro se houver permissão expressa em lei; e essa permissão não existe na Lei dos Juizados Especiais". Pode-se afirmar que se trata de uma regra de competência absoluta, na qual é incabível a eleição de foro.

Portanto, incorreto e ilegal seria para o jurista o uso indiscriminado dos Juizados Especiais Cíveis se há vedação expressa dos casos de ajuizamento de ações em seu rito procedimental.

Entendemos ser mais plausível a faculdade de opção do juízo para o autor da ação.

Roberto Bacellar,[27] em sua obra que trata dos Juizados Especiais, esclarece ao partir da premissa de que a competência em razão da matéria é absoluta e em razão do valor é relativa e que os elementos determinantes da competência absoluta tomam por base o critério do juízo (funcional) e o da matéria (objeto – natureza do direito material controvertido), resultando a idéia de que se trata de competência improrrogável.

O magistrado Luis Felipe Salomão, citado na obra Juizados Especiais (p. 124) de Roberto Bacellar, ao tratar das hipóteses do art. 3º, II, da Lei nº 9.099/95 (que remete às causas do art. 275, II, do CPC), entende que não há que se falar em limite para o valor da causa pois esse limite foi determinado pelo legislador apenas nos incisos I e IV,do art. 3º, da LJE.

Nesse sentido está a conclusão do I Encontro Nacional de Coordenadores de Juizados Especiais acerca da matéria, *in verbis*:

ENUNCIADO 2.

As causas cíveis enumeradas no art. 275, II, do CPC, ainda que de valor superior a quarenta salários mínimos podem ser propostas no Juizado Especial.

---

26 NEGRÃO, Theotonio. *Código de processo civil e legislação processual em vigor*. Organização, seleção e notas Theotonio Negrão; com a colaboração de José Roberto Ferreira Gouvêa. 32. ed. atual. até 9 de janeiro de 2001. São Paulo: Editora Saraiva, 2001.

27 BACELLAR, Roberto Portugal. *Juizados especiais: a nova mediação paraprocessual*. São Paulo: RT, 2003.

Essa conclusão foi substituída, em encontros posteriores ao primeiro, pelo Enunciado n. 58, igualmente transcrito:

ENUNCIADO 58 – substitui o ENUNCIADO 2.

As causas cíveis enumeradas no art.275, II, do CPC admitem condenação superior a 40 salários mínimos e sua respectiva execução, no próprio Juizado.

No que concerne à questão da competência em razão de o valor prevalecer sobre a competência em razão da matéria, tal fato não é pacífico, pois se estivéssemos diante de uma autêntica competência absoluta dos Juizados, ela de plano afastaria a competência da justiça tradicional, pela simples hipótese da necessidade de citação por edital, ou prova pericial formalizada, vedadas no procedimento dito sumaríssimo dos Juizados, em que caso fosse de competência absoluta, em hipótese alguma a demanda poderia ser remetida à justiça comum.

Uma análise geral acerca dos dispositivos da Lei nº 9.099/95 permite crer que o critério de valor prevalece sempre, mas se deve atentar para os casos que a Lei nº 9.099/95 oferece óbice de ajuizamento nos juizados, conforme o art. 8º *ipsis litteris*:

Art. 8º Não poderão ser partes, no processo instituído por esta Lei, o incapaz, o preso, as pessoas jurídicas de direito público, as empresas públicas da União, a massa falida e o insolvente civil.

§ 1º Somente as pessoas físicas capazes serão admitidas a propor ação perante o Juizado Especial, excluídos os cessionários de direito de pessoas jurídicas.

Assim, o dispositivo acima foi expresso em não admitir o acesso das pessoas jurídicas ao juízo especial, mesmo que a causa seja da competência do Juizado Especial (art. 3º da Lei nº 9.099/95), as pessoas jurídicas não podem ser autoras, podendo figurar somente como rés.

Para reforçar ainda mais o entendimento favorável quanto à admissibilidade de propositura de ação por parte do condomínio no Juizado Especial Cível, é de suma importância ressaltar que há matéria sumulada na forma de enunciado (decorrente também do I Encontro Nacional de Coordenadores de Juizados Especiais) permitindo justamente a faculdade que o autor tem em escolher o juízo no qual ingressará com a ação. O conteúdo do Enunciado Cível nº 9 concernente aos JECs foi expresso, *ipsis litteris*:

ENUNCIADO 9.

O condomínio residencial poderá propor ação no Juizado Especial, nas hipóteses do artigo 275, inciso II, item "b", do CPC.

Não há, portanto, qualquer dispositivo legal, seja na forma de lei ou enunciados, que tenha força de obstar a atuação dos condomínios perante os Juizados Especiais Cíveis.

A jurisprudência apresenta divergências esculpidas pelos tribunais, onde o Egrégio Tribunal de Justiça gaúcho adota que o condomínio é classificado como pessoa jurídica como base no art. 8° da Lei n° 9.099/95, que obsta o acesso das pessoas jurídicas aos Juizados. Seguem, abaixo, alguns recentes julgados que adotam esse posicionamento.

> CONDOMÍNIO. IMPOSSIBILIDADE DE FIGURAR NO PÓLO ATIVO DAS AÇÕES NOS JUIZADOS ESPECIAIS CÍVEIS. ART. 8º DA LEI 9.099/95. EXTINÇÃO DO PROCESSO SEM JULGAMENTO DO MÉRITO. (RECURSO CÍVEL Nº 71000542837, TERCEIRA TURMA RECURSAL CÍVEL, TURMAS RECURSAIS – JEC, RELATOR: LUIZ ANTÔNIO ALVES CAPRA, JULGADO EM 10/08/2004).

> CONDOMÍNIO. IMPOSSIBILIDADE DE FIGURAR NO PÓLO ATIVO DAS AÇÕES NOS JUIZADOS ESPECIAIS CÍVEIS. ART. 8º DA LEI 9.099/95. EXTINÇÃO DO PROCESSO SEM JULGAMENTO DO MÉRITO. (RECURSO CÍVEL Nº 71000500413, SEGUNDA TURMA RECURSAL CÍVEL, TURMAS RECURSAIS – JEC, RELATOR: LUIZ ANTÔNIO ALVES CAPRA, JULGADO EM 05/05/2004).

> CONDOMÍNIO. IMPOSSIBILIDADE DE FIGURAR NO PÓLO ATIVO DAS AÇÕES NOS JUIZADOS. ESPECIAIS CÍVEIS A PESSOA JURÍDICA, ART. 8º DA LEI 9.099/95. EXTINÇÃO DO PROCESSO SEM JULGAMENTO DO MÉRITO. (RECURSO CÍVEL Nº 71000479154, SEGUNDA TURMA RECURSAL CÍVEL, TURMAS RECURSAIS – JEC, RELATOR: LUIZ ANTÔNIO ALVES CAPRA, JULGADO EM 14/04/2004).

O Superior Tribunal de Justiça oferece uma interpretação que se coaduna a posicionamento ora exposto e na qual contraria o entendimento proferido pelo Tribunal de Justiça do Estado do RS, conforme julgados que seguem:

> PROCESSO CIVIL. JUIZADOS ESPECIAIS. COMPETÊNCIA. OPÇÃO DO AUTOR. LEI Nº 9.099/95, ART. 3º. PRECEDENTES. RECURSO PROVIDO. I – Ainda que de forma não satisfatória, certo é que o legislador ensejou ao autor a opção pelo procedimento a adotar. Neste sentido, não só a melhor doutrina que tem tratado do tema, mas também a conclusão n. 5 da "Comissão Nacional" de especialistas encarregada de interpretar os pontos polêmicos da Lei dos Juizados Especiais logo após a sua edição. II – Outra, aliás, não tem sido a orientação da Quarta Turma, firmada em diversos precedentes. RESP 242483/SC; RECURSO ESPECIAL. 1999/0115569-0. Relator: Ministro SÁLVIO DE FIGUEIREDO TEIXEIRA. T4 – QUARTA TURMA do STJ. Julgado em: 15/02/2000. Publicado em: DJ 03.04.2000 p.00158.

> JUIZADO ESPECIAL. COMPETÊNCIA. OPÇÃO DO AUTOR. O AJUIZAMENTO DA AÇÃO PERANTE O JUIZADO ESPECIAL E UMA OPÇÃO DO AUTOR (ART. 3º, § 3º, DA LEI 9.099/95). RECURSO CONHECIDO E PROVIDO. RESP 151703/RJ; RECURSO ESPECIAL. 1997/0073460-9. Relator: Ministro RUY ROSADO DE AGUIAR. T4 – QUARTA TURMA do STJ. Julgado em: 24/03/1998. Publicado em: DJ 08.06.1998 p.00124.

Portanto, vedar o condomínio de figurar no pólo ativo perante os juizados especiais é vulnerar a vontade do legislador e a função social da Lei n° 9.099/95, que caso não permitisse o ajuizamento de ações por condomínios, o faria expressamente, como o fez, em outros casos, como, por exemplo, no § 2 ° do art. 3° da referida lei.

Destarte, deve-se admitir o condomínio como legitimado a propor ações no Juizado Especial Cível, porque ele atua no condão de reproduzit em juízo o interesse coletivo de pessoas físicas que, conjuntamente, procuram equilibrar a relação social decorrente da junção condominial, com o claro e exclusivo objetivo de garantir à coletividade que o compreende a harmonia necessária ao seu bom funcionamento.

Não seria justo que a Justiça Especial, regida pelos princípios da simplicidade, oralidade e informalidade não abarcasse esse rol coletivo que é o condomínio, mormente quando se tem conhecimento de que este é representado por uma aliança de pessoas físicas, sem fins lucrativos, e que almejam tão-somente a manutenção justa e essencial de seus encargos.

Importante é a prevenção no sentido de evitar um assoberbamento dos Juizados Especiais Cíveis, e manter-se o limite máximo do valor da causa em quarenta salários mínimos nesse juízo é de extremo interesse para evitar que a justiça tradicional sofra um esvaziamento de ações e, como corolário, a questão da morosidade poderia ganhar terreno nesta justiça especial cujo princípio da celeridade processual deve prevalecer constantemente.

O art. 3°, II, da Lei n° 9.099/95 deve ficar sob os cuidados dos aplicadores da lei em vista de que, como já foi aludido, desconsidera o limite máximo para o valor da causa, e a conseqüência dessa interpretação poderá ser a sobrecarga dos Juizados Especiais Cíveis.

Independente do posicionamento dos Tribunais e da doutrina, ousamos em defender a possibilidade de atuação, como sujeito ativo processual, do condomínio perante os Juizados Especiais Cíveis.

3.2. Perturbações sonoras no condomínio

A concentração populacional nos centros urbanos alterou consideravelmente a fisionomia das cidades, nas quais desenvolveu-se um cenário arquitetônico totalmente diverso do existente há cerca de um século atrás, ou seja, as edificações condominiais tornaram-se essenciais para a convivência de um número excessivo de pessoas em espaços restritos às limitações territoriais impostas. Com isto, as relações interpessoais restaram por sobremaneira atingidas, de maneira que a liberdade passou a ser restringida em face do direito alheio, tendo sido necessária, inclusive, a criação de meios limitadores do direito de propriedade, a qual deve ser utilizada de maneira que torne possível a coexistência social e pacífica entre os vizinhos.

Conforme aduzimos, em 1964 passou a vigorar no Brasil a Lei 4.591, dispondo sobre o condomínio em edificações e as incorporações imobiliárias, sendo de salutar importância, eis que disciplinou, dentre outras coisas, a utilização da edificação pelos condôminos. Já em 1991 nasceu a Lei 8.245, tratada como a nova Lei do Inquilinato, a qual inseriu ao ordenamento a figura do inquilino ou locatário. Com o Código Civil de 2002, que passou a disciplinar integralmente o condomínio edilício, a Lei 4.591 restou derrogada nesta matéria, enquanto a Lei 8.245/91 continua vigorando no que tange às obrigações dos locadores e locatários, uma vez que o Diploma Civil manteve-se silente a este respeito, em que pese o art. 2.036.

Ademais, diante das peculiaridades de cada caso que envolve o direito de vizinhança, os entendimentos doutrinários e especialmente jurisprudencial têm sido de grande valia para os juristas atuantes nesta área, demonstrando que o bom-senso e a proporcionalidade das decisões se fazem fundamental.

A poluição sonora tem se destacado em inúmeras demandas judiciais, figurando dentre os principais problemas enfrentados por vizinhos, eis que se reflete no bem-estar dos moradores e, até mesmo, no valor do imóvel no mercado imobiliário, além de que os ruídos acima de determinado nível são causadores de males à saúde, tais como distúrbios neurológicos, cardíacos e redução da capacidade de memorização.

No que tange especificamente às perturbações sonoras, a normatização e o estabelecimento de padrões compatíveis com o meio ambiente equilibrado foram atribuídos ao CONAMA – Conselho Nacional do Meio Ambiente, conforme dispõe a Lei 6.938/81, salientando-se que a competência constitucional para criar regramentos sobre controle da poluição, proteção ao meio ambiente e defesa da saúde é concorrente entre União, Estados e Municípios.

Destacam-se como causas motivadoras das perturbações sonoras entre vizinhos o mau uso da propriedade ou uso anormal como refere o atual Código Civil, assim como a insuficiência de isolamento acústico na edificação, cuja responsabilidade, neste caso, transfere-se ao construtor da obra.

A escolha do tema em análise tem o condão de estabelecer parâmetros a serem utilizados no trato de demandas envolvendo o direito de vizinhança, mais precisamente quanto às questões de perturbações sonoras ocorridas nos edifícios de apartamentos. Além de suscitar a respeito das principais causas ensejadoras de tais conflitos, a intenção é de analisar os meios judiciais cabíveis para a resolução dos mesmos, o que, inclusive, pode

CONDOMÍNIO EDILÍCIO

ser obtido extrajudicialmente, através de uma orientação eficiente do profissional atuante no caso concreto.

Inicialmente, abordamos o do uso nocivo da propriedade nos condomínios e seus reflexos nas vidas de seus moradores, procurando-se demonstrar o porquê do crescente número de ações direcionadas a restringir a poluição sonora nas edificações.

Importante a análise dos defeitos nas construções por ausência de isolamento acústico adequado à finalidade, que podem causar inúmeros transtornos, mesmo com a utilização normal do imóvel, transferindo-se a responsabilidade ao construtor da obra.

3.2.1. A poluição sonora pelo uso anormal da propriedade

O Código Civil de 2002, em seu Livro III, Capítulo V, seção I, artigos 1.277 a 1.281, trata do uso anormal da propriedade, sendo tal capítulo referente ao direito de vizinhança. Substituiu-se o "uso nocivo" do Código Civil de 1916 pela expressão "uso anormal", sendo isto motivo de críticas para muitos doutrinadores, uma vez que as perturbações causadas pelos vizinhos decorrem da mera utilização do imóvel, e não necessariamente de um uso anormal ou irregular, enquanto, ao falar-se em nocividade, a compreensão será de que se trata de uso prejudicial, danoso, justamente o que se busca coibir com o texto legal.

Entretanto, tal desconformidade mostra-se carecedora de importância, uma vez que ao dispor o artigo 1.277 quanto ao direito do proprietário ou possuidor de um prédio de fazer cessar as interferências prejudiciais à segurança, ao sossego e à saúde dos que o habitam, provocadas pela utilização da propriedade vizinha, quis o legislador abarcar tanto as hipóteses de uso normal quanto as de uso anormal da propriedade, sendo indispensável apenas o fator dano para a aplicação da norma.

Com isto, observa-se que o direito à propriedade, apesar de encontrar-se dentre aqueles tidos como fundamentais pela Constituição Federal,[28] sofre restrições, seja pelo interesse público,[29] com subordinação à função social, seja pelas regras disciplinadoras do direito de vizinhança, cuja finalidade é conter o poder de uso que possui o proprietário ou possuidor, impondo aos vizinhos o respeito mútuo.

Para Orlando Gomes, "tais limitações não se editam no interesse dos particulares. É o interesse social de harmonizar interesses particulares dos

---

[28] Art. 5º, XXII, CF/88.

[29] Art. 1.278 do Código Civil: "O direito a que se refere o artigo antecedente não prevalece quando as interferências forem justificadas por interesse público, caso em que o proprietário ou o possuidor, causador delas, pagará ao vizinho indenização cabal".

proprietários vizinhos que justifica as normas restritas do exercício do direito de propriedade".[30]

Na prática, as dificuldades surgem quando se busca identificar os limites da utilização da propriedade, ou seja, até que ponto a intolerância de um não consiste, na verdade, em abuso de direito de outrem, ou seja, inobstante a previsão legal existente, cada caso concreto trará especificidades, que somente serão resolvidas com a ponderação de interesses, sendo o princípio da proporcionalidade de grande valia nestes casos.

Neste sentido, insta salientar que as perturbações sonoras ultrapassam os limites do uso da propriedade, eis que provocam simultaneamente danos ao sossego e à saúde de moradores vizinhos. Todavia, a imposição de silêncio absoluto em um edifício de apartamentos é algo inalcansável, devendo-se procurar combater apenas os ruídos excessivos, que poderão ser verificados pelo julgador através de alguns elementos, tais como o local em que se situa o edifício, a sua destinação, a classe social e os usos e costumes de seus habitantes, a fim de se chegar a um grau de tolerabilidade coerente para a situação.

A título de exemplo, João Nascimento Franco aduz que "assim, são admissíveis, nos apartamentos, festas, reuniões sociais, etc., além do horário noturno habitual, devendo ser tolerados os ruídos que nessas ocasiões se verificam. O que é vedado são os rumores incômodos, que excedam a medida normal de tolerância".[31]

Por outro lado, a convenção do condomínio e os regulamentos internos do edifício consistem em instrumentos altamente eficazes na imposição de limites aos moradores dos respectivos apartamentos, independente de serem proprietários ou possuidores,[32] eis que os "direitos de vizinhança entram na categoria das obrigações *in rem scriptae*. Vinculam-se, com efeito, ao prédio, não sendo determinada pessoa que as assume, mas quem, estiver na posse do prédio".[33] Lembra Antônio José Ferreira Carvalho que o locatário tem, inclusive, o direito de impedir que o mau uso de propriedade vizinha venha a prejudicar a segurança, o sossego e a saúde daqueles que habitam a sua unidade, podendo agir até judicialmente contra o Condomínio ou condôminos, nesse caso.[34]

Pondera-se que a instituição ideal da Convenção, como estatuto disciplinar das relações internas dos condôminos, se dá ao coadunar-se a livre iniciativa destes na aprovação de regras que lhes sejam convenientes, com

---

[30] *Direitos Reais*. 18. ed. Rio de Janeiro: Forense, 2001, p. 187.

[31] *Condomínio em edifícios*. 2. ed. São Paulo: RT, 1978, p. 260.

[32] Segundo a Lei 8.245, em seu artigo 23, inciso X, o locatário é obrigado a cumprir integralmente a convenção de condomínio e os regulamentos internos.

[33] Cf. GOMES, Orlando. Op. cit, p. 189.

[34] O *Condomínio na Prática*. 8. ed. Rio de Janeiro: Lumen Juris, 2004, p. 78.

a determinação de padrões legais mínimos. Inobstante seja originária de um acordo de vontades, não se trata de mera relação contratual entabulada entre os que participaram de sua votação, pois as disposições abarcam, além dos que compõe o condomínio ali habitando, quaisquer estranhos que eventualmente utilizam-se de sua área. Reiterando disposição da antiga lei condominial, o artigo 1.333 do novo Código Civil, determinou a força obrigatória da convenção, bem como sua oponibilidade erga omnes quando registrada no Cartório de Imóveis.

No que pertine aos problemas advindos de barulhos excessivos, como se trata de matéria pertinente à poluição ambiental, cuja competência constitucional é concorrente entre União, Estados e Municípios, deverão os condomínios adotar como limite, além da Convenção, os níveis sonoros estipulados pelos referidos entes federados, salientando-se que a lei federal 6.938/81, considerada norma geral, instituiu o CONAMA – Conselho Nacional do Meio Ambiente, o qual tem como uma de suas finalidades a deliberação sobre normas e padrões compatíveis com o meio ambiente ecologicamente equilibrado e essencial à sadia qualidade de vida.[35] Neste cerne, em 8 de março de 1990, o CONAMA, por meio da Resolução nº 001, estabeleceu que seriam prejudiciais à saúde a ao sossego público os ruídos com níveis superiores aos considerados aceitáveis pela norma NBR 10.152 da Associação Brasileira Normas Técnicas – ABNT.

3.2.2. Os reflexos nas relações de vizinhança

Dentre as causas consideradas anormais ou nocivas ao uso da propriedade, destaca-se o problema do excesso de barulho nos edifícios condominiais como motivo ensejador de inúmeras demandas no país, especialmente nas grandes cidades, onde a população torna-se a cada dia menos tolerante e mais individualista.

A questão requer especial atenção, tendo em vista que a poluição acústica alcança os três bens a serem tutelados pelo ordenamento civil, quais sejam a segurança, o sossego e a saúde, considerando-se que o prejuízo a quaisquer destes elementos não se trata de mero desconforto, mas sim a privação de fatores essenciais para uma equilibrada qualidade de vida.

Ao falar-se em sossego, os conceitos variam de pessoa para pessoa, sendo possível que alguns apenas o obtenham ao isolar-se em locais afastados da cidade, enquanto para outros é perfeitamente possível alcançá-lo em localidades extremamente movimentadas.

Entretanto, apesar de inexistir um padrão, crê-se que haverá comprometimento do sossego quando as interferências sonoras afetam as ativida-

---

[35] Art. 6º, inciso II da Lei 6.938/81.

des rotineiras do indivíduo, tais como o sono, o trabalho ou os estudos. A par deste entendimento, Waldir de Arruda Miranda Carneiro, em sua clássica obra que trata da perturbações sonoras nas edificações urbanas, infere que "o sossego protegido pelo Código concerne ao estado de quietação necessário ao descanso, repouso ou à concentração do homem comum. Trata-se, pois, da ausência de ruídos ou vibrações que possam causar incômodo, interferindo no trabalho ou descanso a que temos direito".[36]

Além disso, urge inferir que as conseqüências nocivas das perturbações sonoras não se limitam ao prejuízo do sossego alheio, uma vez que conforme a intensidade e reiteração dos ruídos, a saúde de quem os suporta pode ser consideravelmente afetada, cujos problemas variam desde a perda ou redução do sono e da audição, podendo avançar a distúrbios psicológicos, cardíacos, gástricos, etc.

Há que se salientar, ainda, que os males à saúde decorrentes destas perturbações, como a insônia, por exemplo, não são causados apenas no turno da noite, como num primeiro momento possa se pensar. Considerando que muitas pessoas trabalham neste período, restando-lhes somente o dia para o descanso, já houve decisões no sentido de coibir obras em apartamento vizinho, mesmo durante o dia, pois estaria prejudicando a saúde de condômino. Neste diapasão, são de extrema pertinência os dizeres de João Nascimento Franco:

> A poluição sonora constitui grave infração dos deveres de vizinhança porque prejudica o sossego e a própria saúde das pessoas. Todos têm o direito de fazer, ou não fazer, em sua casa o que entender, desde que não cause nenhuma intranqüilidade ou dano a seu vizinho. Muitos supõem que o barulho deve ser coibido apenas depois das 22 horas. Trata-se de engano, porque o incômodo aos vizinhos tem de ser evitado em qualquer hora do dia ou da noite e o barulho excessivo impede o trabalho nas horas úteis e o repouso no final do dia. Na medida em que lesa a paz de sossego alheio, o barulho tem de ser coibido independentemente do horário em que é produzido.[37]

É inegável que o excesso de barulhos acarreta danos não apenas ao sossego e à saúde, mas também à segurança das pessoas e, inclusive, dos seus bens, haja vista que vibrações intensas podem afetar a estabilidade de

---

[36] *Perturbações sonoras nas edificações urbanas.* 3ª ed. São Paulo: Revista dos Tribunais, 2004, p.28. Seguindo esta tendência, nosso Egrégio Tribunal de Justiça já se manifestou em inúmeros julgados, senão vejamos: "DIREITOS DE VIZINHANÇA. CONDOMÍNIO. PERTURBAÇÃO DO SOSSEGO ALHEIO POR CONDÔMINO. Demonstrada através da prova testemunhal e documental a reiterada conduta irregular e perturbadora por parte de condômino, violando o sossego dos demais moradores do prédio, imperativa a procedência da demanda para que, diante de provimento judicial efetivo, abstenha-se o réu de tais praticas. Inteligência do artigo 554 do Código Civil e artigo 10, inciso III, da Lei 4.591/64. Aliás, como bem se sabe, a liberdade individual encontra limites na existência do outro, dos direitos alheios, o que experimenta muito mais notas de limitação quando dedicado o sujeito a vida em comunidades condominiadas. Apelação provida". (AC 596212498, 3ª CC do TJRS, Rel. Des. Moacir Adiers. Julgado em 10.04.1997).

[37] *Condomínio.* 3. ed. São Paulo: RT, 2001, p. 148.

paredes, lajes ou até mesmo de toda a edificação. Situações mais graves remetem à falta de descanso ou perda do sono decorrentes de interferências sonoras, uma vez que acarretarão na diminuição dos reflexos, algo muito perigoso para quem dirige, por exemplo. Ademais, conforme o caso, tais sintomas podem gerar um elevado grau de irritabilidade e descontrole emocional, o que torna muitas pessoas agressivas e violentas.

Excetuando-se os casos de defeitos nas construções, os quais serão analisados no item seguinte, muitas são as formas de produzir-se ruídos excessivos nos imóveis condominiais, ressaltando-se que, nestes casos, o uso é considerado anormal ou irregular, enquanto, naqueles, geralmente o uso é normal, cujos problemas decorrem de falha construtiva.

Situação relevante, também, diz respeito ao incômodo causado por animais nos apartamentos, em que, mesmo que as convenções determinem a proibição de qualquer espécie de animal nos prédios, os Tribunais não raro desconsideram tal cláusula para os casos nos quais o animal não perturba a segurança, sossego ou saúde dos condôminos.[38] Obviamente que a presença de cães nocivos ou agressivos, por exemplo, mesmo que não transitem pelas áreas comuns do edifício, raramente será aceita, sendo que, nestes casos, é perfeitamente aplicável a restrição do artigo 1.277 do Código Civil.

Por outro lado, as interferências de ruídos excessivos podem ocorrer por inúmeras razões, tais como ensaios musicais realizados em uma unidade de apartamento, cujos níveis de decibéis geralmente extrapolam os limites permitidos, bem como pela realização de festas em apartamentos ou salões do edifício e até mesmo em face de brincadeiras barulhentas realizadas entre crianças, sem dizer nos problemas causados por perturbações ocorridas nas redondezas do ambiente condominial. A jurisprudência é extensa, abarcando situações extremamente peculiares, de modo que inobstante as tentativas de definição do uso nocivo da propriedade, cada caso compreenderá uma análise diferenciada.

Convém referir, ainda, que além dos efeitos prejudiciais à saúde, ao sossego e à segurança, o excesso de barulho entre vizinhos pode refletir negativamente no valor de mercado dos imóveis, tendo em vista que se trata de quesito relevante no momento da compra para a maioria das pessoas.

---

[38] "DIREITO CIVIL. CONDOMÍNIO. ANIMAL EM APARTAMENTO. CLÁUSULA PROIBITIVA EXPRESSA NA CONVENÇÃO. INTERPRETAÇÃO. INAPLICABILIDADE. I – O fato do regimento interno do condomínio proibir a manutenção de animais nas unidades autônomas do prédio, não é suficiente a impedir o condômino de tê-los, sob pena de ferir o princípio da legalidade, bem como o direito de propriedade, garantidos pela Constituição Federal. II – A cláusula proibitiva inserida na convenção deve ser arredada quando a situação não causar incômodo ou risco à saúde e segurança dos condôminos." (AC 51077-9/188, 2ª CC do TJGO, Rel. Des. Jalles Ferreira da Costa, j. 28.03.2000). Em sentido contrário: AC 11980095407, 2ª CC do TJES, Rel. Des. Antônio José Miguel Feu Rosa, j. 14.03.2000; AC 50.970, 16ª CC do TJSP, Rel. Des. Luiz Tâmbara, j. 30.11.83.

3.2.3. A ausência de adequado isolamento acústico

A poluição sonora, causadora de tantos prejuízos, como restou demonstrado até então, não provém apenas do comportamento inadequado das pessoas diante das orientações de boa postura e respeito ao próximo, seja ele vizinho ou não. Isto porque considera-se também problemática a situação de isolamento acústico inadequado ao tipo de imóvel, defeito este que independe da forma como se está a utilizar a propriedade, ou seja, interfere na vida dos condôminos, mesmo que o uso se dê normalmente, sem a ocorrência de excessos. Tal situação tem se tornado comum, principalmente, com o advento de novas técnicas construtivas que permitem obter, com cada vez menos material, igual solidez à que era alcançada nas edificações de outrora.

A par disso, com extrema propriedade, o autor Waldir de Arruda Miranda Carneiro adverte que:

Nem mesmo o eventual cumprimento das normas edilícias municipais, no que concerne à espessura de lajes, paredes e especificação de materiais, afastaria a responsabilidade pela insuficiência de isolamento, pois a observação dessas normas, por si só, é incapaz de garantir a salubridade, segurança, e muito menos o sossego dos seus habitantes, limitando-se apenas a, quando muito, assegurar a solidez da obra.[39]

Destarte, não pairam dúvidas de que mesmo tendo sido respeitados os limites de lei municipal, a responsabilização por prejuízos decorrentes de defeitos no isolamento acústico permanece, eis que o Código Civil[40] assim expressamente prevê e, sendo este federal, prevalecerá ao disposto na lei municipal. A este respeito, oportuna a decisão da 5ª Câmara do 2º Tribunal de Alçada Civil de São Paulo:

Direito de vizinhança. Uso nocivo da propriedade. Obrigação de fazer. Estabelecimento comercial. Excesso de ruídos. Observância do limite da legislação municipal. Irrelevância. Realização de obra para diminuição do som e vibração. Cabimento. Mesmo que os ruídos produzidos por estabelecimento comercial estejam dentro dos limites máximos permitidos pela legislação municipal, havendo prova pericial de que os mesmos causam incômodos à vizinhança, aquele que explora a atividade causadora da ruidosidade excessiva e vibrações mecânicas é obrigado a realizar obras de adaptação em seu prédio, com o objetivo de diminuir a sonoridade e as vibrações que prejudicam os prédios lindeiros.[41]

Sendo assim, restando comprovado que a obra desconsidera aos usuários do imóvel condições mínimas de higiene mental, saúde e segurança,

---

[39] CARNEIRO, Waldir de Arruda Miranda. Op. cit, p. 57.

[40] Art. 618: Nos contratos de empreitada de edifícios ou outras construções consideráveis, o empreiteiro de materiais e execução responderá, durante o prazo irredutível de 5 (cinco) anos, pela solidez e segurança do trabalho, assim em razão dos materiais, como do solo.

[41] Ap.c/rev. 548.842.99, Rel. Pereira Calças, julgado em 10.8.99.

independente do cumprimento de exigências mínimas estipuladas em lei municipal, destaca-se como de extrema relevância a responsabilidade do construtor ou incorporador pela falta de isolamento acústico adequado, eis que estes têm obrigação de empregar materiais e sistemas de vedação da entrada do som, inclusive entre apartamentos do mesmo prédio.[42]

3.2.4. Do laudo técnico de isolamento acústico

A realização de laudo técnico é de suma importância para a apuração e medições acústicas de unidades imobiliárias que integram o condomínio em edificações, em relação aos ambientes utilizados, como por exemplo, o salão de festas do prédio, geralmente localizado em posição não muito favorável, que causam efeitos sonoros que prejudicam os apartamentos situados nas proximidades, em posição superior ou lateral, onde se destaca a necessidade da real constatação da situação local, evitando os transtornos provocados pelos eventos sociais na parte destinada a recreação do condomínio.

Nesse sentido, um levantamento técnico, através de profissionais habilitados, é uma alternativa plausível, e em certas situações inevitáveis, sendo uma atitude racionalizada da comunidade condominial, que deve ser considerada pelo síndico na administração eficiente do prédio.

Para melhor aferição e constatação, destacamos laudo técnico providenciado pelo síndico em prédio residencial, com o intuito de sanar problema acústico existente no salão de festas do prédio, que prejudicava o sossego de condômino proprietário de unidade imobiliária situado em pavimento superior, resolvendo a problemática, e mais do que isso, propiciando uma utilização do salão de recreação por período e horário mais elástico, ultrapassando geralmente os horários fixados para encerramento das confraternizações, o que se vislumbra uma vantagem aos usuários, sem o desconforto de encerrar uma festa badalada em virtude de regra determinada na convenção e regimento interno.

Do laudo técnico:[43]

O laudo técnico, em regra, é apresentado da forma a seguir destacada, se observando que se trata de levantamento meramente exemplificativo, já

---

[42] Na cidade de São Paulo, a Lei 11.780, de 30.5.95, exige que os proprietários ou incorporadores de novas edificações adotem as providências técnicas para que essas construções protejam os usuários contra a poluição sonora própria do local, sendo obrigatória, para as edificações cujo uso predominante seja habitação em condomínio, a apresentação de laudo técnico do nível de sons e ruídos próprios do local juntamente com os projetos de edificações a serem aprovados pela municipalidade.

[43] O laudo técnico decorreu de trabalho realizado para fins de isolamento acústico, medição de acústica, com projeto e execução do Engenheiro Civil Marco Aurélio de Oliveira CREA/RS 128161 e da Arquiteta Giuliana dos Santos Paz CREA/RS 111906, que integram a Confortus isolamento acústico de Santa Maria/RS.

que cada situação deverá ser analisada caso a caso, em consonância às peculiaridades e especificidades das unidades imobiliárias, além da sua forma e destinação.

– INTRODUÇÃO:

O presente laudo técnico foi solicitado pelo Sr. ..., na atribuição de síndico do Condomínio Residencial ..., situado na ...

Tal laudo refere-se às medições acústicas do Nível de Pressão Sonora em decibéis (A) de alguns ambientes do condomínio (salão de festas e adjacências, e apartamento 101). O objetivo para a realização desse é verificar a conformidade dos ambientes mencionados frente aos níveis de conforto acústico prescritos pelo código de Posturas de Santa Maria/RS e pela norma NBR 10152, em situação de utilização do salão de festas para reuniões sociais.

– DATA, HORÁRIO E LOCAIS DAS MEDIÇÕES ACÚSTICAS

As medições acústicas foram realizadas no dia 20 de maio de 2004, no período compreendido entre 21:30 e 00:00 nos seguintes locais do Condomínio Residencial ...: interior do salão de festas, circulação externa de acesso ao hall de entrada do edifício, jardim externo em frente às janelas da fachada frontal e dependências do apartamento 101, de propriedade de Sr ...

– EQUIPAMENTOS UTILIZADOS NAS MEDIÇÕES ACÚSTICAS

Na realização das medições acústicas foram utilizados um sonômetro Classe I, uma fonte sonora de 200 Watts, um calibrador de sonômetro, um CD, um aparelho portátil de CD e cabos de conexão.

– PROCEDIMENTOS DE MEDIÇÃO

Inicialmente foi perguntado aos presentes qual o local onde as caixas de som são usualmente posicionadas durante a realização de festas no interior do salão de festas, sendo indicados dois locais. A seguir a fonte geradora de som foi posicionada sobre o piso do salão de festas, em um destes locais indicados. Durante todo o período de medição a posição da fonte sonora permaneceu inalterada.

Feito isto, fez-se a calibração do sonômetro.

Concluída a calibração, foi medido o Nível de Ruído de Fundo, em duas situações: janelas e portas abertas e janelas e portas fechadas, no salão de festas. Os valores de ruído de fundo em ambas as situações constam na tabela a seguir:

Tabela 1: Nível de Ruído de Fundo – salão de festas

NÍVEL DE RUÍDO DE FUNDO EM DECIBÉIS (A)

Local	Situação	Leq dB (A)
Salão de Festas	Janelas e Portas Abertas	60.8
(21:30 – 22:30)	Janelas e Portas Fechadas	56.1

Após a medição do nível de ruído de fundo, ajustou-se o volume da fonte geradora de som até que o sonômetro registrasse 105 decibéis (A). O valor gerado de 105 decibéis (A) foi escolhido por ser o nível de pressão sonora que ocorre quando se utiliza som mecânico em festas e eventos sociais, tendo-se mantido constante durante todo o período de medição.

CONDOMÍNIO EDILÍCIO

Tendo sido feita a calibração da fonte para 105 dB (A) deu-se início às medições acústicas, considerando os seguintes locais e situações, no pavimento térreo do condomínio:

- Interior do salão de festas com janelas e portas abertas;
- Interior do salão de festas com janelas e portas fechadas;
- Circulação de acesso ao hall de entrada do condomínio;
- Jardim da fachada frontal do edifício.

Logo após, procedeu-se do mesmo modo para a obtenção do nível de ruído de fundo e nível de pressão sonora no apartamento 101.

Os valores de ruído de fundo nas situações janelas e portas abertas e janelas fechadas (com portas internas abertas), no apartamento 101, constam na tabela a seguir:

Tabela 2: Nível de Ruído de Fundo – apartamento 101

NÍVEL DE RUÍDO DE FUNDO EM DECIBÉIS (A)

Local	Situação	Leq dB (A)
Apartamento 101	Janelas e Portas Abertas	42.9
(22:45 – 23:45)	Janelas e Portas Fechadas (com portas internas abertas)	41.0

Em relação às medições acústicas, consideraram-se as seguintes situações, no apartamento 101:

- Janelas e Portas Abertas nas dependências, com Janelas e Portas Abertas, do salão de festas;
- Janelas e Portas Abertas nas dependências, com Janelas e Portas Fechadas, do salão de festas;
- Janelas Fechadas (com portas abertas) nas dependências, com Janelas e Portas Abertas, do salão de festas;
- Janelas Fechadas (com portas internas abertas) nas dependências, com Janelas e Portas Fechadas, do salão de festas.

– RESULTADO DAS MEDIÇÕES

Os resultados das medições mencionadas anteriormente, corrigidas em relação ao ruído de fundo, quando necessário, constam nas tabelas a seguir:

Tabela 3: Níveis de Pressão Sonora Pontuais em dB (A) – Salão de Festas

AMBIENTE CONSIDERADO: SALÃO DE FESTAS

Pontos de Medição – Nível de Pressão Sonora em dB (A)

Situação	1	2	3	4	5	6	7	8	9	10	11	12
Janelas e Portas Abertas	102.7	103	105.2	104.8	89.8	94.1	89.5	90.4	91	84.4	86.1	67.1
Janelas e Portas Fechadas*	104.7	104.3	105.8	105.9	90.8	95	91	76.6	78.0	74.5	77.4	64.5

* Portas e janelas dos sanitários sempre abertas em qualquer medição

Tabela 4: Níveis de Pressão Sonora Total em dB (A) – Apartamento 101 (com janelas e portas abertas, no Salão de Festas)

AMBIENTE CONSIDERADO: APARTAMENTO 101

Com janelas e portas abertas, no Salão de Festas

Situação das janelas e portas no apartamento	Dorm. 1 Frontal	Dorm. 2 Casal	Circulação	Sala TV (Central)	Sala Lateral	Escritório	Sala Principal (Estar/ Jantar)	Sacada Frontal	Sacada Lateral
Abertas	65.1	64.4	60.1	56.9	62	55.5	55.9	65.2	73.1
Fechadas	55.9	55.1	55.2	55.4	53.4	51.9	52.5		

Tabela 5: Níveis de Pressão Sonora Total em dB (A)– Apartamento 101 (com janelas e portas fechadas, no Salão de Festas)

AMBIENTE CONSIDERADO: APARTAMENTO 101

Com janelas e portas fechadas, no Salão de Festas

Situação das janelas e portas no apartamento	Dorm. 1 Frontal	Dorm. 2 Casal	Circulação	Sala TV (Central)	Sala Lateral	Escritório	Sala Principal (Estar/ Jantar)	Sacada Lateral
Abertas	57.2	58	57.5	56.2	55.4	53.1	53.1	55.3
Fechadas	55.9	55.4	56.6	55.9	55.1	51.2	51.7	

– PARECER TÉCNICO

– Normas de referência

Foram consideradas, como referências aos resultados das medições, as normas prescritas pelo Código de Posturas de Santa Maria e pela NBR 10152.

O Salão de Festas e as dependências do apartamento 101 do Residencial ..... pertencem à mesma edificação. Assim, para comparar os valores verificados nas medições com os valores prescritos pelas normas, a zona habitacional é considerada como residencial.

A Tabela 6 – LIMITES MÁXIMOS PERMISSÍVEIS DE RUÍDOS, referente ao ANEXO I do Código de Posturas de Santa Maria prevê, para período noturno (das 10:00h às 7:00h) e zona residencial, o valor máximo de 45 decibéis (A):

Limites Máximos Permissíveis de Ruídos

Zonas de Uso	Diurno	Vespertino	Noturno
Zona Residencial (estritamente)	55 dB (A)	50 dB (A)	45 dB (A)

A Tabela 7 – Valores dB (A) do Anexo da Norma Brasileira NBR 10152 – NÍVEIS DE RUÍDO PARA CONFORTO ACÚSTICO prevê para dormitórios e salas de estar de residências limites máximos permissíveis de ruído iguais a 45 e 50 decibéis (A), respectivamente:

Níveis de Ruído para Conforto Acústico

Local	dB (A)
Residências	
Dormitórios	35-45
Salas de Estar	40-50

– CONCLUSÃO

Conforme o exposto, verificou-se que existe desconformidade dos Níveis de Pressão Sonora medidos no interior do apartamento 101 em relação ao código de Posturas de Santa Maria e à Norma NBR 10152, quando no salão de festas for utilizado som mecânico e/ou acontecer conversas e cantorias com altura de até 105 dB (A) em reuniões sociais – volume de som correspondente à festas "mais animadas", sem bandas de música.

Para elucidação da situação, por exemplo, avaliar-se-á o dormitório 2 – casal, nas seguintes condições: com salão de festas emitindo som com altura de até 105 dB (A), com janelas abertas, com pelo menos uma porta de entrada fechada e apartamento 101 com janelas do dormitório abertas. Nessas condições, o dormitório recebe 19.4 dB (A) a mais do que deveria, considerando 64.4 dB (A) – 45 db(A), valores encontrados nas tabelas 4 e 6, respectivamente. Caso as janelas do dormitório estivessem fechadas, ainda assim estaria chegando no ambiente 10.1 dB (A) a mais do que o adequado. Os valores de 19.4dB (A) e de 10.1dB (A) equivalem, respectivamente, a 600% e a 300% a mais de som entrando no ambiente, pois o som se mede em escala logarítmica.

Foi diagnosticado, também, no apartamento 101, que existem perdas do isolamento acústico, tanto por via aérea (aberturas), quanto por via sólida (estrutura da edificação). Isso foi comprovado nas tabelas 4 e 5, no qual mesmo com as janelas fechadas do apartamento, pôde-se constatar a passagem da energia sonora no apartamento via estrutura. Por exemplo: No dormitório 1 – frontal foi medido 55.9 dB (A) com janelas fechadas, independente se as janelas do salão estivessem abertas ou fechadas, constatando, 10.9 dB (A) a mais de som, considerando 55.9 dB (A) – 45 db(A).

Desta forma, para que o salão de festas do condomínio do Residencial ... possa ser utilizado para reuniões sociais, sob condições aceitáveis de conforto acústico para seus moradores, precisa-se a reflexão dos condôminos em relação a três pontos:
- Sobre o volume do aparelho de som para uso em reuniões sociais;
- Sobre os hábitos por parte dos usuários do salão de festas;
- Sobre o isolamento acústico no salão de festas.

Essas questões são mencionadas a fim de que os níveis de pressão sonora no apartamento 101 e demais apartamentos possam estar de acordo com os valores prescritos pelas normas abordadas no item (Normas de referência) para conforto acústico em habitações.

3.2.5. A responsabilização do construtor

Adotou o novo Código Civil a responsabilidade objetiva para o dever de indenizar, ou seja, independente de dolo ou culpa, existirá a obrigação, eis que esta será calculada exclusivamente sobre a extensão do prejuízo, e não pelo grau de culpa, que no caso em comento seria do construtor da obra defeituosa, bastando a comprovação do dano e do nexo de causalidade. Alude o artigo 927 que:

Aquele que, por ato ilícito (arts. 186 e 187), causar dano a outrem, fica obrigado a repará-lo.

Parágrafo único. Haverá obrigação de reparar o dano, independentemente de culpa, nos casos especificados em lei, ou quando a atividade normalmente desenvolvida pelo autor do dano implicar, por sua natureza, risco para os direitos de outrem.

Já o artigo 187 do Diploma Civil trata do ato ilícito, o qual será cometido por um titular de direito que, ao exercê-lo, excede manifestamente os limites impostos pelo seu fim econômico ou social, pela boa-fé ou pelos bons costumes, isto é, na hipótese de excesso ou abuso de direito.

Dentre os vários problemas originários de fatos das construções ou dos atos de quem as executam, cumpre aqui mencionar quanto à insuficiência de isolamento acústico na edificação, a qual poderá responsabilizar o construtor pela perfeição da obra, pela solidez e segurança da edificação e, inclusive, por danos morais.

A responsabilidade pela perfeição da obra é tida como presumida em qualquer contrato de construção, constituindo-se em verdadeiro dever do construtor, ao passo que o Código Civil autoriza a sua rejeição por quem a encomendou ou o abatimento do preço quando restar visivelmente defeituosa.[44] Segundo o magistério de Hely Lopes Meirelles:

A responsabilidade pela perfeição da obra é o primeiro dever legal de todo profissional ou firma de engenharia, arquitetura ou agronomia, sendo de se presumir em qualquer contrato de construção, particular ou pública, mesmo que não conste de nenhuma cláusula do ajuste. Isto porque a construção civil é, modernamente, mais que um empreendimento leigo, um processo técnico de alta especialização, que exige, além da *peritia aertis* do prático do passado, a *peritia technica* do profissional da atualidade.[45]

Entretanto, os defeitos nem sempre são facilmente constatáveis, sendo isto muito comum quando se fala em isolamento acústico, eis que, não raro,

---

[44] Art. 615: Concluída a obra de acordo com o ajuste, ou o costume do lugar, o dono é obrigado a recebê-la. Poderá, porém, rejeitá-la, se o empreiteiro se afastou das instruções recebidas e dos planos dados, ou das regras técnicas em trabalhos de tal natureza.
Art. 616: No caso da segunda parte do artigo antecedente, pode quem encomendou a obra, em vez de enjeitá-la, recebê-la com abatimento do preço.
[45] *Direito de Construir.* 5.ed. São Paulo: RT, 1987, p. 252.

somente após a compra do imóvel e convivência no local é que os problemas começam a ser identificados. Nestes casos, sendo oculto o defeito no momento da aquisição do bem, ou seja, tratando-se de vício redibitório, poderá o condômino utilizar-se das ações edilícias,[46] quais sejam a redibitória ou a *quanti minoris*, conforme disciplinam os artigos 441 e 442 do Estatuto Civil vigente, eis que inegável a desvalorização do apartamento, assim como prejudicial a sua utilização.

Diversa será a responsabilização do construtor pela solidez e segurança da edificação, cuja base normativa se encontra no artigo 618 do Código Civil, ressaltando-se que a referida obrigação não diz respeito apenas aos aspectos estruturais da obra, isto é, aos casos de ruínas propriamente ditas, mas abrange quaisquer situações que venham a privar os condôminos de condições mínimas de segurança, sossego e saúde, tal como ocorre no uso nocivo da propriedade.

Mister inferir que os problemas na construção decorrem em maioria, da má execução da obra e da baixa qualidade de material e, consoante farta orientação jurisprudencial, a responsabilidade, em tais situações, é tanto do empreiteiro, como do arquiteto que elabora o projeto e fiscaliza sua execução, eis que segurança e solidez são elementos inerentes ao serviço contratado.[47]

A propósito da responsabilização pela solidez e segurança da obra, discute-se quanto ao prazo para o exercício de tal pretensão, considerando que o atual Código Civil, em seu artigo 618 (artigo 1.245 do CC/16), estabelece o limite de cinco anos para responsabilizar-se o empreiteiro, enquanto o *caput* do mesmo diploma legal refere que decairá o direito nos cento e oitenta (180) dias seguintes ao aparecimento do vício ou defeito.

A jurisprudência é pacífica em afirmar que o prazo de cinco anos é de garantia, e não prescricional ou decadencial, de maneira que deve o prejudicado demonstrar, neste período, a existência de defeitos na construção, que, no objeto do presente estudo, seria o de ausência ou precariedade do sistema de isolamento acústico no imóvel.

---

[46] O prazo decadencial do direito de redibição ou abatimento no preço do imóvel está elencado no art. 445 do Código Civil vigente, sendo de um ano, se contado da entrega efetiva ou, a metade, contado da alienação, quando já se encontrava na posse do bem.

[47] Assim, recente decisão de nosso Egrégio TJRS: "RESPONSABILIDADE CIVIL. ILEGITIMIDADE ATIVA. CARÊNCIA DE AÇÃO. NÃO CONFIGURADAS. DEFEITO NA CONSTRUÇÃO. DANOS MORAIS E MATERIAIS. RESPONSABILIDADE DO CONSTRUTOR E DO ARQUITETO A responsabilidade do construtor pela qualidade da obra que edifica está prevista no art. 1245 do Código Civil de 1916, tendo como correspondente o artigo 618 do Código Civil de 2002. Sendo de 5 anos o prazo de garantia para reparação do vício de edificação. Caso em que a prova técnica realizada na ação cautelar de antecipação de provas aponta defeitos construtivos, aludindo à possibilidade de uma má construção. Dever de indenizar da construtora e do arquiteto. Valor fixado que se mostra compatível com as circunstâncias concretas do caso. Apelos improvidos. Preliminares afastadas". (AC 70007823560, 10ª CC, Rel. Des. Luiz Ary Vessini de Lima, j. 01/07/2004)

Até a vigência do Código Civil de 1916, o prazo prescricional para o exercício da pretensão ressarcitória contra o construtor pelos prejuízos decorrentes de defeitos na edificação era de vinte anos.[48] Atualmente, apesar de reduzido para dez pelo novo Código Civil,[49] a Quarta Turma do Superior Tribunal de Justiça manifestou-se, em recente decisão, pela aplicação dos mesmos vinte anos, face à Súmula 194, que diz prescrever neste prazo a ação para obter, do construtor, indenização por defeitos na obra.[50]

Finalmente, no que tange à possibilidade de responsabilizar-se o construtor por danos de ordem moral, é cediço que a indenização será devida quando o proprietário ou possuidor do imóvel vier a sofrer com a falta de isolamento acústico apropriado ao ambiente no qual vive, sendo possível, ainda, incluir-se na legitimação passiva o vizinho que cause perturbações, uma vez que não se descarta a possibilidade de coadunar-se a falha na edificação com a utilização nociva da propriedade. Ademais, com a expressa previsão constitucional e, agora reafirmada pelo novo Código Civil, impossível negar-se a legitimidade de tal pretensão.

3.3. As despesas condominiais como obrigação *propter rem*

A obrigação se caracteriza como *proter rem*, quando recai sobre uma pessoa, em virtude de determinado direito real, por força de disposição legal, por isso denominada como obrigação real, pois está a cargo de um determinado sujeito, em decorrência da propriedade da coisa, ou apenas titular de um direito real de uso e gozo sobre a coisa.

Embora seja a obrigação *proter rem* conhecida como obrigação real, numa análise mais minuciosa, na realidade se trata de uma obrigação mista, real e pessoal, pois a pessoa do devedor dependerá da relação de propriedade ou de posse que venha existir entre o sujeito e determinada coisa.

No nosso direito pátrio, encontramos essa espécie de obrigação nas seguintes hipóteses: O condômino é obrigado, na proporção de sua parte, a concorrer para as despesas de conservação ou divisão da coisa e a suportar os ônus a que estiver sujeito (art. 1.315 do CC); o proprietário ou o possuidor tem direito a exigir do dono do prédio vizinho a demolição, ou a reparação deste, quando ameace ruína, bem como que lhe preste caução pelo dano iminente (art. 1.280 do CC); ainda que por decisão judicial devam ser

---

[48] Art. 177, CC/16: As ações pessoais prescrevem, ordinariamente, em 20 (vinte) anos, as reais em 10 (dez), entre presentes e, entre ausentes em 15 (quinze), contados da data em que poderiam ter sido propostas.

[49] Art. 205: A prescrição ocorre em dez anos, quando a lei não lhe haja fixado prazo menor.

[50] Vide Resp 45285-2, 4ª T do STJ, Rel. Min. Sálvio de Figueiredo Teixeira, julgado em 6.3.03.

toleradas as interferências, poderá o vizinho exigir a sua redução, ou eliminação, quando estas se tornarem possíveis (art. 1279 do CC); e, aquele que restituir a coisa achada, nos termos do artigo antecedente, terá direito a uma recompensa não inferior a cinco por cento do seu valor, e à indenização pelas despesas que houver feito com a conservação e transporte da coisa, se o dono não preferir abandoná-la (art. 1.234 do CC).

3.3.1. Natureza jurídica

As taxas de despesas condominiais são obrigações *propter rem*. Segundo a doutrina de Pablo Stolze Gagliano e Rodolfo Pamplona Filho, na sua obra *Novo Curso de Direito Civil*, Vol. II, Editora Saraiva:

> De fato, existem obrigações, em sentido estrito, que decorrem de um direito real sobre determinada coisa, aderindo a essa e, por isso, acompanhando-a nas modificações do seu titular. São as chamadas obrigações "in rem", "ob rem" ou "propter rem", também conhecidas como obrigações reais ou mistas.

Ao contrário das obrigações em geral, que se referem ao indivíduo que as contraiu, as obrigações *propter rem* se transmitem automaticamente para o novo titular da coisa a que se relacionam, ou seja, na expressão de Carlos Roberto Gonçalves, na sua obra atualizada de direito civil brasileiro, "Estas trasmitem-se por meio de negócios jurídicos, como cessão de crédito, subrogação, assunção de dívida, endosso, sucessão por morte etc., que atingem diretamente a relação creditória".[51]

É o caso, como já mencionamos, da obrigação do condômino de contribuir para a conservação da coisa comum (art.1315 do CC/02), e em especial, no condomínio edilício, pois quem adquire um apartamento, por exemplo, ficará responsável pelas despesas condominiais do proprietário anterior, mesmo que inexista registro do título aquisitivo (escritura pública) do imóvel, pois a responsabilidade são dos novos adquirentes pelo pagamento, o que se estende até ao promitente comprador já imitido na posse do imóvel, independente do registro junto ao Cartório Imobiliário.

Nesse sentido é que o novo Código Civil, de forma clara, evidencia no art. 1.345, que o adquirente de unidade responde pelos débitos do alienante, em relação ao condomínio, inclusive multas e juros moratórios.

A título enfático, ressalta-se que tamanha é a importância das obrigações *propter rem* especificamente das taxas condominiais, que a Lei da Impenhorabilidade (Lei 8.009/90) apresenta como uma exceção à impenhorabilidade. Assim dispõe a Lei de Impenhorabilidade em seu art.3º, IV:

---

[51] GONÇALVES. Carlos Roberto, *Direito civil brasileiro*, v.2: teoria geral das obrigações, São Paulo: Saraiva, 2004, p. 12.

A impenhorabilidade é oponível em qualquer processo de execução civil, fiscal, previdenciária, trabalhista ou de outra natureza, salvo se movido:

...

IV – para cobrança de impostos, predial ou territorial, taxas e contribuições devidas em função do imóvel familiar.

3.3.2. A preferência do condomínio frente à hipoteca

Como obrigação *propter rem* observa-se a preferência das despesas condominiais, em relação aos créditos hipotecários, o entendimento majoritário da jurisprudência é o seguinte:

Condomínio. Execução de sentença. cotas condominiais. hipoteca sobre o imóvel. Arrematação. Extinção do gravame. Segundo o disposto no artigo 849, vii do código civil brasileiro, a hipoteca se extingue por ocasião da arrematação. entretanto, o credito hipotecário permanece intocado, sendo garantido ao credor hipotecário a preferência quanto ao valor remanescente do preço, que resultara após o atendimento do credor preferencial, no caso, o condomínio. Agravo de instrumento parcialmente provido. (Agravo de Instrumento nº 70003718046, Décima Oitava Câmara Cível, Tribunal de Justiça do RS, Relator: André Luiz Planella Villarinho, julgado em 06/06/2002).

Agravo de Instrumento. Ação de Execução. Cobrança de cotas condominiais. Praça pública. Arrematação pelo credor hipotecário. A arrematação realizada pelo credor hipotecário não o exime do pagamento da dívida executada, muito embora a alegação de preferência na satisfação de seu crédito eis que se trata de cotas condominiais, obrigação "propter rem", e que acompanha o imóvel. agravo provido. (Agravo de Instrumento nº 195020391, Quinta Câmara Cível, Tribunal de Alçada do RS, Relator: Silvestre Jasson Ayres Torres, Julgado em 16/03/1995)

Por fim, ressalta-se quanto à extinção da hipoteca quando da arrematação ou adjudicação, conforme dispõe o art.1499, VI, do Código Civil:

Art. 1.499 – A hipoteca extingue-se:

VI – pela arrematação ou adjudicação.

Deve ser destacado o voto proferido em julgamento no Egrégio Tribunal de Justiça do Rio Grande do Sul, pelo Desembargador André Luiz Planella Villarinho, que nos brinda com o seguinte ensinamento:

Conforme sustenta o recorrente ao invocar o disposto no artigo 849, VII do CCB (em referência ao CC/1916), realmente a hipoteca extingue-se pela arrematação e conseqüentemente o gravame deixa de incidir sobre o bem.

Entretanto, não há como fazer extinguir o crédito hipotecário incidente sobre dito imóvel como quer o condomínio, porque ao credor hipotecário deve ser garantido o direito de preferência quanto ao valor remanescente do preço, após atendidos os credores preferenciais. Como no caso o crédito do condomínio, que tem preferência sobre o do IPE (fls. 17/18).

O débito que origina a execução é de natureza *propter rem*, pelo que as despesas condominiais devem ser cobertas pelo produto da venda judicial, devendo o valor remanescente ser destinado à satisfação do credor hipotecário, conforme bem referiu a decisão guerreada ao mencionar que o crédito hipotecário permanece com a arrematação."(Agravo de Instrumento nº 70003718046, Décima Oitava Câmara Cível, Tribunal de Justiça do RS, Relator André Luiz Planella Villarinho: julgado em 06/06/2002)".

A jurisprudência do Superior Tribunal de Justiça também compartilha do mesmo entendimento:

Hipoteca. Extinção. Arrematação. Precedentes da Corte.

1. Na linha de precedentes da Corte, pela arrematação extingue-se a hipoteca, nos termos do art.849, VII do Código Civil, não havendo nenhuma impugnação quanto à realização da mesma, com o que admite-se tenha sido o credor hipotecário, intimado da realização da praça. Recurso especial conhecido e provido.

Por efeito, desperta-se a preferência das despesas condominiais em relação ao direito real de hipoteca, pois em caso de venda judicial de imóvel, com débito de cotas condominiais, o credor hipotecário receberá o valor restante, ou seja, terá prioridade entre as despesas, as taxas de condomínio, e o remanescente, se houver, será repassado ao credor hipotecário

3.4. Animais em condomínio edilício

Questão que desperta muita discussão e divergências é a manutenção de animais domésticos no prédio objeto de condomínio em edificações.

Em regra, a própria convenção estabelece a proibição ou não da permanência de animais no condomínio, sendo a vedação uma regra geral e interna da maioria das convenções, embora existam dispositivos que amparam, desde que sejam domésticos e de pequeno porte, e que não causem incômodos e perturbações ao sossego dos moradores, às vezes, inclusive, exigindo dos proprietários a comprovação de vacinas e condições de higiene e asseio.

Mesmo assim, o problema não é tão simples, pois deságuam no Judiciário, que acaba dirimindo as inúmeras celeumas que envolvem a permanência ou retirada de animais nas dependências do prédio residencial, pois se discute a tolerabilidade, se o animal é doméstico, é de pequeno porte, possibilidade de convívio entre famílias, a existência de cláusula proibitiva ou sua omissão.[52]

---

[52] Na realidade, os animais domésticos causam um sentimento de fascínio no contexto familiar, em que ressaltamos a matéria publicada pela Revista Veja, Editora Abril, edição 1881, n. 47, de 24/11/2004, e aduz com peculiar capacidade que o contato com os animais, seja pessoa adulta ou não,

Há que se observar que independentemente da convenção ou regulamento interno, os animais não poderão vulnerar as regras fundamentais do direito de vizinhança, que protegem e guarnecem o sossego, a saúde e a segurança, pois nos direitos de vizinhança são impostas limitações por normas jurídicas à propriedade individual, no sentido de regular o convívio social, em que na hipótese de mau uso da propriedade viabilizará a busca da tutela jurisdicional do Estado, através da ação pertinente, em conformidade ao incômodo ou desrespeito à tranqüilidade dos prejudicados.

Portanto, a perturbação ou estorvo que venham a atingir as pessoas oportunizará a qualquer delas, seja morador proprietário ou não, que promova a competente ação típica de vizinhança, no sentido de cessar o problema causado, inclusive com a possível cumulação de perdas e danos.

Comumente, a ação é denominada de dano infecto, ou ação condenatória de obrigação de fazer ou não fazer, com imposição de multa diária, conforme preceituam os arts. 632/645 do CPC, e até mesmo a utilização do art. 461 do CPC, de natureza condenatória, ação de conhecimento, que tem eficácia executivo-mandamental, ensejando a antecipação de tutela, pois poderá ensejar a emissão de mandado de execução específica e provisória da tutela de mérito ou de seus efeitos, e até na impossibilidade material de ser cumprida a obrigação na forma específica, o juiz deverá, de ofício ou a requerimento da parte interessada, determinar medidas ou providências que assegurem o resultado prático equivalente ao cumprimento da obrigação.

No plano de direito material ou direito substantivo, o amparo legal vem expressamente regulado pelo art. 1277 e seu parágrafo único do Código Civil, sobre o uso anormal da propriedade, determina que o proprietário ou possuidor de um prédio tem o direito de fazer cessar as interferências prejudiciais à segurança, ao sossego e à saúde dos que o habitam, provocadas pela utilização de propriedade vizinha. Ainda, ficam proibidas as interferências de acordo com a natureza da utilização, a localização do prédio, em consonância com as normas que distribuem as edificações em zonas, e os limites de tolerância dos moradores vizinhos.

---

transmite sensação de utilidade, conforto e segurança, e que os cientistas apontam a necessidade biológica de manter laços com o mundo natural, representado por novos parceiros na aventura da evolução, intitulada "Dez mil anos de amizade", como tempo comprovado da aproximação entre pessoas e cães, símbolo de relação complexa, apaixonada, utilitária e até cruel dos humanos com as outras espécies de animais. Observamos ainda a preocupação dos arquitetos em seus projetos com a adaptação de canil na unidade imobiliária, com finalidade residencial, o que destacamos no encarte Casa & Cia. do Jornal Zero Hora, de Porto Alegre/RS, sob o número 324, de 23 até 29 de novembro de 2004, onde publica projeto arquitetônico de um apartamento de cobertura criado para uma família de cinco pessoas e um pequinês, de autoria do arquiteto Mario Englert e da paisagista Elisabeth Saatkamp, na construção do terraço à área interna com canil suspenso, destacando a preocupação da arquitetura com interiores, decoração, paisagismo e funcionalidade, no interesse particular de cada cliente, no caso, a importância do animal doméstico.

CONDOMÍNIO EDILÍCIO

Assim sendo, o cão de raça *rottweiler* ou *pittbul*, que notoriamente são animais que colocam em risco a segurança dos moradores nas suas dependências, nesta hipótese, e também, quando outros animais causarem perturbação ao sossego e danos à saúde, por evidente, independerá da norma convencional, e por conseqüência, deverá ser o animal retirado do recinto condominial, em decorrência das próprias regras estatuídas pelo direito de vizinhança.

Em casos de situações amparadas pela convenção do condomínio edilício, que permitam, é muito importante que as regras específicas de condutas com os animais sejam detalhadas no regulamento interno, que desempenha uma função de complementar a convenção, de maneira mais peculiar no sentido de operacionalizar a convivência da coletividade harmoniosamente, com objetivo de evitar ou diminuir os conflitos, por exemplo, que os moradores tenham presentes animais domésticos em seus apartamentos, não podendo utilizar o elevador social, e ou que sejam levados no colo, cuidados com as necessidades fisiológicas do cão, que por óbvio não deverão ser feitas no jardim do prédio, ou na garagem, a comprovação das vacinas, que sejam de pequeno porte, que utilizem acessos de serviços, e ainda, que as disposições sejam colocadas à vista de todos os moradores, manual na portaria, assim por diante, em prol de evitar demandas.

A solução depende de caso a caso, em consonância das peculiaridades fáticas, ou seja, de acordo com a hipótese concreta, mas se tem entendido que mesmo que exista cláusula expressa na convenção condominial, que proíba a permanência de animais domésticos no condomínio edilício, ela será tolerável e por efeito admissível, se o animal for de pequeno porte e não causa qualquer perturbação ao sossego, dano à saúde ou segurança dos moradores vizinhos. A jurisprudência se manifesta nesse sentido, vejamos:

Ementa: Condomínio de apartamentos. Convenção. Interpretação da Lei nº 4591/64. Presença de animais. As normas do estatuto convencional devem ser interpretadas de acordo com a finalidade prevista na lei dos condomínios. Presença de cães que perturbam o sossego e são nocivos à higiene dos demais condôminos. Prevalência do bem estar da coletividade. Apelo provido por maioria, vencido os des. Braga que provia em parte. (sete fls.) (apelação cível nº 70002365955, décima nona câmara cível, Tribunal de Justiça do RS, relator: Guinther Spode, julgado em 21/08/2001).

Ementa: Agravo de instrumento. Ação declaratória. Manutenção de animais de pequeno porte em edifício de apartamentos. Abrandamento da proibição. Precedentes jurisprudenciais. Possibilidade. Estabelecido o limite da decisão a citação fática a ser demonstrada em instrução probatória, emposse a manutenção da citação preexistente. Agravo provido. (agravo de instrumento nº. 599205168, décima nona câmara cível, Tribunal de Justiça do RS, relator: Guinther Spode julgado em 15/06/1999).

Ementa: Civil. Condomínio. Animal em apartamento. A propósito de animal em apartamento, deve prevalecer o que os condôminos ajustaram na convenção. Existência no caso de cláusula expressa que não atrita com nenhum dispositivo de lei. Recurso especial conhecido e provido. Rec. Especial 161737/RJ; relator min. Costa Leite. Terceira Turma. Data julgamento 27/04/1998.

Ementa: Direito civil. Condomínio. Animal em apartamento. Vedação na Convenção. Ação de natureza cominatória. Fetichismo legal. Recurso inacolhido. Segundo doutrina de escol, a possibilidade da permanência de animais em apartamento reclama distinções, a saber: a) se a convenção de condomínio é omissa a respeito; b) se a convenção é expressa, proibindo a guarda de animais de qualquer espécie; c) se a convenção é expressa, vedando a permanência de animais que causam incômodo aos condôminos. Na segunda hipótese (alínea b), a reclamar maior reflexão, deve-se desprezar o fetichismo normativo, que pode caracterizar o summum jus summa injuria, ficando a solução do litígio na dependência da prova das peculiaridades de cada caso. Por unanimidade, não conhecer do recurso. (STJ – RESP. 12.166, RJ, Rel. Min. Sálvio de Figueiredo, 4. Turma, julgado em 07/04/1992, p. 5.890).

Na verdade, devemos acompanhar a evolução dos fatos sociais, e como vimos, é praticamente impossível vedar a permanência de animais domésticos no condomínio em edificações habitacionais, de cunho residencial, de forma pura e simples, como regra absoluta e indiscutível, e o direito deve caminhar de mãos dadas com a justiça social, com a função social da propriedade e dos contratos.

Na sua obra *Condomínio em Edificações*, J. Nascimento Franco e Nisse Gondo, com lucidez manifestam que "Estamos acompanhando a evolução do direito no tocante a esse difícil problema da vida nos edifícios de apartamentos, e nos inclinamos pela corrente que recomenda moderação na aplicação das cláusulas proibitivas, do que resulta que só sejam vetados os animais incômodos ou nocivos, o que se apura à luz das provas, em cada caso concreto. Pode ser que esse critério leve ao subjetivismo em alguns casos, mas a função da justiça é solucionar problemas humanos, nos quais é impossível eliminar a carga da subjetividade".[53]

Destacamos a função social do direito como elemento básico a ser perquirido, pois seja a função social do contrato ou propriedade, devem ser observadas e analisadas em conjunto as transformações sociais, e as de cunho econômico e político provocam uma mudança significativa na sociedade, e muito bem enfatizou Augusto Geraldo Teizen Junior, na recente obra *A Função Social no Código Civil*, aliás, obra agraciada com o primeiro lugar no concurso de monografias do IASP (Instituto dos Advogados do Estado de São Paulo), sobre a doutrina na função social, de que "As transformações sociais, econômicas e políticas ensejam mudanças na sociedade. Tais transformações provocam mudanças no direito; mudam-se os princípios, alteram-se os paradigmas legais, surgem novas formas contratuais. A

---

[53] FRANCO. J. Nascimento; GONDO, Nisse. *Condomínio em Edifícios*, 5. ed, rev. e ampl. São Paulo: RT, 1988, p. 222.

massificação da sociedade e das relações sociais provocadas pela intensa intervenção da economia e da sociologia do direito, levou a massificação contratual".[54]

Miguel Reale exara sobre a visão geral do novo Código Civil, que uma das diretrizes é alteração geral do código atual no que se refere a certos valores considerados essenciais, tais como o de eticidade, de socialidade e de operabilidade, e desde a sua clássica obra *Lições Preliminares de Direito*, trata o direito como um fenômeno histórico-social sempre sujeito a variações e intercorrência, destaca os fluxos e refluxos no espaço e no tempo, ressalta que nos interessam os valores do "bem individual e bem comum", pois o homem procura alcançar o que lhe parece ser o bem ou a felicidade, e a realização pode ser vista por dois prismas, ensina o mestre; a) o valor da subjetividade do indivíduo; b) o valor da coletividade em que o indivíduo atua.[55]

Por concluir, que diante da evolução do próprio direito, e dos novos contornos da sociabilidade seja do contrato ou da propriedade, somados à posição adotada pelos pretórios, inclusive do Superior Tribunal de Justiça, é de que se o animal doméstico for de pequeno porte, dócil, não atentar contra a segurança, a higiene, a saúde e o sossego dos condôminos, há que ser tolerada sua presença nas unidades autônomas junto ao prédio residencial, mesmo que exista cláusula na convenção que venha a vedar ou proibir.

3.5. Garagens em condomínio edilício

3.5.1. Compra e venda de garagens

No que diz respeito às garagens de um prédio condominial, a Lei nº 4.591/64 tratou de forma insatisfatória no seu art. 2º, como edifício-garagem, embora com a Lei 4.864/65, tenha acrescentado o § 1º, trazendo uma maior explicitação, pois estabeleceu o direito de guarda de veículos nas garagens ou locais destinados para tal, dentro do condomínio, como propriedade exclusiva, com ressalva das restrições impostas por instrumentos contratuais adequados, vinculada à unidade habitacional, na eventualidade de não lhe ser atribuída fração ideal específica como garagem sobre o terreno.

Na atualidade, a garagem é considerada uma unidade imobiliária autônoma, com fração ideal correspondente ao terreno em que foi edificada,

---

[54] TEIZEN JUNIOR. Augusto Geraldo. *A função Social no Código Civil*. São Paulo: RT, 2004.
[55] REALE. Miguel. *Lições preliminares de direito*. São Paulo: Saraiva, 1981.

resultando em uma área específica, demarcada, e plenamente identificada na planta e memorial descritivo do empreendimento, com matrícula imobiliária própria, devidamente registrada no Cartório Imobiliário da situação do imóvel, tanto é que existe uma matrícula individual do apartamento, com o unidade imobiliária, e uma matrícula para a garagem ou box-garagem, viabilizando, se for o caso, a sua alienação independentemente do apartamento.

A situação será diferente, na hipótese em que ocorria antigamente, onde as garagens eram dispostas e distribuídas nas áreas de uso comum do prédio, como estacionamentos, e que comumente se realizavam até sorteios para as delimitações do box ou das localizações, pois a área integrava área de uso comum.

Na instituição do condomínio edilício e que deverá ser levado a registro no cartório imobiliário, conferindo direito real,[56] obrigatoriamente deverá constar a discriminação e individualização das unidades autônomas e das partes comuns; a determinação da fração ideal atribuída a cada unidade, relativamente ao terreno e partes comuns, e a finalidade para utilização das unidades.

Sendo assim, devemos ressaltar que a Convenção do condomínio é o instrumento escrito que vai disciplinar o comportamento dos condôminos, estabelecendo direitos e deveres com o objetivo de promover a tranqüilidade interna de todos, dispondo sobre o que for essencial à constituição e ao funcionamento do condomínio.

Na alienação de vagas de garagem, mais particularizadamente, na venda pelo condômino, é imprescindível analisar a situação caso a caso, seja como proprietário de unidade autônoma, com matrícula imobiliária própria da garagem ou considerada como integrante de área comum.

Como condômino titular de unidade autônoma, por óbvio tem poder de disposição sobre a propriedade, em decorrência do próprio direito de dispor, pois tem a faculdade de usar, gozar e dispor da coisa e o direito de reavê-la do poder injusto de quem a possua ou detenha, vislumbrado pelo art. 1.228 do CC.

Nesse sentido, o condômino proprietário de unidade imobiliária autônoma, por disposição clara do § 1º do art. 1.331 do Código Civil, poderá vender ou doar se for o caso, de forma livre, por se tratar de propriedade exclusiva, conforme assim exposto:

---

[56] Conforme art. 1.333 e parágrafo único do CC, a convenção que constitui o condomínio deve ser subscrita pelos condôminos ou titulares, no mínimo de 2/3 (dois terços) das frações ideais, e para ser oponível contra terceiros deverá ser registrada no Cartório de Registro de Imóveis, conforme art. 167, I, alínea 17), bem como art. 178, inciso III, da Lei 6.015/73, registro efetivado no Livro n.03, Registro Auxiliar.

CONDOMÍNIO EDILÍCIO

As partes suscetíveis de utilização independente, tais como apartamentos, salas, lojas, sobrelojas ou abrigos para veículos, com as respectivas frações ideais no solo e nas outras partes comuns, sujeitam-se a propriedade exclusiva, podendo ser alienadas e gravadas livremente por seus proprietários.

Mesmo na hipótese de proprietário da unidade, deve ser destacado que as partes consideradas acessórias, especificadas no ato constitutivo do condomínio, área de lazer e recreação, salão de festas ou eventos, piscina, sala de ginástica, abrigo para veículos, e nesta hipótese, não estão desvinculadas ou desligadas das frações ideais, e por conseqüência deverá ser observado o código civil, onde dispõe no seu art. 1.339, § 2º, que:

É permitido ao condômino alienar parte acessória de sua unidade imobiliária a outro condômino, só podendo fazê-lo à terceiro, se essa faculdade constar do ato constitutivo do condomínio, e se a ela não se opuser à respectiva assembléia geral.

Tratando-se de área comum, vigora o disposto no art. 1.331, § 2º, que veda taxativamente a divisão e alienação das áreas comuns do condomínio, separadas das respectivas unidades, quando expressamente menciona que "o solo, a estrutura do prédio, o telhado, a rede geral de distribuição de água, esgoto, gás e eletricidade, a calefação e refrigeração centrais, e as demais partes comuns pelos condôminos, não podendo ser alienados separadamente, ou divididos."

3.5.2. A locação das garagens

A locação para obtenção de aluguel de vagas de garagem, o art.1.338 dispõe sobre a possibilidade de aluguel das mesmas a condôminos ou estranhos, porém, estabelece direito de preferência para o condômino proprietário, se considerando em virtude de nova regra inserida no novo Código Civil, como um direito de prelação ou preempção legal, pois originada de dispositivo de lei.

A preferência em condições iguais, entre os condôminos a estranhos, também, oportuniza na relação entre todos, a preferência do possuidor, o que nos parece uma valorização do instituto da posse em relação ao domínio, pois o dispositivo legal é claro.

Dúvida existe, com a inclusão desse novo dispositivo legal (art. 1.338 CC), já que o Código Civil de 1916 não apresentava artigo correspondente, se existir a proibição da locação de garagens pelos condôminos, estabelecida em cláusula expressa na convenção do prédio, ou até mesmo, no regulamento, ou por decisão oriunda de assembléia, com a motivação de preservar a segurança do prédio, evitando a introdução de pessoas estranhas no condomínio, poderia mesmo assim, o condômino locar para terceiros.

Defendendo a posição pela validade da cláusula proibitiva de locação a terceiros, com fundamento na segurança do prédio, encontramos o civilista Sílvio de Salvo Venosa, na sua obra de Direito Civil.[57]

Com clareza, Camila Rezende Fontelles de Lima e Claudine Ribeiro de Oliveira Martins, em artigo publicado na revista Consulex, sobre os aspectos polêmicos de garagens em condomínio edilício, esclarecem que:

> Urge destacar que a Convenção não poderá deliberar sobre a proibição de locação de vagas de garagem, ainda que haja anuência de todos os condôminos, haja vista do disposto no artigo anteriormente citado, o qual prevê expressamente a possibilidade do aluguel de vagas de garagem. Entretanto, a Convenção poderá restringir o aluguel tão-somente para os condôminos, tornando defeso para terceiros alheios ao condomínio.[58]

No nosso pensar, é perfeitamente possível a locação de box ou vagas autônomas de garagem a terceiros, respeitado o direito de preferência legal do art. 1.338 do CC, onde o condômino poderá nos moldes da lei do inquilinato (Lei nº 8.245/91), pois se trata de locação urbana, não estando excluída da sua aplicação, em decorrência do parágrafo único do art. 2º, alínea *a*, número 2, tratando-se de locação urbana.

Não será aplicável a lei do inquilinato, a locação de vagas autônomas em garagem coletivas, com finalidade especial para locar a usuários de veículos, como automóveis, motocicletas, sem qualquer vinculação com o apartamento ou sala do condomínio edilício.

Sendo a locação específica da garagem, como acessório do apartamento ou unidade imobiliária a que esteja vinculada, sem finalidade empresarial, e sim obtenção de renda, através do aluguel, aplica-se sim, as regras da lei de locações urbanas, a Lei nº 8.245/91.

Mas também devem prevalecer as regras estabelecidas na convenção condominial, regulamento interno, e até decisão tomada em assembléia ordinária ou extraordinária, com o devido *quorum* legal, sobre a proibição de locação de garagens a estranhos, ou seja, as pessoas que não integram o conjunto residencial ou não-residencial (comercial) como condôminos ou possuidores, em prol da segurança e da estabilidade das relações na coletividade condominial, acautelando-se de futuros conflitos, principalmente na guarda dos veículos e acesso ao prédio do condomínio edilício.

---

[57] VENOSA. Sílvio de Salvo. *Direito Civil: Direitos Reais*. 2. ed, São Paulo: Atlas, 2002, p. 304.

[58] FONTELLES DE LIMA. Camila Rezende; MARTINS, Claudine Ribeiro de Oliveira. Aspectos Polêmicos de Garagens em condomínio edilício no Novo Código Civil. *Revista Jurídica Consulex*, n. 160, 25 de setembro de 2003.

3.5.3. Furto em garagens

Desperta polêmica o furto de veículos ou até mesmo de objetos, ocorrido na garagem do prédio integrante do condomínio, causando transtornos e dúvidas ao síndico, administradores, moradores (inquilinos, comodatários, usufrutuários) e condôminos, sobre quem deverão incidir os danos, responsabilizando-se civelmente.

Devem ser analisadas as hipóteses que vêm sendo apreciadas pelos tribunais superiores, que destacam as controvérsias existentes sobre o tema, pois poderá ocorrer:

a) cláusula expressa em convenção do condomínio que exclua a total responsabilidade do condomínio, ou seja, com cláusula de não indenizar, mesmo que exista esquema de segurança e vigilância no prédio;

b) cláusula expressa em convenção, excludente da responsabilidade por furtos de veículos nas dependência da garagem, desde que afastada a culpabilidade do síndico, prepostos ou administradores;

c) mesmo com cláusula excludente da responsabilidade do condomínio na convenção, responde o condomínio por furtos ou danos nas dependências da garagem, quando deixa de exercer o dever de vigilância existente no prédio, principalmente, quando inserida nas despesas ou taxas condominiais, os gastos com segurança ou vigilância, aplicando-se inclusive as regras do contrato de depósito, sobre a responsabilidade do depositante;

d) sem previsão na convenção sobre a responsabilidade do condomínio, responde pelos furtos ou danos, em caso de existir sistema de vigilância e segurança no prédio, ou seja, os condôminos e moradores suportam as despesas para tal;

e) sem previsão na convenção sobre a responsabilidade, e mesmo sem sistema de guarda, de segurança ou vigilância, responde o condomínio pelos furtos e danos, diante da sua inércia, sendo posição minoritária, quase em extinção;

f) cláusula expressa na convenção da responsabilidade do condomínio, em caso de furtos e danos causados aos veículos nas dependências do prédio ou garagem, o que vislumbra definição clara e irrefutável, embora cláusula pouco utilizada, com exceção em grandes complexos residências, ou condomínios de luxo, que dispõe de qualificado aparato de segurança e vigilância, os prejuízos serão suportados pelos condôminos, em regra, na proporção de suas frações ideais correspondentes, com a participação também, de que sofreu o prejuízo, se condômino.

Diante de todas as hipóteses, e que por evidente, são exemplificativas, pois poderão ocorrer circunstâncias fáticas que deverão, pelas peculiaridades dos casos concretos, ser analisadas uma a uma, ou caso a caso, a expressa previsão na convenção condominial, declarando ou não a responsabilidade de indenizar, tendo os pretórios em julgados adotado o entendimento de que prevalece o disposto na cláusula expressa na convenção, com excepcionalidade de algumas decisões contrárias.

Na realidade, o síndico ou administradores, que embora pensem alguns, não são meras figuras decorativas no prédio, na realidade, se consubstanciam em elementos de grande importância no contexto da socialização e harmonia da coletividade que integra o condomínio edilício, pois servem para discernir e estabelecer claramente as regras no que se refere a segurança e responsabilidade por indenizações de furtos e danos.

Para tal, na administração interna dos edifícios ou conjuntos residenciais ou comerciais, deverão primar pela solução preventiva de tais problemas, no sentido da vigilância, segurança, moralidade, apólice de seguro, previsão expressa sobre a responsabilidade, contratação de empresas terceirizadas na segurança, o que, na hipótese de furto, poderá o condomínio, através de ação regressiva, propor o seu ressarcimento, ou seja, estabelecer regras que venham a facilitar no seu conjunto a vida em condomínio, pois é onde vivem, descansam os condôminos, e de lambuja, estar-se-á efetivamente contribuindo com a diminuição das demandas judiciais, pois a jurisprudência vem apontando as soluções, e assim, em virtude da importância no tema no cenário jurídico, destacamos as seguintes decisões dos tribunais, inclusive do STJ:

Tribunais dos Estados:

CONDOMÍNIO – Cláusula expressa de responsabilidade por furto de coisas ou danos a elas causados nas dependências comuns. O condomínio só é responsável por furto de coisas dos condôminos ou eventuais danos a elas, em espaços comuns, notadamente em garagens, quanto a veículos, se houver cláusula expressa na convenção condominial ou regimento interno. (TJDF – ACJ 20020110830378 – DF – 1ª T.R.J.E. – Rel. Des. José de Aquino Perpétuo – DJU 19.05.2003 – p. 48)

RESPONSABILIDADE CIVIL – FURTO EM CONDOMÍNIO – DEVER DE VIGILÂNCIA DO QUAL NÃO SE DESCUIDOU – PEDIDO NÃO ATENDIDO – SENTENÇA MANTIDA – 1. Revelando a instrução não ser verdadeira a causa de pedir, já que não teria havido a falta de vigilância, que levaria à necessidade de ser o autor indenizado pelos prejuízos que teve em razão de furto, não pode o pedido dela decorrente ser atendido. 2. Mantendo-se a em sentença, deve o recorrente pagar as custas processuais e honorários advocatícios. (TJDF – ACJ 20020610021845 – DF – 2ª T.R.J.E. – Rel. Des. Luciano Moreira Vasconcellos – DJU 10.04.2003 – p. 67)

RESPONSABILIDADE CIVIL – FURTO DE VEÍCULO EM GARAGEM – CONDOMÍNIO – CLÁUSULA DE NÃO INDENIZAÇÃO – RECURSO IMPROVIDO – O simples fato de haver necessidade de cientificação do porteiro para saída ou movimentação do veículo no pátio do condomínio não serve de fundamento único para conclusão de estar sendo oferecida pelo condomínio uma completa segurança. O condomínio somente responderá pelo prejuízo decorrente de furto de veículo ocorrido na garagem do edifício caso haja uma cláusula na convenção prevendo tal possibilidade. É lícita a estipulação de cláusula de não indenização, haja vista tratar-se de direito disponível. Caso estabelecida, não há impor responsabilidade ao condomínio. (TJMS – AC 2000.001349-8/0000-00 – Campo Grande – 3ª T.Cív. – Rel. Des. Hamilton Carli – J. 13.08.2003)

AÇÃO ORDINÁRIA – INDENIZAÇÃO – FURTO DE MOTOCICLETA NA GARAGEM DE EDIFÍCIO – LEGITIMIDADE DO LOCATÁRIO PARA RECLAMAR – CLÁUSULA DE NÃO INDENIZAR – DÚVIDAS QUANTO À MATERIALIDADE DO FATO – Tem se orientado a melhor doutrina moderna pela validade da cláusula de não indenizar, inserida em Convenções de Condomínio, em razão do princípio da autonomia da vontade e da natureza contratual de que elas se revestem. O locatário tem o dever legal de cumprir a convenção, pelo que as suas regras a ele se estendem. Como se não bastasse, não ficou clara a materialidade do fato, já que a vítima do furto nem mesmo sabe informar quando teria ele ocorrido. Prevalência, portanto, da cláusula exonerativa de indenização. Desprovimento do recurso. (TJRJ – AC 24617/2001 – (2001.001.24617) – 10ª C.Cív. – Rel. Des. Sylvio Capanema – J. 04.12.2001).

RESPONSABILIDADE CIVIL – FURTO DE RÁDIO TOCA-FITAS EM GARAGEM DE CONDOMÍNIO – AUSÊNCIA DE EMPREGADO COM FUNÇÃO ESPECÍFICA DE VIGILÂNCIA DA GARAGEM DURANTE O PERÍODO DIURNO – INEXISTÊNCIA DE CLÁUSULA EXPRESSA DE NÃO-RESPONSABILIDADE – DEVER DE INDENIZAR – 1. Condomínio que não disponha de pessoal de segurança, vigilante exclusivamente para o serviço de garagem, não pode assumir o dever de guarda e responsabilidade dos bens ali depositados, desde que, cumulativamente, haja cláusula expressa excluindo essa responsabilidade. 2. É que a obrigação de indenizar pode ser excluída mediante cláusula expressa constante da ata de assembléia condominial, do regimento interno ou da própria convenção do condomínio. Se não há expressa exclusão, subsiste o dever de indenizar. Precedentes da turma recursal. Recurso provido. Sentença modificada. (TJDF – ACJ 19990110540407 – 1ª T.R.J.E. – Rel. Des. Arnoldo Camanho de Assis – DJU 04.03.2002 – p. 33)

Superior Tribunal de Justiça-STJ:

Direito civil. Responsabilidade subjetiva de condomínio. Furto de veículo em garagem. Culpa não comprovada. Recurso desacolhido. O Condomínio só responde pelos prejuízos decorrentes de furto de veículo ocorrido na garagem do edifício se, estipulada por deliberação dos condôminos obrigação de guarda e vigilância em referido local, o síndico ou os prepostos pelo mesmo admitidos para tal fim tenham agido com culpa no cumprimento desse dever. Incide, no caso, o enunciado da Súmula nº 83 do STJ: "Não se conhece do recurso especial pela divergência, quando a orientação do Tribunal se firmou no mesmo sentido da decisão recorrida. (REsp. nº 32.530/SP; Rel. Min. Sálvio de Figueiredo Teixeira, DJ 31.5.93).

Responsabilidade civil – Condomínio – Furto de motocicleta na garagem – Exclusão da obrigação de indenizar constante de cláusula da convenção – Culpa do condomínio e de seus prepostos não caracterizada – Precedentes – Recurso desacolhido. Existindo na convenção cláusula excludente de responsabilidade pelo furto de veículos nas dependências da garagem, e havendo restado afastada a culpa do síndico ou dos prepostos do réu, quanto as providências de segurança deliberadas pelos condôminos, não responde o condomínio pelos prejuízos advindos aos condôminos em razão do furto de sua motocicleta no interior da garagem. (STJ, 4ª T, REsp. nº 76984/SP (1995/0053642-0); DJ de 12.5.97, p. 18809, Rel. Min. Sálvio de Figueiredo Teixeira.)

Responsabilidade civil – Condomínio – Furto de motocicleta – Garagem. Não há responsabilidade do condomínio se este não assumiu expressamente em sua convenção a obrigação de indenizar os danos sofridos pelos condôminos, decorrentes de atos ilícitos ocorridos nas áreas comuns do prédio. (STJ, 4ª Turma; REsp. nº 26.8669/SP (2000/0074531-6); DJ 1º.10.01, p. 222; Rel. Min. Aldir Passarinho Júnior.)

Condomínio – Furto de motocicleta – Responsabilidade – Segundo o acórdão estadual, "dever de guarda que pode ser deduzido da prova documental e não apenas extraída da convenção. A existência de locação de vaga na garagem impõe ao condomínio eficaz serviço de proteção, respondendo pela desídia de seus serviçais". Em tal quadro, o acórdão não pode ser acusado de ter ofendido a Lei nº 4.591/1964, arts. 2º, §§ 1º e 9º, 3º, letra c. Dissídio não configurado. Recurso especial não conhecido. (STJ, 3ª Turma; REsp. nº 96.673/RJ (1996/0033391-2); DJ 7.4.97, p. 11117, Rel. Min. Nílson Naves).

Civil – Ação ordinária – Responsabilidade civil – Indenização – Furto de veículo em garagem de edifício – Convenção de condomínio – Existência de cláusula de responsabilidade. I – a doutrina e a jurisprudência do STJ afirmou entendimento no sentido de que, inexistindo cláusula expressa na convenção relativa ao de guarda e vigilância, não responde o condomínio por eventuais furtos ocorridos na garagem do prédio. II – recurso conhecido e provido. (STJ, 3ª Turma; REsp. nº 72557/SP (1995/0042573-4); DJ 2.9.96, p. 31075, Min. Waldemar Zveiter).

Direito Civil – Responsabilidade civil – Condomínio – Garagem furto de veículo – Silêncio da convenção – Doutrina – Precedente da Turma – Recurso conhecido pelo dissídio e provido – inexistindo previsão e culpa de condomínio, não responde ele por eventuais furtos ocorridos na garagem do prédio. (STJ, 4ª T, REsp. nº 20.303/DF (1992/0006521-0); DJ de 31.8.92, p. 13650, Rel. Min. Sálvio de Figueiredo Teixeira.).

Condomínio – Furto de veículo – Cláusula de não indenizar. 1. Estabelecendo a Convenção cláusula de não indenizar, não há como impor a responsabilidade do condomínio, ainda que exista esquema de segurança e vigilância, que não desqualifica a força da regra livremente pactuada pelos condôminos. 2. Recurso especial conhecido e provido. (STJ, 3ª Turma; REsp. nº 168346/SP (1998/0020650-7); DJ 6.9.99, p. 80, Min. Waldemar Zveiter. Rel. Min. Carlos Alberto Menezes Direito).

3.6. A multa de 2%, como cláusula penal moratória

Antes de abordar a polêmica causada pela alteração da multa moratória, que por disposição da Lei 4.591/64, proporcionava o percentual de até 20% sobre o valor da taxa condominial em atraso, bastando que houvesse cláusula penal constante na convenção do condomínio, com tal previsão convencionada, o novo Código Civil, mesmo não sendo claro como deveria, reduziu para 2% a multa pela mora.

A cláusula penal moratória é o ajuste de vontades em que os sujeitos que integram a relação obrigacional estabelecem uma alíquota como pena, na hipótese de inadimplemento, servindo de reforço para o cumprimento da obrigação no prazo pactuado, como ocorre na incidência de multa convencional, aplicada sobre as despesas condominiais, se não forem adimplidas até o dia 05 (cinco) do mês subseqüente, por exemplo.

Não podemos confundir cláusula penal moratória (fazer com que o devedor cumpra a obrigação no prazo avençado), com a cláusula penal compensatória, que é uma prefixação das perdas e danos em caso de inadimplemento, à inexecução completa da obrigação, consoante dispõe o art. 409 do CC.

A cláusula como multa moratória vem disposta no art. 411 do CC, com a. seguinte redação: "Quando se estipular a cláusula penal para o caso de mora, ou em segurança especial de outra cláusula determinada, terá o credor o arbítrio de exigir a satisfação da pena cominada, juntamente com o desempenho da obrigação principal".

Importante destacar que o atual Código Civil, em seu art. 412, manteve integralmente a redação do art. 920 do CC/1916, em que estabelece de forma clara que o valor da cominação imposta na cláusula penal não pode exceder o da obrigação principal, o que repristina o anterior dispositivo que estava engessado pela lei da usura, que em tese limitava a multa contratual em 10% (dez por cento).

Nesse sentido, entendendo desta forma, o consagrado doutrinador Fábio Ulhoa Coelho, na sua recente obra de direito civil, aduz: "A lei limita o valor da cláusula penal, estabelecendo que ela não pode ultrapassar o da obrigação principal (CC, art. 412). Se o devedor se obrigou a pagar $ 100, o contrato pode estabelecer como pena convencional para o inadimplemento absoluto ou relativo até $ 100. Antes da entrada em vigor do Código Reale, o limite da cláusula penal era de 10% do valor da dívida, em razão do preceito (hoje revogado) constante da chamada *lei da usura*, de 1933".[59]

Significa que o valor da cláusula penal moratória, com o novo Código Civil, em especial ao citado artigo 412, pode ser de até 100%, ou seja, igualando o valor da obrigação principal, mas que evidentemente devemos analisar e interpretar e aplicar a referida possibilidade, com resguardo e proporcionalidade, tanto é que o legislador prudentemente como forma de antídoto, no art. 413, determinando como obrigatório ao juiz, pois a penalidade *deve* ser reduzida eqüitativamente pelo juiz se a obrigação principal tiver sido cumprida em parte, ou se o montante da penalidade for manifestamente excessivo, tendo-se em vista a natureza e a finalidade do negócio.

---

[59] COELHO, Fábio Ulhoa. *Curso de Direito Civil*, v.2, São Paulo: Saraiva, 2004, p. 189.

É claro que estamos tratando da regra geral da cláusula penal moratória, em caso de mora,[60] mais especificamente, pois em determinadas hipóteses o próprio legislador fixa os limites da multa, como no caso em análise do condomínio edilício, em que a multa é de 2% (dois por cento), por imposição do art.1.335, § 1º, do CC, e também, na relação consumerista, onde o CDC (Lei nº 8.078/90), em seu art. 52, § 1º, limita a multa em 2% sobre o valor da prestação, e por efeito, nas hipóteses elencadas, qualquer disposição contratual em contrário será nula de pleno direito.

Anteriormente, a Lei nº 4.591/64, no seu art. 12, § 3º, expressamente aduzia que o condômino que não efetuasse o pagamento da sua contribuição no prazo fixado na convenção ficaria sujeito ao juro moratório de 1% (um por cento), e multa de até 20% (vinte por cento) sobre o débito condominial devidamente atualizado.

O novo Código Civil, no art. 1.336, § 1º, menciona que: "O condômino que não pagar a sua contribuição ficará sujeito aos juros moratórios convencionados ou, não sendo previstos, os de 1% (um por cento) ao mês e multa de até 2% (dois por cento) sobre o débito".

Há quem entenda que se tratando de regra nova do Código Civil, não poderia atingir as convenções formalizadas sob a égide da Lei nº 4.591/64, onde a multa de até 20% poderia ser aplicada, com exceção das convenções instituídas após o novo Código Civil, por se tratar de ato jurídico perfeito, conforme o art. 6º da lei de introdução ao Código Civil (Decreto-Lei nº 4.657/42), e também a garantia constitucional do art. 5º, XXXVI, da Constituição Federal, e por esse posicionamento, diante da natureza contratual da convenção, deveria se submeter ao ordenamento normativo vigente à época de sua celebração, onde os efeitos futuros não se poderão expor ao domínio normativo de leis supervenientes, com as conseqüências jurídicas vinculadas ao ato negocial (convenção) regida pela legislação em pleno vigor no momento de seu ajuste, caso contrário, a incidência imediata da lei nova sobre os efeitos futuros seria uma retroatividade injusta.

Embora seja uma posição respeitável,[61] não entendemos assim, decorrente da própria definição de ato jurídico perfeito, que se considera consumado segundo a lei vigente ao tempo que se efetuou, mas no que tange às

---

[60] Conforme dispõem os arts. 394 e 395 do CC, o devedor será considerado em mora quando não efetuar o pagamento, e o credor que não quiser recebê-lo no tempo, lugar e forma que a lei ou a convenção estabelecer, e o devedor, ainda, responderá pelos prejuízos a que sua mora der causa, mais juros, atualização dos valores monetários segundo índices oficiais regularmente estabelecidos e honorários de advogado.

[61] Carlos Alberto Dabus Maluf, in "Multa por inadimplência", Tribuna do Direito, nov. 2002, n. 115, com base na lei de introdução ao código civil brasileiro, que a convenção do condomínio estabelecida anteriormente ao novo código civil, é ato jurídico perfeito, não podendo ser prejudicada pela lei nova, consoante art. 6º, § 1º, do Decreto-Lei nº 4.657/42. No mesmo sentido, no artigo "A inconstitucionalidade do limite de 2% para as multas de condomínio", encontramos Valdecy José Gusmão da Silva Junior, junto ao Jus Navegandi, n. 64, abr. 2003.

contribuições ou taxas condominiais, mesmo que a lei nova não atinja as situações que se cumpriram e esgotaram sob a égide da lei anterior, existem as que continuam a produzir efeitos com a lei nova, pois em caso de inadimplência durante a nova regra, esta é que deverá ser aplicada, aliás o que devemos observar na disposições finais e transitórias, mais particularmente no art. 2.035.

Com a socialização do novo Código Civil, aspecto relevante é a função social do contrato, com as transformações sociais, sejam de cunho econômico ou político, que manifestam uma alteração significativa na sociedade, e as ditas transformações provocam mudanças no direito, surgindo até novas figuras contratuais, com a própria intervenção da economia e da sociologia do direito, e a sociabilidade nos contratos nos parece evidente, principalmente em decorrência do art. 421 do CC: "A liberdade de contratar será exercida em razão e nos limites da função social do contrato."

Por tal, como exposto, e pela ótica do art. 2.035 do CC, os efeitos futuros dos atos jurídicos constituídos sob a égide de lei anterior ao novo Código Civil, é de estabelecer que às taxas condominiais vencidas antes do advento do novo código poderão ser aplicadas multas contratuais, a título de cláusula penal moratória, em até 20%, se houver previsão na convenção, mas as taxas que se vencerem após o advento do novo Código ficarão subordinadas à multa de 2%, em virtude do art. 1.336, § 1º.

Portanto, em caso de ajuizamento da ação de cobrança de contribuições pelo condomínio, com débito a partir de fevereiro de 2000, por exemplo, terão que ser efetuadas duas formas de cálculo: aos débitos vencidos anteriores à vigência do novo Código Civil (Lei nº 10.406 de 10 de janeiro de 2002, que entrou em vigor após um ano da sua publicação) com aplicação de 20% de multa moratória, e a contar de fevereiro de 2003, a multa deverá ser de até 2%, esta é a regra e a interpretação que entendemos em consonância a lei de introdução e ao novo Código Civil brasileiro.

Nesse sentido, encontramos o posicionamento de Paulo Eduardo Fucci, advogado paulista, em seu artigo Condomínio e o Novo Código Civil, onde exara com propriedade que: "É preciso ressaltar que o próprio par. único do art. 2.035, acima referido, considerando que as norma do novo CC são de ordem pública, inclusive no tocante ao direito de propriedade e aos contratos, e o seu *caput*, de mesma hierarquia da Lei de Introdução ao Código Civil, é incisivo sobre a incidência da lei nova sobre fato futuro decorrente de ato jurídico criado antes da sua entrada em vigor. E, aqui, não parece ser o caso de preservação de ato jurídico com forma de execução ou termo pré-fixados".[62]

---

[62] Artigo jurídico publicado com o título "Condomínio e o Novo Código Civil", *Revista dos Tribunais*, RT-809, março de 2003, 92. ano, p. 97-98.

O tema não se encerra com a limitação da multa em 2%, em vista de que a redução de 20% para 2%, consoante constatamos na labuta cotidiana, serviu como um dos fatores preponderantes ao aumento da inadimplência das contribuições condominiais, pois sendo a penalidade irrisória, não se consubstancia a finalidade basilar da cláusula penal, de fazer com que o condômino cumpra a sua obrigação no prazo estabelecido na convenção, causando sérios transtornos na administração do condomínio edilício, em que o síndico ou administrador necessita efetuar o pagamento das despesas necessárias e indispensáveis ao funcionamento adequado do prédio, tais como água, luz, salários dos empregados, taxas, contribuições sociais e demais despesas, que poderão ser até extraordinárias ou em caráter de urgência.

Como não bastasse, com o aumento progressivo no atraso do pagamento das taxas do condomínio, haverá a necessidade da utilização do fundo de reserva, em caso de saldo positivo, ou mais repugnante, a necessidade de que os demais condôminos, que cumprem rigorosamente com as suas obrigações legais e convencionais, venham a suprir os valores impagos pelos inadimplentes, procedendo-se o malfadado rateio para custear as despesas faltantes, o que é injusto, mas necessário e legal.

Portanto, a medida de aumentar a multa ou cláusula penal em caso de mora não se revela intuito de enriquecimento ou vantagem exacerbada ao condomínio, síndico ou administradores; trata-se na realidade, de elemento valoroso no sentido de exigir o pagamento das despesas no prazo avençado, o que aliás é a função nevrálgica da cláusula penal, proporcionando uma administração profícua e tranqüila em prol da própria coletividade que integra o condomínio em edificações, ou condomínio edilício.

Temos uma proposta, que não chega a ser tão inovadora, mas que denota sua proporcionalidade e equilíbrio na exigência da penalidade em relação às contribuições que estejam em atraso, que seria a aplicação de forma escalonada ou progressiva da multa, onde por exemplo, vencendo a obrigação no dia 05 de cada mês, após esta data a multa, a partir do dia 06, seria de 2%, dia 07 = 3%, dia 08 = 4%, e assim sucessivamente, até atingir um limite máximo de 10% no dia 14, sendo o grau limitador, já que, após o decurso de trinta dias, incidirão ainda os juros convencionais, a atualização monetária, e quando for o caso, na hipótese de cobrança, seja extrajudicial ou judicial, o acréscimo dos honorários advocatícios do profissional contratado. É uma solução que nos parece razoável.

Recentemente, a Lei nº 10.931/04, que no art. 58, alterava o § 1º do art. 1.336 da Lei nº 10.406, de 2002 –, relativamente à multa, foi objeto de veto,[63] e tinha a seguinte redação:

---

[63] As razões do veto foram fundamentadas da seguinte forma: "O novo Código Civil estabeleceu o teto de dois por cento para as multas condominiais, adequando-as ao já usual em relações de direito privado. A opção do Código Civil de 2002, diploma legal profundamente discutido no Congresso Nacional,

Art. 1.336. ... I – ... § 1º O condômino que não pagar a sua contribuição ficará sujeito aos juros moratórios convencionados, ou, não sendo previstos, o de um por cento ao mês e multa sobre o débito aplicada progressiva e diariamente à taxa de 0,33% (trinta e três centésimos por cento) por dia de atraso, até o limite estipulado pela Convenção do Condomínio, não podendo ser superior a dez por cento.

A mudança seria uma temorização aos inadimplentes, e o veto ao dispositivo que alterava a multa foi duramente criticado pelos administradores e profissionais ligados à área imobiliária, em que destacamos o artigo em enfoque, de Romeu Chap Chap, presidente do Secovi-SP (Sindicato das Empresas de Compra, Venda, Locação e Administração de Imóveis Residenciais e Comerciais de São Paulo), na Revista Consulex, n. 188, que em forma de desabafo, destaca: "Outro veto de difícil aceitação pelo setor e, acredito, pela coletividade, foi ao artigo 58, o qual buscava simplesmente impedir que se perpetuasse uma injustiça: o bom pagador pagar pelo mau pagador. Isso seria feito por meio de multa progressiva de 0,33% ao dia por atraso, até o limite de 10%. Desde que o novo Código Civil (com base no Código de Defesa do Consumidor) estipulou em 2% a multa por atraso no pagamento dos condomínios, a inadimplência cresceu 42%".[64]

Realmente pareceu-nos essencialmente política e discriminatória a motivação do veto, pois se compararmos, nas articulações do autor supracitado, constatamos algumas curiosidades, no que pertine às multas por atraso, vejamos: o atraso na multa por recolhimento do imposto de renda será de 1% ao mês até o limite de 20%, o IPTU (imposto predial territorial urbano) é de 10%, o ITBI (imposto de transmissão de bens imóveis) é de 20%, e o ICMS (imposto sobre operações relativas à circulação de mercadorias e prestações de serviços) a multa é de 5% a 10%.

Mas tudo isso necessitamos de amparo legal, de regra que estabeleça a majoração da multa a ser estabelecida na convenção, por tal razão, é aconselhável ao síndico ou administradores, diante da minúscula multa permitida de 2%, que em caso de inadimplência, não havendo o pagamento após a comunicação do condômino devedor, que poderá ser por escrito ou até verbal, já que não há exigência de constituição em mora, que se provi-

---

parece-nos a mais acertada, pois as obrigações condominiais devem seguir o padrão das obrigações de direito privado. Não há razão para com multa elevada condômino que atrasou o pagamento durante poucas semanas devido a dificuldade financeira momentânea. Ademais, observe-se que o condomínio já tem, na redação em vigor, a opção de aumentar o valor dos juros moratórios como mecanismo de combate a eventual inadimplência causada por má-fé. E neste ponto reside outro problema da alteração: aumenta-se o teto da multa ao mesmo tempo em que se mantém a possibilidade de o condomínio inflar livremente o valor dos juros de mora, abrindo-se as portas para excessos. Por fim, o dispositivo adota fórmula de cálculo da multa excessivamente complexa para condomínios que tenham contabilidade e métodos de cobrança mais precários, o que poderá acarretar tumulto na aplicação rotineira da norma, eliminando pretensas vantagens".

[64] CHAP CHAP, Romeu. Meio ambiente e condôminos – (A Lei nº 10.931 e as razões que os vetos ignoram), *Revista Jurídica Consulex*, n.188, de 15 de novembro de 2004, p. 46-47.

dencie, em curto espaço de tempo, a remessa do débito aos cuidados do advogado ou consultoria jurídica, para serem tomadas as medidas necessárias, inclusive com o ajuizamento de ação de cobrança, evitando o acúmulo do débito, e proporcionando uma solução mais eficiente e adequada.

3.7. Possibilidade ou impossibilidade do protesto das despesas de condomínio

É duvidosa a possibilidade do protesto de taxa condominial, pois qualquer equívoco será passível de pretensão indenizatória ao condômino lesado, sem contar que apenas é passível de cobrança pelo Condomínio o condômino proprietário ou cessionário de direitos da unidade imobiliária (não pode integrar o pólo passivo: morador, locatário, comodatário, depositário, pelo menos na relação com o condomínio).

Para evitar dissabores aos Condomínios, Síndicos e administradores, é que entendemos pela impossibilidade do protesto de taxas condominiais.

As referidas despesas referem-se a taxas condominiais, e pelo que constam nos boletos bancários, não há qualquer discriminação das taxas condominiais, sejam despesas ordinárias ou extraordinárias, nem mesmo demonstrativo mensal que vislumbre a mensuração dos valores, forma de rateio, seja por fração ideal ou unidade, controvérsia já existente, que vem causando a contrariedade dos condôminos protestados.

Além disso, como se sabe, as despesas condominiais não constituem título executivo extrajudicial, aliás, o próprio Código de Processo Civil estabelece, para a sua cobrança, o rito sumário, nos moldes do art. 275, inciso II, alínea *b*, através do processo de conhecimento.

Ocorre que a notificação do Cartório de Protesto noticia a existência de títulos apontados para protesto, sem existência de título executivo judicial ou extrajudicial, ausente a liquidez, certeza e exigibilidade, pois depende de ação própria.

Para tal, será possível a propositura de medida cautelar pelo condômino ou prejudicado, objetivando a sustação do protesto, tendo em consideração gravidade das conseqüências que lhe podem decorrer da efetivação daquele ato.

À vista do exposto, verifica-se claramente a iliquidez e inexigibilidade dos títulos apontados para protesto, contendo valor a pagar e datas de supostas taxas, mas que título? Embora deva ser ressaltado, que pela consolidação normativa notarial e registral do Rio Grande do Sul, no título VII, referente ao Tabelionato de Protesto de Títulos, em seu art. 708, menciona que qualquer documento representativo de obrigação pode ser levado a protesto, para prova de inadimplência ou para fixação do termo inicial dos encargos, quando não houver prazo assinado (Lei 9.492/97, arts. 1º e 4º), elucidado na obra organizada pelo Professor Eduardo Assis Brasil Rocha.[65]

Sendo assim, poderá o protestado não reconhecer a existência dos valores apontados pelo Condomínio, reputando de meio indevido de cobrança de valores inexigíveis. Contudo, o título encontra-se em cartório, para ser lavrado ao protesto.

Por efeito, constitui-se o aponte para protesto, num gesto típico de constranger o condômino, podendo causar-lhe danos irreparáveis com conseqüências imprevisíveis, acarretando-lhe o abalo de crédito junto às Instituições Financeiras e Bancárias.

Corroborando com o que já foi alegado, assim entende a jurisprudência:

CIVIL, COMERCIAL E PROCESSUAL CIVIL – MEDIDA CAUTELAR DE SUSTAÇÃO DE PROTESTO – AÇÕES DECLARATÓRIAS – CUMULAÇÃO COM PERDAS E DANOS – DUPLICATAS LEVADAS A PROTESTO PARA COBRANÇA DE VALORES DEVIDOS A TÍTULO DE ALUGUÉIS DE IMÓVEL, TAXAS DE CONDOMÍNIO E DÉBITOS DE TELEFONE – NULIDADE – DANOS MORAIS – INOCORRÊNCIA – LITIGÂNCIA DE MÁ-FÉ – NÃO COMPROVAÇÃO – 1. A duplicata, título causal, deve representar a efetiva realização de compra e venda mercantil ou prestação de serviços, não sendo permitida a emissão de duplicata para cobrança de dívida de outra natureza. 2. Como as duplicatas foram emitidas para cobrança de valores de aluguéis de imóvel, taxas de condomínio e débitos de telefone, tais títulos são nulos, porquanto o contrato de locação imobiliária é de natureza civil. 3. Não comprovada má-fé ou culpa nos saques das duplicatas, não há como a parte responder por danos morais, vez que até o próprio julgador singular entendeu como regular os saques, não se podendo exigir do leigo o conhecimento profundo da matéria jurídica em análise. 4. Dá-se provimento ao recurso quanto aos pedidos das ações principais e cautelar, para declarar nulas as duplicatas e confirmar a liminar de sustação de protesto. 5. Rejeita-se pedido de danos morais, bem assim de indenização por litigância de má-fé, esta não comprova da. Conhecer. Dar provimento. Unânime. (TJDF – APC 5300999 – 3ª T.Cív. – Rel. Des. Mario-Zam Belmiro – DJU 09.05.2001 – p.35)

Podemos ainda destacar a jurisprudência junto a Revista Julgados do extinto Tribunal de Alçada do Estado do Rio Grande do Sul: JULGADOS TARGS Vol. 62, p. 231; Vol. 63, p. 189; Vol. 69, p. 225; Vol. 70, p. 332; Vol. 50, p. 419; Vol. 40, p. 195; Vol. 78. p-360.

Sucintamente, é nossa opinião, o protesto poderá causar mais problemas do que soluções ao condomínio requerente, para tal, deverá propor as competentes ações possíveis para alcançar a tutela do Estado, optando pela via do processo de conhecimento ou até mesmo pelo procedimento ou tutela monitória, desde que, evidente, preencha os requisitos necessários.

---

[65] ROCHA, Eduardo Assis Brasil. (Org.) *Consolidação Normativa notarial e registral do RS*. Santa Maria: Fadisma – Faculdade de Direito de Santa Maria, 2004, p. 188.

4. A legislação comparada e anotada (novo Código Civil e Lei 4.591/64)

Código Civil (Lei 10.406, de janeiro de 2002)

CAPÍTULO VII - Do Condomínio Edilício
Seção I - Disposições Gerais

Art. 1.331. Pode haver, em edificações, partes que são propriedade exclusiva, e partes que são propriedade comum dos condôminos.

§ 1º As partes suscetíveis de utilização independente, tais como apartamentos, escritórios, salas, lojas, sobrelojas ou abrigos para veículos, com as respectivas frações ideais no solo e nas outras partes comuns, sujeitam-se a propriedade exclusiva, podendo ser alienadas e gravadas livremente por seus proprietários.

§ 2º O solo, a estrutura do prédio, o telhado, a rede geral de distribuição de água, esgoto, gás e eletricidade, a calefação e refrigeração centrais, e as demais partes comuns, inclusive o acesso ao logradouro público, são utilizados em comum pelos condôminos, não podendo ser alienados separadamente, ou divididos.

§ 3º A fração ideal no solo e nas outras partes comuns é proporcional ao valor da unidade imobiliária, o qual se calcula em relação ao conjunto da edificação. *(alterado) nova redação:* § 3º A cada unidade imobiliária caberá, como parte inseparável, uma fração ideal no solo e nas outras partes comuns, que será identificada em forma decimal ou ordinária no instrumento de instituição do condomínio. *(Redação dada pela Lei nº 10.931, de 2004)*

§ 4º Nenhuma unidade imobiliária pode ser privada do acesso ao logradouro público.

§ 5º O terraço de cobertura é parte comum, salvo disposição contrária da escritura de constituição do condomínio.

Lei 4.591/64
Art. 3º O terreno em que se levantam a edificação ou o conjunto de edificações e suas instalações, bem como as fundações, paredes externas, o teto, as áreas internas de ventilação, e tudo o mais que sirva a qualquer dependência de uso comum dos proprietários ou titulares de direito à aquisição de unidades ou ocupantes, constituirão condomínio de todos, e serão insuscetíveis de divisão, ou de alienação destacada da respectiva unidade. Serão, também, insuscetíveis de utilização exclusiva por qualquer condômino (VETADO).

CONDOMÍNIO EDILÍCIO

Código Civil
Art. 1.332. Institui-se o condomínio edilício por ato entre vivos ou testamento, registrado no Cartório de Registro de Imóveis, devendo constar daquele ato, além do disposto em lei especial:

I – a discriminação e individualização das unidades de propriedade exclusiva, estremadas uma das outras e das partes comuns;

II – a determinação da fração ideal atribuída a cada unidade, relativamente ao terreno e partes comuns;

III – o fim a que as unidades se destinam.

Lei 4.591/64
Art. 7º O condomínio por unidades autônomas instituir-se-á por ato entre vivos ou por testamento, com inscrição obrigatória no Registro de Imóvel, dele constando; a individualização de cada unidade, sua identificação e discriminação, bem como a fração ideal sobre o terreno e partes comuns, atribuída a cada unidade, dispensando-se a descrição interna da unidade.

Código Civil
Art. 1.333. A convenção que constitui o condomínio edilício deve ser subscrita pelos titulares de, no mínimo, dois terços das frações ideais e torna-se, desde logo, obrigatória para os titulares de direito sobre as unidades, ou para quantos sobre elas tenham posse ou detenção.

Parágrafo único. Para ser oponível contra terceiros, a convenção do condomínio deverá ser registrada no Cartório de Registro de Imóveis.

Lei 4.591/64
Art. 9º ...

§ 1º Far-se-á o registro da Convenção no Registro de Imóveis, bem como a averbação das suas eventuais alterações.

§ 2º Considera-se aprovada, e obrigatória para os proprietários de unidades, promitentes compradores, cessionários e promitentes cessionários, atuais e futuros, como para qualquer ocupante, a Convenção que reúna as assinaturas de titulares de direitos que representem, no mínimo, 2/3 das frações ideais que compõem o condomínio.

Código Civil
Art. 1.334. Além das cláusulas referidas no art. 1.332 e das que os interessados houverem por bem estipular, a convenção determinará:

I – a quota proporcional e o modo de pagamento das contribuições dos condôminos para atender às despesas ordinárias e extraordinárias do condomínio;

II – sua forma de administração;

III – a competência das assembléias, forma de sua convocação e quorum exigido para as deliberações;

IV – as sanções a que estão sujeitos os condôminos, ou possuidores;

V – o regimento interno.

§ 1º A convenção poderá ser feita por escritura pública ou por instrumento particular.

§ 2º São equiparados aos proprietários, para os fins deste artigo, salvo disposição em contrário, os promitentes compradores e os cessionários de direitos relativos às unidades autônomas.

Lei 4.591/64
Art. 9º...
§ 3º Além de outras normas aprovadas pelos interessados, a Convenção deverá conter:
a) a discriminação das partes de propriedade exclusiva, e as de *con*domínio, com especificações das diferentes áreas;
b) o destino das diferentes partes;
c) o modo de usar as coisas e serviços comuns;
d) encargos, forma e proporção das contribuições dos condôminos para as despesas de custeio e para as extraordinárias;
e) o modo de escolher o síndico e o Conselho Consultivo;
f) as atribuições do síndico, além das legais;
g) a definição da natureza gratuita ou remunerada de suas funções;
h) o modo e o prazo de convocação das assembléias gerais dos condôminos;
i) o quorum para os diversos tipos de votações;
j) a forma de contribuição para constituição de fundo de reserva;
l) a forma e o quorum para as alterações de convenção;
m) a forma e o quorum para a aprovarão do Regimento Interno quando não incluídos na própria Convenção.

Código Civil
Art. 1.335. São direitos do condômino:
I – usar, fruir e livremente dispor das suas unidades;
II – usar das partes comuns, conforme a sua destinação, e contanto que não exclua a utilização dos demais compossuidores;
III – votar nas deliberações da assembléia e delas participar, estando quite.

Lei 4.591/64
Art. 19. Cada condômino tem o direito de usar e fruir, com exclusividade, de sua unidade autônoma, segundo suas conveniências e interesses, condicionados, umas e outros às normas de boa vizinhança, e poderá usar as partes e coisas comuns de maneira a não causar. dano ou incômodo aos demais condôminos ou moradores, nem obstáculo ou embaraço ao bom uso das mesmas partes por todos.

Código Civil
Art. 1.336. São deveres do condômino:
I – Contribuir para as despesas do condomínio, na proporção de suas frações ideais; (alterado)- nova redação: I – contribuir para as despesas do condomínio na proporção das suas frações ideais, salvo disposição em contrário na convenção; (Redação dada pela Lei nº 10.931, de 2004)
II – não realizar obras que comprometam a segurança da edificação;
III – não alterar a forma e a cor da fachada, das partes e esquadrias externas;

IV – dar às suas partes a mesma destinação que tem a edificação, e não as utilizar de maneira prejudicial ao sossego, salubridade e segurança dos possuidores, ou aos bons costumes.

§ 1º O condômino que não pagar a sua contribuição ficará sujeito aos juros moratórios convencionados ou, não sendo previstos, os de um por cento ao mês e multa de até dois por cento sobre o débito.

§ 2º O condômino, que não cumprir qualquer dos deveres estabelecidos nos incisos II a IV, pagará a multa prevista no ato constitutivo ou na convenção, não podendo ela ser superior a cinco vezes o valor de suas contribuições mensais, independentemente das perdas e danos que se apurarem; não havendo disposição expressa, caberá à assembléia geral, por dois terços no mínimo dos condôminos restantes, deliberar sobre a cobrança da multa.

Lei 4.591/64
Art. 10. É defeso a qualquer condômino:
I – alterar a forma externa da fachada;
II – decorar as partes e esquadriais externas com tonalidades ou cores diversas das empregadas no conjunto da edificação;
III – destinar a unidade a utilização diversa de finalidade do prédio, ou usá-la de forma nociva ou perigosa ao sossego, à salubridade e à segurança dos demais condômi-nos;
...

§ 1º O transgressor ficará sujeito ao pagamento de multa prevista na convenção ou no regulamento do condomínio, além de ser compelido a desfazer a obra ou abster-se da prática do ato, cabendo, ao síndico, com autorização judicial, mandar desmanchá-la, à custa do transgressor, se este não a desfizer no prazo que lhe fôr estipulado.
...

Art. 12. Cada condômino concorrerá nas despesas do condomínio, recolhendo, nos prazos previstos na Convenção, a quota-parte que lhe couber em rateio.
...

§ 3º O condômino que não pagar a sua contribuição no prazo fixado na Convenção fica sujeito ao juro moratório de 1% ao mês, e multa de até 20% sobre o débito, que será atualizado, se o estipular a Convenção, com a aplicação dos índices de correção monetária levantados pelo Conselho Nacional de Economia, no caso da mora por período igual ou superior a seis meses.

Código Civil
Art. 1337. O condômino, ou possuidor, que não cumpre reiteradamente com os seus deveres perante o condomínio poderá, por deliberação de três quartos dos condôminos restantes, ser constrangido a pagar multa correspondente até ao quíntuplo do valor atri-buído à contribuição para as despesas condominiais, conforme a gravidade das faltas e a reiteração, independentemente das perdas e danos que se apurem.

Parágrafo único. O condômino ou possuidor que, por seu reiterado comportamento anti-social, gerar incompatibilidade de convivência com os demais condôminos ou possui-dores, poderá ser constrangido a pagar multa correspondente ao décuplo do valor atribuído à contribuição para as despesas condominiais, até ulterior deliberação da assembléia.

Lei 4.591/64
Art. 21. A violação de qualquer dos deveres estipulados na Convenção sujeitará o infrator à multa fixada na própria Convenção ou no Regimento Interno, sem prejuízo da responsabilidade civil ou criminal que, no caso, couber.

Código Civil
Art. 1.338. Resolvendo o condômino alugar área no abrigo para veículos, preferir-se-á, em condições iguais, qualquer dos condôminos a estranhos, e, entre todos, os possuidores.
Art. 1.339. Os direitos de cada condômino às partes comuns são inseparáveis de sua propriedade exclusiva; são também inseparáveis das frações ideais correspondentes as unidades imobiliárias, com as suas partes acessórias.
§ 1º Nos casos deste artigo é proibido alienar ou gravar os bens em separado.
§ 2º É permitido ao condômino alienar parte acessória de sua unidade imobiliária a outro condômino, só podendo fazê-lo a terceiro se essa faculdade constar do ato constitutivo do condomínio, e se a ela não se opuser a respectiva assembléia geral.

Lei 4.591/64
Art. 3º O terreno em que se levantam a edificação ou o conjunto de edificações e suas instalações, bem como as fundações, paredes externas, o teto, as áreas internas de ventilação, e tudo o mais que sirva a qualquer dependência de uso comum dos proprietários ou titulares de direito à aquisição de unidades ou ocupantes, constituirão condomínio de todos, e serão insuscetíveis de divisão, ou de alienação destacada da respectiva unidade. Serão, também, insuscetíveis de utilização exclusiva por qualquer condômino (VETADO).

Código Civil
Art. 1.340. As despesas relativas a partes comuns de uso exclusivo de um condômino, ou de alguns deles, incumbem a quem delas se serve.
Art. 1.341. A realização de obras no condomínio depende:
I – se voluptuárias, de voto de dois terços dos condôminos;
II – se úteis, de voto da maioria dos condôminos.
§ 1º As obras ou reparações necessárias podem ser realizadas, independentemente de autorização, pelo síndico, ou, em caso de omissão ou impedimento deste, por qualquer condômino.
§ 2º Se as obras ou reparos necessários forem urgentes e importarem em despesas excessivas, determinada sua realização, o síndico ou o condômino que tomou a iniciativa delas dará ciência à assembléia, que deverá ser convocada imediatamente.
§ 3º Não sendo urgentes, as obras ou reparos necessários, que importarem em despesas excessivas, somente poderão ser efetuadas após autorização da assembléia, especialmente convocada pelo síndico, ou, em caso de omissão ou impedimento deste, por qualquer dos condôminos.
§ 4º O condômino que realizar obras ou reparos necessários será reembolsado das despesas que efetuar, não tendo direito à restituição das que fizer com obras ou reparos de outra natureza, embora de interesse comum.

CONDOMÍNIO EDILÍCIO

Lei 4.591/64
Art. 12. ...

§ 4º As obras que interessarem à estrutura integral da edificação ou conjunto de edificações, ou ao serviço comum, serão feitas com o concurso pecuniário de todos os proprietários ou titulares de *direito* à aquisição de unidades, mediante orçamento prévio aprovado em assembléia-geral, podendo incumbir-se de sua execução o síndico, ou outra pessoa, com aprovação da assembléia.

Código Civil
Art. 1.342. A realização de obras, em partes comuns, em acréscimo às já existentes, a fim de lhes facilitar ou aumentar a utilização, depende da aprovação de dois terços dos votos dos condôminos, não sendo permitidas construções, nas partes comuns, suscetíveis de prejudicar a utilização, por qualquer dos condôminos, das partes próprias, ou comuns.

Art. 1.343. A construção de outro pavimento, ou, no solo comum, de outro edifício, destinado a conter novas unidades imobiliárias, depende da aprovação da unanimidade dos condôminos.

Art. 1.344. Ao proprietário do terraço de cobertura incumbem as despesas da sua conservação, de modo que não haja danos às unidades imobiliárias inferiores.

Art. 1.345. O adquirente de unidade responde pelos débitos do alienante, em relação ao condomínio, inclusive multas e juros moratórios.

Art. 1.346. É obrigatório o seguro de toda a edificação contra o risco de incêndio ou destruição, total ou parcial.

Lei 4.591/64
Art. 13. Proceder-se-á ao seguro da edificação ou do conjunto de edificações, neste caso, discriminadamente, abrangendo todas as unidades autônomas e partes comuns, contra incêndio ou outro sinistro que cause destruição no todo ou em parte, computando-se o prêmio nas despesas ordinárias do condomínio.

Parágrafo único. O seguro de que trata este artigo será obrigatoriamente feito dentro de 120 dias, contados da data da concessão do "habite-se", sob pena de ficar o condomínio sujeito à multa mensal equivalente a 1/12 do imposto predial, cobrável executivamente pela Municipalidade.

Art. 14. Na ocorrência de sinistro total, ou que destrua mais de dois terços de uma edificação, seus condôminos reunir-se-ão em assembléia especial, e deliberarão sobre a sua reconstrução ou venda do terreno e materiais, por quórum mínimo de votos que representem metade, mais uma das frações ideais do respectivo terreno.
...

§ 3º Na hipótese do parágrafo anterior, a minoria não poderá ser obrigada a contribuir para a reedificação, caso em que a maioria poderá adquirir as partes dos dissidentes, mediante avaliação judicial, feita em vistoria.

Código Civil

Seção II
Da Administração do Condomínio

Art. 1.347. A assembléia escolherá um síndico, que poderá não ser condômino, para administrar o condomínio, por prazo não superior a dois anos, o qual poderá renovar-se.

Lei 4.591/64
Art. 22. Será eleito, na forma prevista pela Convenção, um síndico do condomínio, cujo mandato não poderá exceder de 2 anos, permitida a reeleição.

...

§ 5º O síndico poderá ser destituído, pela forma e sob as condições previstas na Convenção, ou, no silêncio desta pelo voto de dois terços dos condôminos, presentes, em assembléia-geral especialmente convocada.

Código Civil
Art. 1.348. Compete ao síndico:
I – convocar a assembléia dos condôminos;
II – representar, ativa e passivamente, o condomínio, praticando, em juízo ou fora dele, os atos necessários à defesa dos interesses comuns;
III – dar imediato conhecimento à assembléia da existência de procedimento judicial ou administrativo, de interesse do condomínio;
IV – cumprir e fazer cumprir a convenção, o regimento interno e as determinações da assembléia;
V – diligenciar a conservação e a guarda das partes comuns e zelar pela prestação dos serviços que interessem aos possuidores;
VI – elaborar o orçamento da receita e da despesa relativa a cada ano;
VII – cobrar dos condôminos as suas contribuições, bem como impor e cobrar as multas devidas;
VIII – prestar contas à assembléia, anualmente e quando exigidas;
IX – realizar o seguro da edificação.
§ 1º Poderá a assembléia investir outra pessoa, em lugar do síndico, em poderes de representação.
§ 2º O síndico pode transferir a outrem, total ou parcialmente, os poderes de representação ou as funções administrativas, mediante aprovação da assembléia, salvo disposição em contrário da convenção.

Lei 4.591/64
Art. 23. ...
§ 1º Compete ao síndico:
a) representar ativa e passivamente, o condomínio, em juízo ou fora dele, e praticar os atos de defesa dos interesses comuns, nos limites das atribuições conferidas por esta Lei ou pela Convenção;
b) exercer a administração interna da edificação ou do conjunto de edificações, no que respeita à sua vigência, moralidade e segurança, bem como aos serviços que interessam a todos os moradores;
...
d) impor as multas estabelecidas na Lei, na Convenção ou no Regimento Interno;
e) cumprir e fazer cumprir a Convenção e o Regimento Interno, bem como executar e fazer executar as deliberações da assembléia;
f) prestar contas à assembléia dos condôminos.
...

CONDOMÍNIO EDILÍCIO

§ 2º As funções administrativas podem ser delegadas a pessoas de confiança do síndico, e sob a sua inteira responsabilidade, mediante aprovação da assembléia geral dos condôminos.

Art. 24. Haverá, anualmente, uma assembléia geral ordinária dos condôminos, convocada pelo síndico na forma prevista na Convenção, à qual compete, além das demais matérias inscritas na ordem do dia, aprovar, por maioria dos presentes, as verbas para as despesas de condomínio, compreendendo as de conservação da edificação ou conjunto de edificações, manutenção de seus serviços e correlatas.

...

§ 2º O síndico, nos oito dias subseqüentes à assembléia, comunicará aos condôminos o que tiver sido deliberado, inclusive no tocante à previsão orçamentária, o rateio das despesas, e promoverá a arrecadação, tudo na forma que a Convenção previr.

Art. 25. Ressalvado o disposto no § 3º do art. 22, poderá haver assembléias gerais extraordinárias, convocadas pelo síndico ou por condôminos que representem um quarto, no mínimo do condomínio, sempre que o exigirem os interesses gerais.

Parágrafo único. Salvo estipulação diversa da Convenção, esta só poderá ser modificada em assembléia geral extraordinária, pelo voto mínimo de condôminos que representem 2/3 do total das frações ideais.

Código Civil
Art. 1.349. A assembléia, especialmente convocada para o fim estabelecido no § 2º do artigo antecedente, poderá, pelo voto da maioria absoluta de seus membros, destituir o síndico que praticar irregularidades, não prestar contas, ou não administrar convenientemente o condomínio.

Art. 1.350. Convocará o síndico, anualmente, reunião da assembléia dos condôminos, na forma prevista na convenção, a fim de aprovar o orçamento das despesas, as contribuições dos condôminos e a prestação de contas, e eventualmente eleger-lhe o substituto e alterar o regimento interno.

§ 1º Se o síndico não convocar a assembléia, um quarto dos condôminos poderá fazê-lo.

§ 2º Se a assembléia não se reunir, o juiz decidirá, a requerimento de qualquer condômino.

Lei 4.591/64
Art. 27. Se a assembléia não se reunir para exercer qualquer dos poderes que lhe competem, 15 dias após o pedido de convocação, o Juiz decidirá a respeito, mediante requerimento dos interessados.

Código Civil
Art. 1.351. Depende da aprovação de dois terços dos votos dos condôminos a alteração da convenção e do regimento interno; a mudança da destinação do edifício, ou da unidade imobiliária, depende de aprovação pela unanimidade dos condôminos.*(alterado)* –*nova redação:* Art. 1.351. Depende da aprovação de 2/3 (dois terços) dos votos dos condôminos a alteração da convenção; a mudança da destinação do edifício, ou da unidade imobiliária, depende da aprovação pela unanimidade dos condôminos. (Redação dada pela Lei nº 10.931, de 2004)

Art. 1.352. Salvo quando exigido quorum especial, as deliberações da assembléia serão tomadas, em primeira convocação, por maioria de votos dos condôminos presentes que representem pelo menos metade das frações ideais.

Parágrafo único. Os votos serão proporcionais às frações ideais no solo e nas outras partes comuns pertencentes a cada condômino, salvo disposição diversa da convenção de constituição do condomínio.

Art. 1.353. Em segunda convocação, a assembléia poderá deliberar por maioria dos votos dos presentes, salvo quando exigido quorum especial.

Art. 1.354. A assembléia não poderá deliberar se todos os condôminos não forem convocados para a reunião.

Art. 1.355. Assembléias extraordinárias poderão ser convocadas pelo síndico ou por um quarto dos condôminos.

Art. 1.356. Poderá haver no condomínio um conselho fiscal, composto de três membros, eleitos pela assembléia, por prazo não superior a dois anos, ao qual compete dar parecer sobre as contas do síndico.

Seção III
Da Extinção do Condomínio

Art. 1.357. Se a edificação for total ou consideravelmente destruída, ou ameace ruína, os condôminos deliberarão em assembléia sobre a reconstrução, ou venda, por votos que representem metade mais uma das frações ideais.

§ 1º Deliberada a reconstrução, poderá o condômino eximir-se do pagamento das despesas respectivas, alienando os seus direitos a outros condôminos, mediante avaliação judicial.

§ 2º Realizada a venda, em que se preferirá, em condições iguais de oferta, o condômino ao estranho, será repartido o apurado entre os condôminos, proporcionalmente ao valor das suas unidades imobiliárias.

Art. 1.358. Se ocorrer desapropriação, a indenização será repartida na proporção a que se refere o § 2º do artigo antecedente.

O novo Código Civil brasileiro não revogou a lei de Condomínio e Incorporações (Lei nº 4.591/64), inclusive não apresenta qualquer modificação no que diz respeito ao Título II, Das Incorporações, a partir do art. 24 da mencionada lei de incorporações imobiliárias.

Mas em relação ao condomínio em edificações da Lei nº 4.591/64, e o novo CC, as regras legais podem coexistir perfeitamente, desde que não sejam as que foram modificadas expressamente pelos novos dispositivos, e aquelas que não foram alteradas e se mantêm compatíveis.

O propósito do legislador, na realidade, foi buscar uma atualização da legislação sobre a propriedade horizontal, atualmente designada como condomínio edilício, em vista das proposições oriundas da doutrina moderna e da abalizada jurisprudência, em virtude da própria evolução do mercado imobiliário, e por decorrência das necessidades oriundas até mesmo de outras modalidades ou formas de coletividade condominial.

Entendemos que em relação do condomínio em edificações ou edilício, o novo Código Civil e a Lei nº 4.591/64 coexistem e se complementam, havendo apenas uma derrogação das regras que foram alteradas pelos novos dispositivos do CC, aliás, Arnaldo Rizzardo propugna que: "A disciplina encontra-se disciplinada pelo Código Civil de 2002, que, além de tornar mais explícito o regramento, atualizou a redação das normas e supriu alguns vazios que ainda se faziam sentir, adotando soluções já assentadas pela doutrina e jurisprudência. Naquilo em que é omisso o Código Civil, perdura a Lei nº 4.591/64".[66]

Ao menos não entende assim Sílvio de Salvo Venosa, pois para o doutrinador, o novo Código Civil passa a disciplinar integralmente o condomínio edilício, "revogando essa matéria na Lei nº 4.591/64, mas mantém em vigência a parte relativa às incorporações".[67]

---

[66] RIZZARDO, Arnaldo. Direito das coisas: de acordo com a Lei nº 10.406 de 10.01.2002. Rio de Janeiro: Forense, 2003, p. 620.
[67] VENOSA, Silvio de Salvo. *Direito Civil: direitos reais*, 2. ed. São Paulo: Atlas, 2002, p. 284.

5. Outras modalidades de condomínio

5.1. *Shopping Centers*

É controvertida a natureza dos centros comerciais ou *shopping centers*, considerados como uma nova modalidade condominial, mas com natureza contratual, pois da relação interna entre os lojistas e a administração do empreendimento nasce uma vida em condomínio, com certas peculiaridades, pois não podemos nos afastar da relação locatícia entre o proprietário da loja e o locatário, onde se refletem várias relações contratuais, como a locação o contrato normativo do *Shopping*, a relação de condomínio com despesas ordinárias e extraordinárias, além das características peculiares decorrentes das atividades inerentes aos lojistas e empreendedores.

Na atualidade, em virtude do avanço da própria construção civil e das novas tendências no mercado imobiliário, há a necessidade de ofertar ao público novas opções, em que se possa unir o útil ao agradável, com espaços modernizados para as lojas, viabilidade de lazer aos consumidores, suprindo as suas necessidades de forma prazerosa e segura, o que desencadeou a criação dos centros comerciais.

Com a evolução do comércio, que vem desde as lojas de ruas, conjunto de lojas em determinados espaços, galerias em prédios residenciais ou comerciais, surgiram como uma forma de avanço mercadológico os *shopping centers*, que nasceram nos Estados Unidos, na década de 1950, em face do aumento do poder aquisitivo da população e da descentralização para as áreas da periferia às cidades.

No Brasil, mais especificamente na cidade de São Paulo, eclodiu na década de 1960, e que vem se proliferando em todas as cidades do País, resultado de uma revolução do mercado lojista, somados entre outros elementos de estratégias para desenvolvimento das atividades comerciais, com adequações das atividades, promoções e publicidades.

Em citação na Revista RT nº 580/17, Caio Mario da Silva Pereira, transcreve a definição da ABRACE (Associação Brasileira de *Shopping*

Centers) de que o *shopping*; "É um centro comercial planejado, sob a administração única e centralizada, composta de lojas destinadas à exploração de ramos diversificados de comércio, e que permaneçam, na sua maior parte, objeto de locação, ficando os locatários sujeitos a normas contratuais padronizadas que visam à conservação do equilíbrio da oferta e da funcionalidade, para assegurar, como objetivo básico, a convivência integrada e que varie o preço da locação, ao menos em parte, de acordo com o faturamento dos locatários – centro que ofereça aos usuários estacionamento permanente e tecnicamente bastante".[68]

5.1.1. Da locação em shopping center perante o condomínio

Nos termos do art. 54 da lei do inquilinato, considerou o contrato de *shopping center*, entre empreendedor como locador, e o lojista como locatário, como uma espécie de contrato de locação urbana, para fins comerciais, regulada pela lei especial, estabelecendo, entretanto, que os aludidos contratos de locação de lojas em *shopping center*, poderão conter as condições livremente acordadas pelas partes, o que vislumbra uma maior liberdade e autonomia das partes contratantes, principalmente, em decorrência das peculiaridades dos centros comerciais, que necessitam de outras previsões ou ajustes, que se diferenciam dos contratos tradicionais de locação.

Mesmo assim, o empreendedor, como locador, não poderá cobrar do locatário as despesas mencionadas no art. 22, alíneas *a*, *b*, e *d*, da Lei nº 8.245/91, quais sejam; as obras de reformas ou acréscimos que interessem à estrutura integral do imóvel; a pintura das fachadas, empenas, poços de aeração e iluminação, bem como das esquadrias externas; e indenizações trabalhistas e previdenciárias pela dispensa de empregados, ocorridas em data anterior ao início da locação.

O empreendedor, como locador, também, não poderá cobrar do locatário as despesas com obras ou substituições de equipamentos, que impliquem modificar o projeto ou o memorial descritivo da data do habite-se e obras de paisagismo nas partes de uso comum.

As despesas cobradas do locatário devem ser previstas em orçamento, salvo casos de urgência ou força maior, devidamente demonstradas, podendo o locatário, a cada sessenta dias, por si ou entidade de classe exigir a comprovação das mesmas.

Esse tipo de pacto contratual se destaca diante da menção junto à lei de locações urbanas, como uma espécie de contrato de locação comercial, com certas particularidades, em virtude das suas características, essencial-

---

[68] PEREIRA, Caio Mario da Silva. Shopping centers – organização econômica e disciplina jurídica. *Revista dos Tribunais*, n. 580, 1984.

mente comerciais, entre os empreendedores e lojistas, em prol do próprio crescimento econômico, e como uma atividade que desperta e cresce dia a dia, tornando-se um complexo comercial planejado, com várias lojas comerciais, com ramos estabelecidos pelos lojistas e empreendedores, que pelas circunstâncias estipulam cláusulas padronizadas objetivando um funcionamento equilibrado e produtivo, com disposições contratuais que diferem dos demais contratos locatícios, destinados para fins não-residenciais, mais especificamente, para finalidade comercial.

Nesse contexto, as obrigações do locatário extrapolam as fixadas na lei do inquilinato, evidentemente, desde que não contrariem o art. 54, mas que, pela rentabilidade do negócio objeto do empreendimento, são necessários outros ajustes, surgindo por efeito nova figuras e definições, com a previsão de seleção de lojistas, lojas-âncoras, campanhas de publicidade, participação em percentual sobre o lucro, o que se denota diferenças gritantes dos contratos tradicionais de locação.

a) **Do aluguel fixado em percentual**: o pagamento da renda como forma de remuneração da loja, pelos lojistas, é fixado em percentual sobre a renda bruta da loja comercial, onde, por precaução, se estabelece um aluguel mínimo, mensurado em valor de moeda corrente nacional, que será utilizado, na hipótese de o percentual da renda não for superior ao valor determinado como mínimo.

É uma prática adotada e consagrada nas relações entre lojistas e empreendedores, em sintonia com o art. 54 da lei inquilinária, que privilegia a liberdade contratual nesta espécie de locação comercial, e que, pelo próprio art. 17, estabelece; que é livre a convenção do aluguel, vedada a sua estipulação em moeda estrangeira e a sua vinculação à variação cambial ou salário mínimo.

Com isso, o aluguel fixo, baseado em um valor mínimo, e variável, com a indicação de percentual sobre o faturamento do lojista, não apresenta qualquer irregularidade ou invalidade, pois perfeitamente recepcionados, onde a proibição se revela nas hipóteses elencadas, como em alguns casos, a utilização do dólar norte-americano.

A liberdade contratual, nestes contratos, oportuniza claramente uma forma de renda ou aluguel especial e própria para a locação de lojas, box, espaços em centros comerciais definidos como *shopping centers*, e que a lei do inquilinato veio a recepcionar, aplicando as regras da locação urbana, com certas peculiaridades, e que para alguns autores, por tais circunstâncias, consideram como um contrato atípico, sendo impropriamente uma locação, ou melhor, seria um contato atípico misto, regulado pela lei do inquilinato, onde o empreendedor não é um simples locador, pois participa

CONDOMÍNIO EDILÍCIO

da administração, fiscalização, seleção de espaços e lojistas, atuando operante no negócio comercial.[69]

Gildo dos Santos, em comentários à Lei nº 8.245/91, destaca, "Em outras palavras, esse contrato misto tem a locação por ajuste central, em torno do qual os demais pactos giram e apenas sobrevivem enquanto existe aquela. A locação é o tipo e negócio jurídico, e os outros são, em verdade, negócios inominados, ou não, mas, seguramente, representativos de obrigações cujo exame e solução cabem no campo do direito obrigacional".[70]

Em que pesem as opiniões abalizadas em respeito à natureza jurídica do contrato, realmente, com respeito, constatamos ser um contrato misto, onde prepondera a característica como pacto locatício, pois o empreendedor se obriga a ceder o bem imóvel, para fins comerciais ao lojista, que se obriga a pagar determinada renda, pelo uso e fruição do bem, por prazo determinado ou indeterminado, caracterizando claramente um contrato de locação, por efeito, contrato típico e nominado junto à lei de locações, com caracteres que extrapolam a relação locatícia, em decorrência das suas particularidades, em especial a sua atividade empresarial e mercantilista, com a preocupação do resguardo do fundo de comércio e estrutura organizacional de centro comercial, intitulado de *shopping*.

Primamos no sentido de ser um contrato de locação misto, não desconhecendo a multiplicidade de postura em relação a sua natureza jurídica, e que embora proposta por consagrados juristas, assim, não entendemos, onde inclusive, em tese, não se aplica o código de defesa do consumidor, diante do regramento especial da lei do inquilinato.[71]

b) **A fiscalização da renda pelo locador**: é perfeitamente possível a fiscalização do faturamento da renda obtida pelo locatário, no caso de o aluguel ser fixado em percentual sobre a renda obtida pelo lojista, desde que haja previsão contratual expressa, possibilitando ao locador contatar o registro dos negócios realizados pelo lojista locatário, podendo, ainda, analisar os livros do comerciante, os seus respectivos registros mercantis, no próprio estabelecimento comercial, com o fito de fiscalizar e apurar o faturamento real, no sentido de obter o valor do aluguel determinado em percentual sobre a renda bruta do lojista.

---

[69] Adota esta posição Maria Helena Diniz, na sua obra *Lei de Locações de Imóveis Urbanos*, p.228, no mesmo sentido, o Prof. Darcy Bessone, em artigo jurídico denominado "Problemas Jurídicos do Shopping Center", in *Revista dos Tribunais*, 660, p. 7-16, onde aduz que não se trata de locação.

[70] Esta é a posição do autor, na sua obra *Locação e despejo*, 4. ed., Ed. RT, p. 316.

[71] Em interessante artigo jurídico, o advogado paulista José Gomes Neto, em Estudos e Comentários, na Revista de Direito Imobiliário, n. 39, tratando do tema Shopping Center: Regulamentação Jurídica e Proteção ao Lojista, p. 135, entende parecer logicamente impossível que no regramento especial daquelas relações se possa desconsiderar a locação como elemento ínsito e essencial do contrato ou deixar de estatuir aos contratantes os deveres e direitos próprios deste instituto jurídico, especialmente a renovação compulsória da locação.

Com isso, vislumbra uma diferença na relação contratual, que é mais ampla, vinculando-se através de contrato de locação, que, mesmo amparada pela lei inquilinária, viabiliza a liberdade de contratação, com a inserção da transparência dos atos negociais, que devem ser cumpridas pelas partes, sob pena, em caso de recusa, da propositura da competente ação judicial.

No caso de recusa do locatário, com a previsão legal de conferência do faturamento, em face do aluguel determinado sobre a renda bruta do lojista, será plenamente viável, o ajuizamento de ação própria para tal, seja declaratória ou ação com pedido cominatório, no sentido de fixar multa, em caso de descumprimento do avençado, ou até, se for o caso, de propor ação de despejo com base na infração contratual, conforme preceitua o art. 9º, inciso II, da Lei nº 8.245/91.

Parece-nos possível, ainda, em virtude do contrato de locação escrito, que constitui título executivo extrajudicial, conforme art. 585, inciso IV, do CPC, que o locador, diante do inadimplemento do locatário, promova a execução forçada, mesmo que o aluguel seja fixado em percentual sobre o faturamento do locatário, pois, por simples cálculo aritmético, é crível a apuração do valor locatício, que desperta certeza, liquidez e exigibilidade do crédito, a ser satisfeito por meio do processo executivo.

Mesmo assim, muito se tem discutido a respeito da natureza dos contratos de cessão de uso de espaços em *shopping centers*, pois tratam alguns como contrato de locação, ainda que contenha cláusulas próprias; outros defendem a tese do contrato atípico; há os que afirmam consistir contrato misto ou complexo, no qual a figura principal é a locação. Outros vislumbram nele um contrato de sociedade, em razão do pagamento do "aluguel proporcional". Há ainda os que consideram como nova espécie autônoma, que denominam de "contrato de estabelecimento".

Parece-me, todavia, que o simples fato de apresentar cláusulas pouco ortodoxas, as quais não aparecem nos contratos típicos, não desnatura a locação.

Com efeito, a natureza especial do empreendimento denominado *Shopping Center* exige um ordenamento constante por parte da administração devido às complexas relações que o envolvem.

Cabe observar que o locatário, além de integrar uma associação de lojistas, é obrigado a participar de um fundo comum de promoção do próprio *shopping center*, responsável pela sua mídia, isto é, para atração de freguesia. Denota-se, portanto, que a existência de um fundo de promoções, em que todos os lojistas contribuem para a realização de propaganda, é uma característica própria do contrato de *shopping center*.

Assim, a contribuição para o fundo de promoções deve obrigatoriamente ser prestada pelo lojista, no caso locatário, em retribuição pelo que

CONDOMÍNIO EDILÍCIO

105

usufrui em decorrência do complexo econômico e organizacional que é o empreendimento do *shopping center*.

Com relação à iliquidez do débito, ressalto que a Lei do Inquilinato, em seu art. 17, permite a livre convenção do aluguel, vedada apenas a estipulação em moeda estrangeira e a sua vinculação à variação cambial ou ao salário mínimo, bem como o art. 22 da mesma lei ressalva a possibilidade de as partes convencionarem ser do locatário a obrigação de pagar os impostos, taxas e prêmio de seguro.

E no julgamento destaca que a estipulação dos locativos e encargos decorre da lei e do contrato avençado, inexistindo nulidade contratual a ser reconhecida.

Destarte, não merece acolhida a asserção de iliquidez dos aluguéis e encargos, bem como do fundo de promoção, pois foram livremente pactuados.

Embora a relação entre o usuário do espaço e o empreendedor de *Shopping Center* seja complexa, subsiste a obrigação do pagamento do locatício mensal, não podendo a locatária que não comprovou a quitação da dívida invocar razões para a desconstituição do contrato por culpa da locadora.

A falta de pagamento constitui infração prevista legal e contratualmente, bem como causa de desfazimento da locação (art. 9º, inc. III, da Lei 8.245/91) e conseqüente cobrança das importâncias não-pagas.

A ausência da prova do pagamento autoriza a procedência, ao menos em parte, da ação, sendo inconsistente a discussão acerca do valor do aluguel e a viabilidade comercial do negócio da locatária, se não interposta ação consignatória.

c) *Tenant mix*: a localização do espaço locado, a distribuição das lojas no centro comercial, em conformidade com o contrato firmado entre as partes, deverá ser obedecido, sob pena de infração contratual, já que as lojas ou box são determinados de acordo com a espécie de negócio e sua própria dimensão e particularidade, ou seja, depende do próprio planejamento para ocupação dos espaços.

O *mix*, na linguagem usual utilizada pelos empreendedores e lojistas, nada mais é que a adequação da lojas e os seus respectivos ramos de comércio agrupados e situados, por questões de ordem econômica e finalidade de organizacional, visando à obtenção da clientela e o próprio sucesso do empreendimento comercial.

Na recente obra que trata da relação entre os lojistas e empreendedores de *shopping centers*, a autora Cristine Paulsen Gonzalez entende o *mix* como; "uma filosofia ocupacional de espaços, através da seleção, pelo empreendedor e/ou administrador, de comerciantes de ramos e produtos diversificados, mas todos de aceitação no mercado, e do planejamento da disposição destes de forma estratégica, que acarrete a circulação uniforme dos consumidores no shopping e que o conjunto constituído resulte atrativo e satisfatório às aspirações da clientela".[72]

Na realidade, dentro do setor comercial, na busca do equilíbrio e sucesso do negócio mercantilista, surgem as chamadas lojas "âncoras", que são estabelecimentos comerciais consagrados, com vários departamentos, e notável prestígio no ramo, que servem para angariar uma maior movimentação e elemento preponderante na captação de clientela, geralmente localizadas em pontos estratégicos do centro comercial.

d) *A res sperata*: Significa o pagamento efetuado pelo lojista para o empreendedor do *shopping*, com a finalidade de reservar determinada loja ou box, conquistando a garantia na obtenção de certo local para realização futura de sua atividade comercial, geralmente ajustada na fase de construção do centro comercial, também denominada como "ponto" fundo de comércio, e que alguns equiparam à antiga expressão de "luvas", que nada mais era que o valor pago pelo locatário, com o objetivo de firmar contrato de locação comercial ou industrial, ou ainda, obter a sua renovação, que não se confundia com a renda a título de remuneração, ou seja, o aluguel mensal.

Com isso, o valor efetuado será em virtude das vantagens que serão obtidas, com a aquisição da loja, sua localização, e diante da estrutura organizacional, em que as vantagens serão auferidas no transcurso do contrato de locação firmado, sendo esta a razão obrigacional convencionada, em que o lojista deverá efetuar o pagamento ao locador/empreendedor, através de parcelas mensais, ou mesmo através de pagamento efetivado à vista.

A nova lei do inquilinato nada dispõe sobre a cobrança de luvas, já que era vedada pelo Decreto 24.150/34, que tratava da renovatória de locação comercial e industrial, que foi revogada pela Lei nº 8.245/91, o que se denota a sua legalidade, aliás, conduta amplamente utilizada no mercado de locações imobiliárias, não só em grandes centros comerciais, como lojas localizadas em locais estratégicos e de grande movimentação nos centros urbanos, tais como; lojas no calçadão central da cidade, galerias comerciais, determinadas ruas ou avenidas de grande movimentação.

Não há como deixar de mencionar a existência de inúmeras teorias que visam a esclarecer a natureza jurídica da *res sperata*, como vantagem que decorrerá do lucro pelo exercício da atividade negocial[73] ou como direito

---

[72] GONZALEZ. Cristiane Paulsen. *Código de Defesa do Consumidor na relação entre lojista e empreendedores de shopping centers*. Porto Alegre: Livraria do Advogado, 2003, p. 23.

[73] Posição mencionada por Álvaro Villaça Azevedo, no título Atipicidade mista dos contratos de utilização em centros comerciais e seus aspectos fundamentais, in *shopping centers – questões jurídicas*, p. 30.

CONDOMÍNIO EDILÍCIO

de reserva de localização,[74] sem deixarmos de aduzir a posição de outros juristas, que a designam de "sobrefundo comercial".[75]

A locação em *shopping center* está disciplinada no art. 54 da lei de locações atual que trata o tema afirmando a liberdade de pactuação entre empreendedores e lojistas.

Assim, nas relações entre os lojistas e o *shopping* prevalecerão as condições livremente pactuadas nos contratos de locações respectivos, além das disposições procedimentais previstas na lei de locações.

O legislador, em vez de legislar amplamente a matéria, deixou às partes ajustar as condições da locação; estabeleceu apenas as obrigações mínimas, deixando à casuística a regulamentação das relações. Portanto, são livres as partes para ajustar aluguel mínimo ou percentual, dobrado, retribuição pelo fundo do comércio ou *res sperata*, remuneração pela garantia de reserva no empreendimento, enfim, podem convencionar obrigações várias, além do aluguel, desde que não violem a regulamentação mínima legal.

e) **O décimo terceiro aluguel**: a cláusula contratual que estipula o pagamento de mais um aluguel, geralmente em dobro no mês de dezembro, quando as vendas dobram em razão das festas natalinas, e sob os argumentos de que no final de cada ano aumentam as despesas de publicidade, pagamento do décimo terceiro dos funcionários e outras despesas de ordem administrativa, são as justificativas que se inserem na obrigação contratada.

A aplicação de tal cláusula se apresenta divergente, entendendo alguns que a lei do inquilinato não viabiliza a exigência de aluguel em dobro; outros, de que pela própria liberdade oportunizada no art. 54 da lei de locações, propicia nas relações contratuais de imóveis comerciais, e principalmente, pela plausibilidade, em face do aumento das vendas no período determinado para pagamento do aluguel adicional e pelo aumento, também, das despesas que envolvem o mês de dezembro, por exemplo.

A validade ou não de tal cláusula, diante de eventual discussão entre locador e locatário, quanto à referida cláusula especial que estabelece o aluguel duplicado no mês de dezembro, ou mês de alta das vendas, dependendo da clausulação contratual, poderá conduzir na ausência do pagamento pelo locatário, na sua mora, pelo descumprimento da obrigação contratada, ensejando ao locador, a busca da prestação jurisdicional, com o ajuizamento da ação de despejo por falta de pagamento de aluguel e encargos, e condu-

---

[74] A opinião de Caio Mário da Silva Pereira, em *Shopping Centers – Organização econômica e disciplina jurídica*, RT 580/19.

[75] Prof. Ives Gandra da Silva Martins. In: *A natureza jurídica das locações comerciais dos Shopping Centers*. Lex, 112/8.

zindo a decretação do despejo, além, de possível execução judicial do contrato.

Em razão disso, torna-se importante a definição da validade da aludida cláusula especial, pois as suas conseqüências são funestas, com o despejo ou execução forçada.

Maria Helena Diniz,[76] com base nos ensinamentos de Orlando Gomes, em Novíssimas questões, reverencia caracteres que ovacionam as diferenças entre o contrato tradicional de locação com o contrato de *shopping*, citamos alguns, tais como: forma de remuneração do uso das lojas, reajustamento trimestral do aluguel mínimo, fiscalização da contabilidade das lojas pelo empreendedor, fixação uniforme e antecipada para fixação do aluguel, distribuição das lojas no centro comercial, existência de proibições e práticas ligadas ao uso do imóvel, cessão da posição contratual, admitida no contrato com o *shopping* para seu perfeito funcionamento, desde que haja permissão do empreendedor, ingerência de terceiros (associação de lojistas) no exercício do direito do titular do uso da loja, amplos poderes da administração do *shopping center*, com a utilização de um administrador ou gerente, cooperação do empreendedor nas promoções para ativar as vendas, participando das campanhas publicitárias, convergência de interesses no contrato, imutabilidade da atividade do lojista, tendo em vista o *tenant mix*, pontos de atração ou divertimento para atrair a clientela e estacionamento de veículos sujeitos às normas administradoras do centro comercial.

5.1.2. O confronto entre a lei de locações e o CDC

Conforme já declinamos, o artigo 54 da Lei 8.245/91 trata acerca das condições do contrato de locação entre o lojista e o empreendedor do *Shopping Center,* para uso das lojas, as quais podem ser livremente estipuladas pelas partes sem impedimento ou limite, desde que não ofendam a legalidade, a ordem pública e o bem comum.

Deste modo, as relações mantidas entre as partes que integram a relação locatícia, tais como; pequenos lojistas e o empreendedor não são de consumo, e nem é nulo o contrato firmado pelas partes, sob a alegação de que convencionado de forma unilateral, abusiva e ilegal.

A própria empreendedora tem legitimidade ativa *ad causam* à cobrança do fundo de promoções, porque ela decorre da interpretação conjunta das cláusulas das Normas Gerais Regedoras das Locações dos empreendedores em *shopping centers.*

Assim, no contexto de um empreendimento comercial da envergadura de um *shopping center,* considerado como uma espécie de local ou até

---

[76] DINIZ. Maria Helena. *Lei de locações de imóveis urbanos comentada.* São Paulo: Saraiva, 2001, p. 232-33.

CONDOMÍNIO EDILÍCIO

mesmo templo de consumo, embora toda a tecnologia, o contrato de locação não pode ser convertido em contrato de seguro para garantir êxito no ramo a que se dedicam os locatários.

Além do que, a possibilidade de serem introduzidas correções de rumo e modificações em "lojas âncoras" ou mesmo no denominado *tenant mix* – distribuição racional de produtos a serem comercializados, não implicam qualquer infração legal ou contratual, pois decorrem da própria necessidade de gerenciamento do negócio, a ser ajustado entre as partes.

Para integrar ao empreendimento, o lojista concorda em adequar-se às exigências, que não são poucas e nem singelas, tudo para atender a preferência do consumidor da região, propiciando, inclusive, a instalação de pontos de vendas condizentes com a necessidade, condição social e outros fatores específicos dos clientes,

O contrato o celebrado pelas partes não dá garantia de lucratividade, e a troca dos ocupantes do empreendimento é fato comum e decorrente dos interesses particulares, não constituindo evidência de deficiência imputável à Administradora ou empreendedora, tanto é que se insere um contrato aleatório, na concepção extraída do próprio dispositivo legal, junto ao art. 459 do Código Civil, que tem a seguinte redação:

> Se for aleatório, por serem objeto dele coisas futuras, tomando o adquirente a si o risco de virem a existir em qualquer quantidade, terá também direito o alienante a todo o preço, desde que de sua parte não tiver concorrido culpa, ainda que a coisa venha a existir em quantidade inferior à esperada.
>
> Parágrafo único. Mas, se da coisa nada vier a existir, alienação não haverá, e o alienante restituirá o preço recebido.

Em relação à cobrança *res sperata* ou de luvas, importante ressaltar que nos *shopping centers*, além de ser propiciado ao locatário seu espaço para o comércio, há uma série de benefícios que o acompanham, como a própria estrutura em si mesma do empreendimento.

Nessa modalidade de locação, o locador recebe três formas de pagamento: a) o aluguel propriamente dito, composto de uma parte fixa, b) um aluguel variável, calculado de acordo com o faturamento bruto do lojista, c) e uma quantia que a doutrina denomina de *res sperata*, coisa esperada ou prometida. Repetimos, que esta última constitui uma retribuição ao empreendedor pela cessão do fundo de comércio, com toda a estrutura que o acompanha. É o que se chama de "sobrefundo de comércio", na linguagem de Caio Mário, representado pelos bens imateriais que integram o empreendimento dos *shopping centers*.

Nesse possível dilema, entre a lei do inquilinato e o código de defesa do consumidor, não podemos nos afastar da determinação expressa da lei de locações, sobre o amparo legal da relação entre empreendedores e lojistas, ratificados, diríamos, assim, pelo art. 2036 do novo Código Civil, que, nas disposições finais e transitórias, destaca que a locação predial urbana continua a ser regida pela lei especial, o que, em regra, se destaca a inaplicabilidade do CDC, e possível, *verbi gratia*, a cobrança do fundo de comércio porque o empreendimento era novo e sequer criado, pois este tem em mira o lucro futuro, cuidando-se de modalidade de venda de coisa futura, ou seja, se considera a existência de um fundo de comércio no próprio centro comercial em si, cuja parcela é cedida ao lojista.

Existindo previsão contratual expressa em pacto locatício, ou qualquer outro instrumento, torna possível a cobrança de parcelas, quando acertado pagamento, mesmo se denominado como "luvas", não podendo se insurgir contra o pagamento.

No que se refere ao direito de retenção e indenização por benfeitorias úteis e necessárias, havendo previsão contratual expressa no sentido de não ser cabível a indenização pelas benfeitorias realizadas, a qualquer título, além de estar amparada pelo artigo 35 da Lei n.º 8.245/91, descabe ao lojista locatário qualquer pretensão indenizatória.

Do mesmo modo, a jurisprudência dos tribunais pátrios entende que só se admitem a retenção e a indenização por benfeitorias quando autorizadas pelo locador e, na contestação, houver descrição detalhada das mesmas, com a indicação de seu custo e juntada dos documentos correspondentes a sua execução, consoante já nos reportamos na matéria relativa às benfeitorias na locação em geral.

Aliás, é plenamente válida a cláusula contratual de renúncia ao direito de retenção e indenização sobre quaisquer obras ou benfeitorias efetuadas nos imóveis urbanos, uma vez prevista na lei do inquilinato, em seu art. 35.

Com a cláusula de renúncia ou mesmo impeditiva ao direito de indenização por benfeitorias, não há qualquer cogitação sobre a aplicação do Código de Defesa do Consumidor, eis que, como mencionamos, não incide nas relações locatícias, conforme entendimento pacificado dos Tribunais, ou ao menos, amplamente majoritário, tanto do Tribunal do RS, como do Superior Tribunal de Justiça.[77]

---

[77] EMBARGOS DO DEVEDOR. LOCAÇÃO EM *SHOPPING CENTER*. INAPLICABILIDADE DO CDC. AS RELAÇÕES JURÍDICAS DE LOCAÇÃO. Desconto nos locativos que na especificidade do caso concreto visam estimular o adimplemento contratual. Má gestão da administradora que teria ocasionado o insucesso do negócio da locatária que não encontra suporte na prova. Carência probatória de que os locativos e encargos estejam sendo cobrados em desatenção ao contrato. Valores adiantados pelo ponto. Possibilidade de. Benfeitorias. Lícita e lógica, no caso concreto, a cláusula que estipulou sua renúncia. APELO IMPROVIDO.(7FLS.) (APELAÇÃO CÍVEL Nº 70001018654, DÉCIMA QUINTA CÂMARA CÍVEL, TRIBUNAL DE JUSTIÇA DO RS, RELATOR: JOSÉ CONRADO DE SOUZA JÚNIOR, JULGADO EM 28/11/2001).
DIREITOS DO CONSUMIDOR E PROCESSUAL CIVIL. FURTO DE VEÍCULO EM ESTACIONAMENTO DE *SHOPPING CENTER*. AÇÃO DE INDENIZAÇÃO PROPOSTA CONTRA O SUPERMERCADO. ILEGITIMIDADE PASSIVA DO RÉU. INAPLICABILIDADE DOS ARTIGOS DO

Portanto, mesmo inserida dentro do contexto de uma nova modalidade de condomínio, a mesma se reserva na relação específica do empreendimento, entre a administração, empreendedores e lojistas, sem podermos nos afastar da relação com os usuários das lojas, que contratam a locação dos espaços ou lojas dos proprietários, mas que se sujeitam às regras do centro comercial, através das atividades especiais a serem desenvolvidas, com o *mix*, restrições das atividades ou ramos, fundos de promoção, arquitetura adequada, com objetivo de conquistar consumidores, assim por diante.

Auspicioso destacar, que se inserem vários contratos, o que indica a necessidade premente de regras jurídicas que possam disciplinar de forma específica as demais relações omitidas pelo legislador, podendo seguir com base as decisões colacionadas pelos Tribunais dos Estados e Tribunais Superiores.

5.2. Condomínio fechado ou loteamento fechado

Os chamados condomínios ou loteamentos fechados se caracterizam por bairros ou zonas urbanas, geralmente localizadas em grandes centros, com finalidade residencial ou para fins de recreação ou lazer.

Em trabalho realizado pelo Professor Eduardo Assis Brasil Rocha,[78] a que nos reportamos, com clareza menciona que a figura do condomínio fechado que não apresenta uma legislação específica que regule esta nova modalidade de propriedade condominial, seria uma mescla das situações jurídicas geradas pelo loteamento e pela propriedade horizontal.

No condomínio fechado, os lotes de terreno são de propriedade exclusiva; enquanto as ruas, praças, equipamentos de lazer, etc., são de uso comum, não havendo uma transferência das áreas de circulação e institucionais ao Poder Público, como ocorre nos loteamentos.

O mesmo professor, inclusive menciona a doutrina em relação à posição controvertida, em que, dentre os seus defensores estão Gilberto Valente

---

CÓDIGO DE DEFESA DO CONSUMIDOR POR NÃO SE CUIDAR DE RELAÇÃO TÍPICA. Acórdão que afasta a ocorrência dos pressupostos fáticos ensejadores da aplicação da teoria da desconsideração da personalidade jurídica. incidência do enunciado n. 7 da súmula desta corte. agravo desprovido. I. Relação fundada na responsabilidade civil e não no Código de Defesa do Consumidor, em face de não se cuidar de relação jurídica de consumo propriamente dita. II. Acórdão que afirmou se acharem presentes os requisitos fáticos ensejadores da aplicação da Teoria da Desconsideração da Pessoa Jurídica, de sorte que, quanto ao ponto, esbarraria o recurso no Enunciado n. 7 da Súmula/STJ, a inibir a reapreciação dos fatos e provas. (STJ – AGA 72124 / MA. DJ DATA:06/11/1995 PG:37576. REL. Min. SÁLVIO DE FIGUEIREDO TEIXEIRA. DATA DA DECISÃO: 03/10/1995. 4ª Turma).

[78] ROCHA, Eduardo Assis Brasil. *Condomínio e incorporações. Caderno didático no Curso preparatório para concurso do Colégio Registral do RS*, Porto Alegre: 2004.

da Silva,[79] Elvino Souza Filho,[80] Eurico Andrade Azevedo,[81] José Afonso da Silva,[82] dentre outros. Em sentido contrário, existe trabalho de Alessandra Elias de Queiroga[83] e diversas decisões do Estado de São Paulo, que não admitem a propriedade horizontal sem a existência de construções.

Na realidade, devem ser observados três pressupostos fundamentais:[84]

• que o empreendimento seja projetado nos moldes da propriedade horizontal, segundo o qual cada lote[85] seja considerado como uma unidade autônoma (vinculada a uma fração ideal do todo da gleba) e que sejam discriminadas as áreas de uso comum (ruas,[86] acessos, edificações comuns, áreas de lazer, cercas, guaritas, infra-estrutura, dentre outros);

• que o Município disponha de legislação própria ou aprove o empreendimento;

• que seja elaborada detalhada Convenção do Condomínio, disciplinando o uso das áreas privativas e comuns, bem como as limitações e restrições acerca das edificações e construções sobre os lotes.

5.3. Direito de superfície

O direito de superfície existiu no nosso ordenamento jurídico até o advento da Lei nº 1.237, de 24 de setembro de 1864, como forma de colocar no solo alheio o objeto do direito real autônomo de construir ou plantar, não sendo uma novidade, conforme alerta Elida Séguin, na sua obra sobre o Estatuto da Cidade.[87]

Atualmente, através Lei nº 10.257, de 11.07.01 – "Estatuto da Cidade", insere o direito de superfície, no que tange aos imóveis urbanos, e o novo Código Civil, através de seus arts. 1.369 a 1.377, trata em relação aos imóveis urbanos e rurais.

É um direito real sobre coisa alheia, no qual o proprietário pode conceder a outrem o direito de construir ou de plantar em seu terreno, por tempo determinado. Pode ser a título gratuito ou oneroso. Chama-se superficiário o titular do direito de superfície.

---

[79] Trabalho apresentado no XXII Encontro de Oficiais de Registro de Imóveis do Brasil, realizado em Cuiabá/MT, em agosto de 1995.

[80] *Revista de Direito Imobiliário* 14/20.

[81] *Revista de Direito Imobiliário* 11/65.

[82] *Direito Urbanístico Brasileiro*, São Paulo: Malheiros, 1997.

[83] *Os Parcelamentos Ilegais do Solo e a Desapropriação como Sanção*, Porto Alegre: Sergio Antonio Fabris Editor, 2002.

[84] Op. cit. Eduardo Assis Brasil Rocha.

[85] Não há necessidade de os lotes apresentarem construções.

[86] As ruas não são transferidas ao Poder Público e, portanto, posteriormente, não serão objeto de concessão ou permissão de uso com exclusividade para os condôminos, conforme sustentam alguns doutrinadores.

[87] SÉGUIN, Elida. *Estatuto da cidade*. Rio de Janeiro: Forense, 2002.

O proprietário pode conceder a outrem o direito de construir ou de plantar em seu terreno, por tempo determinado, mediante escritura pública devidamente registrada no Cartório de Registro de Imóveis.

A concessão da superfície será gratuita ou onerosa; se onerosa, estipularão as partes se o pagamento será feito de uma só vez, ou parceladamente, onde o superficiário responderá pelos encargos e tributos que incidirem sobre o imóvel.

O legislador viabiliza a transferência a terceiros e, por morte do superficiário, aos seus herdeiros, mas não poderá ser estipulado pelo concedente, a nenhum título, qualquer pagamento pela transferência.

No art. 1.373 do CC, existe a preferência legal, onde em caso de alienação do imóvel ou do direito de superfície, o superficiário ou o proprietário tem direito de preferência, em igualdade de condições.

Em caso de extinção do direito de concessão da superfície, o proprietário passará a ter a propriedade plena sobre o terreno, construção ou plantação, independentemente de indenização, se as partes não houverem estipulado o contrário, mas na hipótese de extinção do direito de superfície em conseqüência de desapropriação, a indenização cabe ao proprietário e ao superficiário, no valor correspondente ao direito real de cada um.

5.4. *Time-sharing*

Esta modalidade de condomínio, considerada como contrato de multipropriedade ou propriedade compartilhada, se caracteriza pela titularidade sobre fração ideal de uma unidade imobiliária, em que o adquirente ou titular utiliza o bem imóvel em determinado período de tempo, podendo ser anual ou semestral, geralmente para fins de lazer, e amplamente utilizado no turismo.

O sistema surgiu na Europa, e serve para residência das famílias que buscam o seu bem-estar em férias, na praia, no campo ou na montanha, com a utilização racionalizada em certos períodos programados de forma exclusiva.

Não temos legislação específica sobre esta nova modalidade de condomínio, aliás, como a maioria dos países da Europa, mas Gustavo Teppedino descreve da seguinte forma o *time-sharing*: "multipropriedade de forma genérica é a relação jurídica de aproveitamento econômico de uma coisa móvel ou imóvel, repartida em unidades fixas no tempo, de modo que diversos titulares possam, cada qual a seu turno, utilizar-se da coisa com exclusividade e de maneira perpétua".[88]

---

[88] TEPPEDINO, Gustavo. *Multipropriedade imobiliária*. São Paulo: Saraiva, 1993.

A multipropriedade pode se apresentar como forma societária, em que decorre de um contrato, onde a empresa adquire determinado bem, e seus sócios, em conformidade às suas cotas sociais, determinam, através do contrato societário, a forma, os prazos, os critérios e os períodos de utilização do bem, em temporadas ajustadas para cada ano.

Até pode ser caracterizada como direito real de uso, quando se adquire apenas do direito real de uso de determinado bem imóvel, por exemplo, por turnos fixos a cada ano, em caráter perpétuo ou por lapso de tempo determinado.

Ainda, podemos mencionar o sistema da multipropriedade imobiliária, em que existem diversos proprietários titulares do bem, em condomínio ordinário, com a divisão do aproveitamento econômico auferido com o bem, com utilização de turnos, ano a ano, de forma exclusiva e até perpétua.

A multipropriedade imobiliária é a mais utilizada no nosso sistema brasileiro, onde os multiproprietários tornam-se condôminos do prédio e seus acessórios (móveis e utensílios), cabendo a cada um deles uma fração ideal do todo, não se dividindo o imóvel em unidades autônomas e nem mesmo criando um condomínio edilício.

Constitui-se em uma forma de condomínio geral, voluntário, antes denominado de condomínio clássico, tradicional ou ordinário com pacto contratual entre os condôminos e compartilhamento no uso do bem imóvel.

As regras de utilização devem ser racionalizadas e adequadas aos interesses dos condôminos, com previsão escrita por instrumento particular ou público, por meio de uma convenção e regimento interno.

A forma de administração deverá ser devidamente instrumentalizada, com critérios claros e específicos, gerenciamento, contratações, prestação de contas, bem como a forma de rateio das despesas condominiais.

6. Informações práticas ao síndico e administrador

Em relação à administração do condomínio, o síndico e administrador estão à frente da coletividade condominial, onde a prudência e meio de prevenção são fatores de grande importância, onde devem seguir a convenção e o regimento interno, ainda devem ter conhecimento das normas legais inseridas na lei de condomínio e incorporações e no Código Civil brasileiro.

No que se refere ao condomínio edilício, a presente obra se relaciona mais às questões na órbita civil e processual civil, mas é de bom alvitre se formularem algumas dicas de utilização prática com o intuito de informações que evitarão possíveis demandas judiciais, no sentido de atender às necessidades rotineiras do prédio, que passamos a exemplificar, sem evidentemente esgotar as questões, já que dentro das relações surgem matérias de ordem administrativa, tributária e trabalhista

6.1. Despesas

Deverá o síndico primar para a realização de uma previsão orçamentária, devendo constar de forma detalhada as despesas e o valor mensal a ser gasto, para viabilizar o rateio das despesas e cota de cada condômino.

A realização de obras no condomínio depende do cumprimento das regras inseridas no art. 1.341, dependendo de aprovação, e as obras ou reparos necessários, se forem urgentes e importarem em despesas excessivas, determinada sua realização, o síndico ou o condômino que tomou a iniciativa delas dará ciência à assembléia, que deverá ser convocada imediatamente.

Não sendo urgentes, e importarem em despesas excessivas, somente poderão ser efetuadas após autorização da assembléia, especialmente convocada pelo síndico, ou, em caso de omissão ou impedimento deste, por qualquer dos condôminos.

Devem ser apreciadas as despesas ordinárias, que competem ao pessoal, tais como, os salários, observando os contratos coletivos de trabalho entre Secovi (Sindicato das Empresas de Compra, Venda, Locação e Administração de Imóveis e dos Edifícios em Condomínios Residenciais e Comerciais) e os sindicatos dos empregados em condomínio, o que envolvem horas extras, adicionais, férias, 13º salário e rescisões contratuais de trabalho.

Os encargos sociais devem ser observados, INSS, FGTS, PIS, e outras taxas sindicais, além de cuidados na contratação de terceiros, para prestação de serviços como autônomos, no que pertine ao próprio INSS.

Como não bastassem, os gastos com consumo de água, luz, telefone, gás, a manutenção e conservação dos equipamentos, despesas administrativas, como honorários de administração, mais as despesas de materiais.

Importante destacar a obrigatoriedade do seguro, contra incêndios e de responsabilidade civil, seguro contra roubo, como opção de garantia, e seguro obrigatório aos funcionários que integram o quadro do condomínio.

6.2. Prestação de contas

As contas devem ser apresentadas mensalmente, de forma discriminada, por meio de demonstrativos, com receitas e despesas, na forma mais clara e informativa possível, não se esquecendo que o síndico deve saber que representa, ativa e passivamente, o condomínio, devendo praticar os atos necessários à defesa dos interesses comuns, informar imediatamente à assembléia da existência de procedimento judicial ou administrativo, de interesse do condomínio, cumprir e fazer cumprir a convenção, o regimento interno e as determinações da assembléia, e prestar contas à assembléia, anualmente e quando exigidas por qualquer condômino.

6.3. Administração por empresa capacitada e assessoria jurídica

O síndico exerce a função de "prefeito" do condomínio, sendo acionado freqüentemente para as soluções dos problemas do dia-a-dia, mas que, dependendo da situação e complexidade ou dimensão do condomínio residencial ou não-residencial, dependerá de assessoramento técnico, na administração e na parte jurídica, sendo uma estratégia para o sucesso da sua administração, a contratação de empresa capacitada, que providenciará na administração dos recursos financeiros, gerindo de forma compatível as despesas e receitas, na contratação de pessoal, fornecimento mensal de boletim informativos, organização da documentação, bem como o seu arquivamento. È de bom alvitre, que seja uma empresa filiada ao SECOVI, pois são devidamente capacitadas, e recebem todo apoio e suporte técnico.

Mas a administradora não se restringe apenas a estas atividades, já que fornecerá assessoria e orientação jurídica não apenas no ajuizamento e defesa em ações judiciais, mas na própria prevenção de litígios, conferindo auxílio em assembléias, convocação dos condôminos, elaboração de atas, além da orientação fiscal, administrativa, cível, previdenciária e trabalhista.

7. Ações judiciais pertinentes no condomínio edilício

7.1. Ação de cobrança

A ação de cobrança é o remédio jurídico cabível ao Condomínio para a obtenção das taxas ou despesas condominiais que se encontram em atraso, onde deverá figurar no pólo ativo o Condomínio, representado pelo síndico ou administrador, e no pólo passivo o condômino proprietário da unidade imobiliária que se encontra inadimplente, podendo ainda se estender ao adquirente da unidade, nos exatos termos do art. 1.345 do Código Civil.

O locatário não está legitimado a figurar como réu da ação de cobrança intentada pelo condomínio, visto que a relação do condomínio edilício é com o condômino proprietário da unidade imobiliária, aquele que figura junto ao Cartório de Registro de Imóveis, ou por quem comprovadamente se possa atribuir a aquisição do bem imóvel.

Sendo assim, mesmo que o imóvel esteja locado, cedido ou emprestado, a legitimação *ad causam* é do condômino, como senhorio, titularidade, podendo o locatário integrar a relação processual, apenas através da intervenção de terceiros, como assistente simples, em caso que envolva as despesas condominiais ordinárias, que poderão ser exigidas pelo locador, pois, com base no art. 23 da lei de locações, tais despesas são de responsabilidade do locatário.

Importante mencionar que na relação locatícia, entre locador e locatário, e ainda, o fiador como devedor solidário e principal pagador, o locador poderá até utilizar a execução contratual, se dispuser de contrato de locação escrito, pois constitui título executivo extrajudicial nos moldes do art. 485, IV, do CPC, exercendo o processo executivo forçado, através da demonstração da quantia certa, líquida e exigível, com base no contrato locatício, repetimos, pois o mesmo figura como título passível de execução judicial.

Em relação ao condomínio, a convenção não é considerada como título executivo, e diante disso, o condomínio, como autor da demanda de cobrança, deverá seguir o item procedimental do processo de conhecimento, visando à obtenção de uma sentença condenatória, que constituirá um título executivo judicial, consoante art. 584, I, do CPC.

Posteriormente, ao processo de conhecimento deverá ser proposta a execução judicial, no processo, que integra o Livro II do Código de Processo Civil, em fase de mudanças, pois, recentemente, a comissão especial da reforma do Judiciário da Câmara dos Deputados aprovou parecer sobre o projeto de Lei nº 3.253/04, que simplifica o processo de execução de títulos judiciais, sendo uma das modificações, pois estão sendo elaboradas outras pela Secretaria de Reforma do Judiciário, com objetivo de alterar as regras do Código de Processo Civil e Processo Penal, para propiciar maior celeridade na tramitação dos processos judiciais.

O projeto de execução de títulos judiciais altera de forma significativa o Código de Processo Civil, no sentido de reduzir o tempo de tramitação dos feitos executivos, consagrando os princípios de celeridade, economia processual e instrumentalidade.

Atualmente, o nosso Código Processual Civil apresenta três fases até culminar com a extinção do processo de execução, ou seja, a fase do processo de conhecimento, a liquidação de sentença e a execução de sentença.

Com o projeto, a liquidação de sentença e a execução de sentença do Livro II do CPC é retirada e incorporada no Livro I, correspondente ao processo de conhecimento, deixando de ser processos autônomos.

O aludido projeto também extingue a necessidade de citar pessoalmente o devedor para pagar, nomear bens à penhora ou embargar a execução, onde pela nova proposta será necessário apenas intimar o advogado do executado.

Os embargos à execução passarão a ser denominados como "impugnação", tendo como regra, a ausência de efeito suspensivo, também, integra a proposta, a imposição de multa de 10%, na hipótese de o devedor condenado em sentença judicial não efetuar o pagamento no lapso temporal de 15 dias.

As referidas medidas visam a agilizar a prestação jurisdicional do Estado, oportunizando com eficiência, a satisfatividade da execução de sentença, diante do título judicial conferido ao autor.

Com a elaboração do auto de penhora e de avaliação será de imediato intimado o executado na pessoa de seu advogado, ou, na falta deste, ao seu representante legal ou pessoalmente, por mandado ou pelo correio, podendo oferecer impugnação, querendo, no prazo de quinze dias.

Caso o oficial de justiça não possa proceder à avaliação, por depender de conhecimentos especializados, o juiz, de imediato, nomeará avaliador, assinando-lhe breve prazo para a entrega do laudo.

É oportunizada ao exeqüente a indicação desde logo, de bens a serem penhorados.

Não sendo requerida a execução no prazo de seis meses, o juiz mandará arquivar os autos, sem prejuízo de seu desarquivamento a pedido da parte, que poderá dar prosseguimento à execução.

Como mencionamos, os embargos passam a ser nominados como impugnação, e que somente poderá versar sobre: a falta ou nulidade da citação, se o processo correu à revelia; inexigibilidade do título; penhora incorreta ou avaliação errônea; ilegitimidade das partes; excesso de execução; e, qualquer causa impeditiva, modificativa ou extintiva da obrigação, como pagamento, novação, compensação, transação ou prescrição, desde que superveniente à sentença.

Também se considera inexigível o título judicial fundado em lei ou ato normativo declarados inconstitucionais pelo Supremo Tribunal Federal, ou em aplicação ou interpretação tidas por incompatíveis com a Constituição Federal pelo Supremo Tribunal Federal.

Na hipótese de excesso de execução, em que o exeqüente pleiteia quantia superior à resultante da sentença, o executado, procedendo à alegação, deverá de imediato depositar o valor que entende correto, sob pena de rejeição liminar dessa impugnação.

No que pertine aos títulos executivos extrajudiciais, não sofrerão mudanças, que no momento são recepcionados pelo art. 585 do CPC, mas não restam dúvidas de que a execução de títulos extrajudiciais deverá ser simplificada, com o mesmo intuito, no sentido de agilização e celeridade, conferindo, por efeito, a satisfatividade da execução forçada.

Nesse sentido, torcemos pelas mudanças que estão sendo implementadas no processo executivo, pois irão alcançar ao exeqüente o tão almejado crédito, em tempo inferior ao que estamos acostumados, com certeza.

Mas especificamente a ação de cobrança a ser proposta pelo condomínio, com base no art. 275, inciso II, letra *b*, do CPC, o procedimento é sumário, espécie do gênero procedimento comum, onde se exige na petição inicial, além dos requisitos dos arts. 282 e 283 do CPC, a apresentação do rol de testemunhas, e na hipótese de requerimento de perícia, a formulação de quesitos e indicação de assistente técnico (art. 276 do CPC).

Devem ser aduzidas, também, determinadas especificidades do rito sumário, que não admite a ação declaratória incidental e a intervenção de terceiros, salvo a assistência, o recurso de terceiro prejudicado e a denunciação da lide, na hipótese exclusiva da intervenção fundada em contrato de seguro, o que se denota na interpretação do art. 280 do CPC.

No procedimento sumário, primando pela celeridade, oralidade e economia processual,[89] o juiz designará audiência de conciliação, devendo

---

[89] Pelo menos esta foi a intenção do legislador.

CONDOMÍNIO EDILÍCIO

ocorrer em não mais do que trinta dias, onde o réu será citado com antecedência mínima de dez dias da audiência, em que não logrando êxito a conciliação, deverá ser apresentada pelo réu, na própria audiência, contestação oral ou escrita, com documentos, rol de testemunhas, e se for o caso, formular quesitos e apresentar assistente técnico.

Evidente, que o detalhamento do rito processual sumário, se encontra detalhado nos arts. 276 a 281 do Código Processual Civil, com mais características a ele inerente, que não alcança o objetivo de celeridade, razão pela qual é praxe forense transformá-lo em rito ordinário, onde a dilação probatória é maior, não causando prejuízo às partes, estando consagrada a ordinarização da ação de cobrança de cotas condominiais, já que não ocorrendo a citação no prazo de até dez dias que antecede a audiência de conciliação, se torna, sob pena de nulidade, a necessidade da designação de nova data, o que se vislumbra um retardamento, e portanto, nada tem de sumário.

Com o procedimento ordinário, teremos as fases postulatória, saneadora, instrutória e decisória, moldadas na forma dos arts. 282 e seguintes do CPC, e que optamos pelo aludido rito, embora extremamente controvertido, poderemos utilizar o Juizado Especial Cível, com a posição no pólo ativo da cobrança pelo condomínio, em razão da interpretação do art. 8º da Lei 9.099/95, conforme aduzimos no item 3.1.

7.2. Ação monitória

A sociedade busca, além do acesso à Justiça, que esta justiça seja célere, pois como já observara Rui Barbosa, a Justiça tardia não é sequer justa. Nesse diapasão que a "Reforma" do Código de Processo Civil foi feita pelo legislador a fim de dar maior praticidade na efetivação do direito pela via processual e sua celeridade.

Nesse sentido, a lição de José Rogério Cruz e Tucci ensina que "relegando a um plano secundário as construções de cunho teórico, que tanta relevância ostentaram até há bem pouco tempo, os processualistas passaram a preocupar-se com um valor fundamental, no que se refere à tutela dos direitos, qual seja, a imprescindibilidade da efetividade do processo, enquanto instrumento de realização da justiça. Como adverte, a propósito, Barbosa Moreira, 'toma-se consciência cada vez mais clara da função instrumental do processo e da necessidade de fazê-lo desempenhar de maneira efetiva o papel que lhe toca".[90]

---

[90] *Ação Monitória*. São Paulo: Ed. RT, 1995, p. 11.

Dessa maneira, em 14 de julho de 1995, foi Promulgada a Lei nº 9.079, introduzindo-se assim a Ação Monitória no sistema processual brasileiro. O procedimento monitório, como técnica, insere-se entre as formas de tutela jurisdicional diferenciada (sumária), que visa, segundo Cruz e Tucci, a "neutralizar o lapso de tempo intercorrente entre o início do processo e a sentença". Acrescentaram-se, assim, três artigos[91] ao Código de Processo Civil brasileiro, ao fim da parte que disciplina os procedimentos especiais de jurisdição contenciosa.

Ao processo de conhecimento se faz necessário apenas a existência ou alegação de um direito para que seja buscada a tutela jurisdicional do Estado, ao passo que para o processo de execução, mister a existência de um título executivo que o embase.

Não obstante, há meios que são utilizados com o escopo de que a cognição seja reduzida ou mesmo suprimida, visando à criação mais rápida de títulos executivos, primando-se, assim, pelos princípios da celeridade e economia processual, evitando, dessa maneira, lentidão e complexidade da via ordinária. Dentre as técnicas de sumarização da cognição está o procedimento monitório.

No entendimento de Nelson Nery Junior e Rosa Maria de Andrade Nery, apresentam o conceito de que "a ação monitória é o instrumento processual colocado à disposição do credor de quantia certa, de coisa fungível ou de coisa determinada, com crédito comprovado por documento escrito sem eficácia de título executivo, para que possa requerer em juízo a expedição de mandado de pagamento ou de entrega da coisa para a satisfação de seu direito".[92]

Pode-se, assim, ousar a conceituar a ação monitória como uma forma pela qual um credor de coisa determinada ou quantia certa, que possua documento hábil comprovando este crédito, almeja a obtenção do provimento judicial que possibilite a satisfação do seu direito, podendo esta satisfação provir de um mandado de pagamento ou de entrega da coisa.

---

[91] Art. 1102a. A ação monitória compete a quem pretender, com base em prova escrita sem eficácia de título executivo, pagamento de soma em dinheiro, entrega de coisa fungível ou de determinado bem móvel.
Art. 1102b. Estando a petição inicial devidamente instruída, o juiz deferirá de plano a expedição do mandado de pagamento ou de entrega da coisa no prazo de quinze dias.
Art. 1102c. No prazo previsto no artigo anterior, poderá o réu oferecer embargos, que suspenderão a eficácia do mandado inicial. Se os embargos não forem opostos, constituir-se-á, de pleno direito, o título executivo judicial, convertendo-se o mandado inicial em mandado executivo e prosseguindo-se na forma prevista no Livro II, Título II, Capítulos II e IV, § 1º. Cumprindo o réu o mandado, ficará isento de custas e de honorários advocatícios.
§ 2º. Os embargos independem de prévia segurança do juízo e serão processados nos próprios autos, pelo procedimento ordinário.
§ 3º. Rejeitados os embargos, constituir-se-á, de pleno direito, o título executivo judicial, intimando-se o devedor e prosseguindo-se na forma prevista no Livro II, Título II, Capítulos II e IV.
[92] *Código de Processo Civil Comentado e legislação extravagante.* 7. ed. São Paulo: RT, 2003.

Quanto à natureza jurídica, a ação monitória é uma ação de conhecimento, condenatória, com procedimento especial de cognição sumária e de execução sem título. Sua finalidade é alcançar a formação de título executivo judicial de modo mais rápido do que na ação condenatória convencional. O autor pede a expedição de mandado monitório, no qual o magistrado ordena ao réu o cumprimento da obrigação, determinando o pagamento ou a entrega de coisa fungível ou de determinado bem móvel. Trata-se, dessa maneira, de mandado monitório, cuja eficácia fica condicionada à não-apresentação de embargos. Não havendo oposição de embargos, o mandado monitório se converte em mandado executivo.

Quanto à competência para julgamento da ação monitória, tem-se que a determinação da competência para a ação monitória segue o sistema geral do Código de Processo Civil, não se utilizando de regras especiais. Desse modo, a ação monitória poderá ser proposta até mesmo nos juizados especiais cíveis, desde que o pedido não exceda o limite previsto em lei de 40 salários mínimos, não podendo ser movida contra a Fazenda Pública por expressa disposição da lei dos juizados especiais.[93]

A monitória e a execução forçada apresentam diferenças que se verificam, principalmente, pelo fato de o processo executivo não apresentar o contraditório, haja vista que existe a presunção da certeza, liquidez e exigibilidade que serve de embasamento para o título executivo, visando basicamente à satisfação do credor. Já na monitória, que não possui título com força executiva,[94] mas que não necessita de dilação probatória, almejando apenas dar ao título a exigibilidade que possibilite a Ação de Execução, sendo a monitória uma ação cognitiva e sua decisão constitutiva.

De acordo com o art. 262[95] do Código de Processo Civil, o processo se desenvolve por impulso oficial, porém necessitando a iniciativa das partes; logo, cumpre ao autor da ação monitória intentar a tutela jurisdicional do estado, através de uma petição inicial que esteja em conformidade com o art. 282,[96] ou seja, seja uma inicial que apresente todos os requisitos exigidos.

---

[93] Art. 8º da Lei 9099/1995: "Não poderão ser partes, no processo instituído por esta Lei, o incapaz, o preso, as pessoas jurídicas de direito público, as empresas públicas da União, a massa falida e o insolvente civil".

[94] São exemplos de documentos hábeis para ensejar a ação monitória: 1) cheque prescrito; 2) duplicata sem aceite; 3) confirmação escrita de orçamento e execução de serviços; 4) reconhecimento por escrito do empréstimo, entre outros.

[95] Art. 262 – O processo civil começa por iniciativa da parte, mas se desenvolve por impulso oficial.

[96] Art. 282 – A petição inicial indicará:
I – o juiz ou tribunal, a que é dirigida;
II – os nomes, prenomes, estado civil, profissão, domicílio e residência do autor e do réu;
III – o fato e os fundamentos jurídicos do pedido;
IV – o pedido, com as suas especificações;
V – o valor da causa;

Como por exigência do art.282, III, do CPC, faz-se necessária a exposição dos fatos e fundamentos jurídicos do pedido, o autor da monitória em sua peça exordial informar o fato constitutivo/gerador de seu crédito e o fato violador do respectivo direito, pois a partir disso que se verificará a existência de seu interesse processual. Deve demonstrar também a tipificação (enquadramento) da situação objeto da lide no ordenamento jurídico (no caso arts. 1102 *a*, *b*, *c*, do CPC) bem como a existência do título documental que comprove o crédito e, por fim, deverá expor a conseqüência jurídica de tais fatos, requerendo a condenação do réu, bem como deferimento do pedido do mandado de pagamento ou entrega da coisa.

Como exemplos do cabimento, pode-se utilizar a seguinte casuística trazida por Nelson Nery Jr.: "Condomínio.Despesas comprovadas por escrito. Caso o condomínio possua prova escrita sem eficácia de título executivo, a demonstrar as despesas condominiais devidas pelo condômino, é admissível a utilização tanto da ação monitória (CPC art. 1102, *a*) como da ação de cobrança pelo rito sumário (CPC 275, II, *b*) (RT 791/346)".

Conforme a leitura do art. 1102, *c*, do CPC, o demandado poderá adotar três posições a seguir, quais sejam:

a) poderá acatar dentro do prazo legal de 15 dias a ordem judicial, ficando assim, conforme 1102, *c*, § 1º, isento de custas e honorários advocatícios;

b) se o réu não cumprir a ordem e não opor os embargos, haverá a formação de um título executivo judicial, e, conseqüentemente, o mandado de pagamento ou de entrega da coisa se converte em mandado de citação válido para os possíveis atos executivos, quais sejam depósito, penhora e outros;

c) o réu poderá se opor através de embargos, dentro do prazo de 15 dias, iniciando assim um procedimento incidental de cognição, disciplinado pelas regras do procedimento comum ordinário (art. 1102, *c*, § 2º), podendo assim alegar tanto matéria substancial como processual, porém, à medida que se invertem as posições processuais em decorrência da oposição de embargos, ao embargante(devedor) pertence o ônus de provar o fato constitutivo do direito deduzido, arcando com todas as eventuais conseqüências provenientes desse encargo.

A expressão e a natureza jurídica dos embargos vem despertando controvérsia na doutrina pátria, pois entendem alguns que se trata de "ação",[97] como forma de reconhecimento da inexistência do crédito, outros são forma de defesa "contestação".[98]

VI – as provas com que o autor pretende demonstrar a verdade dos fatos alegados;
VII – o requerimento para a citação do réu.

[97] Sustentam como ação, autores renomados como Cândido Rangel Dinamarco. *A reforma do Código de Processo Civil*. 3. ed., São Paulo: Malheiros, 1996, p. 230-31 e 243; José Rogério Cruz e Tucci. *Ação Monitória*. São Paulo: RT, 1995, e Gerson Fischmann. *Comentários ao Código de Processo Civil*. São Paulo: RT, 2000, v. 14.

[98] Como contestação, encontramos Willis Santiago. *Ação Monitória*. Repro 81, 1996, Clito Fornaciari Jr. *A reforma processual civil* (artigo por artigo). São Paulo: Saraiva, 1996, J.E. Carreira Alvim. *Procedimento monitório*. Curitiba: Juruá, 1995, e, Sérgio Shimura. *Ação monitória*. Ajuris n. 66, 1996.

Sobre a inadequação dos critérios para deslinde da questão, Eduardo Talamini, na obra *Tutela Monitória*, com propriedade, destaca: "Primeiro não é possível prender-se a excessivo nominalismo. Não é só por essa forma de manifestação do réu receber o nome de 'embargos', que ela terá necessariamente a mesma natureza (ação) que os 'embargos de devedor'. O nome, em si, nada significa. *Habitus non facit monachum*. Em direito processual, 'embargos' é palavra que se presta a designar os mais variados institutos. A acepção absolutamente genérica de 'bloqueio', comum a todos eles, não ajuda a resolver a presente questão. Igualmente, é irrelevante que tais embargos não gerem autuação apartada. Só isso não faz com que tenham natureza de mera contestação. Afinal, existem inúmeros incidentes que exigem autuação apartada e nem por isso caracterizam nova ação (exceção de incompetência, impugnação ao valor da causa). Igualmente, há novas demandas – e mesmo novos processos – que não geram novos autos (reconvenção, execução de sentença condenatória)".[99]

Como destacado, são conflitantes os posicionamentos no que se refere à natureza jurídica dos embargos, com doutrina abalizada em ambos os sentidos, onde a controvérsia se origina no próprio nome equivocado utilizado como defesa no processo monitório, onde, no nosso entender, embora respeitando as posições contrárias, se caracteriza em forma de defesa processual ampla, por tal razão, deve ser definida como contestação, salvo melhor juízo.

A ação monitória visa a dar celeridade ao processo e praticidade para que o direito do credor seja efetivado através de via instrumental, de conhecimento sumário que objetiva uma sentença meritória de um documento escrito e hábil sem eficácia executiva. Desse modo, pode-se dizer que a Monitória possui o mesmo sentido da ação de liquidação, qual seja transformar um título injuntivo em executório.

Em relação à utilização da ação monitória para obtenção das despesas condominiais, a jurisprudência vem se mostrando favorável, criando uma opção satisfatória na busca da prestação jurisdicional de forma mais célere, pois a admissibilidade vem fundada na convenção condominial, objetivando o recebimento de despesas de condomínio, desde que o documento apresente autenticidade e eficácia probatória, devendo o condomínio autor da ação monitória instruir a inicial com cálculo discriminado, com valores líquidos e atualizados, pois o crédito relativo às taxas condominiais têm por objeto pagamento de quantia em dinheiro.

Deve ser aduzido, que embora exista previsão legal da cobrança condominial, por meio do rito sumário (art. 275, II, *b*, CPC), não significa que

---

[99] TALAMINI. Eduardo. *Tutela Monitória – Lei 9.079/95*, 2. ed. rev., atual. e ampl. São Paulo: RT, 2001, p.146. (Coleção estudos de direito de processo Enrico Tullio Liebman; v. 37).

seja a única opção legal para obtenção das despesas de condomínio edilício, podendo o demandante optar entre o processo comum de conhecimento, sumário e até ordinário, ou processo monitório, devendo, nesta última hipótese, apresentar documentos que constituam a prova escrita, o que se destaca a convenção do condomínio, e a memória discriminada do cálculo atualizado das taxas e despesas, podendo inclusive corroborar com ata de assembléia da aprovação das despesas.

A jurisprudência vem caminhando nesse sentido, com algumas nuanças que são mais rigorosas, mas contudo, destaca-se a plena possibilidade da utilização da via procedimental da monitória nas dívidas decorrentes de despesas de condomínio, conforme destacamos:

> Ação Monitória. Cobrança de cotas condominiais. Possibilidade de cobrança de taxa de condomínio através de ação monitória. Preliminares afastadas: defeito de representação sanado no curso da demanda e inépcia da ação não configurada. Excesso de execução não caracterizado. Preliminares rejeitadas. Apelação desprovida. (4 fls.) (apelação cível nº 598285815, Décima Oitava Câmara Cível, Tribunal de Justiça do RS, relator: Wilson Carlos Rodycz, julgado em 16/03/2000).

> Ação Monitória. Condomínio. Ata de Assembléia estabelecendo a convenção do Condomínio com indicação dos valores devidos pelo réu é suficiente para desencadear a cobrança, pois a obrigação deriva da lei. Dá-se provimento ao Recurso. Sentença desconstituída. (3fls) (Apelação Cível nº 70000010603, Vigésima Câmara Cível, Tribunal de Justiça do RS, Relator: José Aquino Flores de Camargo, Julgado Em 24/08/1999).

> Ação monitória. Cotas condominiais. Precedentes da Corte. Já decidiu a Corte que a "natureza de processo cognitivo sumário e a finalidade de agilizar a prestação jurisdicional permitem concluir que é cabível o procedimento monitório sempre que o credor possuir documento que comprove o débito mas que não tenha força de título executivo, ainda que lhe seja possível o ajuizamento da ação pelo rito ordinário ou sumário" (REsp nº 208.870/SP, Relator o Senhor Ministro Sálvio de Figueiredo Teixeira, DJ de 28/6/99). Recurso especial conhecido e provido. R.ESP 426601/SP; RECURSO ESPECIAL 2002/0042746-1, Ministro CARLOS ALBERTO MENEZES DIREITO, Terceira Turma, julgado em 06/12/2002.

7.3. Ação de execução

A utilização do Judiciário é o instrumento adequado para as pessoas lesadas objetivarem a satisfação de suas pretensões, tendo sido, para muitos, caminho longo e tortuoso, diante das dificuldades encontradas, seja: pelo excessivo número de processos; deficiência de pessoal; falta de aparelhamento técnico; formalismo das leis processuais; a possibilidade da utilização de inúmeros recursos; e tantos outros, até mesmo pela mudança do comportamento social.

Embora com o advento do Juizado de Pequenas Causas, hoje através do Juizado Especial Cível, ainda são indispensáveis mudanças no sentido de operacionalizar maior agilidade na prestação jurisdicional, alcançando uma efetividade e rapidez da justiça, pois justiça lenta não pode ser considerada justiça.

A Lei nº 9.099/95, em cumprimento ao disposto no art. 98, I, da Constituição Federal, estabeleceu a competência e o procedimento dos juizados especiais cíveis e criminais, sob a condição de órgãos da Justiça Ordinária.

Os juizados especiais, especialmente na execução civil, aumentam a oferta jurisdicional, operando uma maior pacificação social e solucionando com celeridade e sem custos, ou pequenos custos, a obtenção do crédito, se considerando que se trata de faculdade, pois dependerá do credor a opção entre o juizado e a justiça comum tradicional.[100]

Na realidade, as mudanças precisam ser objetivas, eliminando os modelos herméticos, ultrapassados e sem criatividade, e encontramos no processo de execução a possibilidade de forma salutar, satisfazer o direito dos credores com menores prejuízos até mesmo para os devedores, como eliminação de determinadas fases ou processos autônomos, no sentido, por exemplo, de que a intimação da decisão já se converta em primeiro ato de execução, não havendo após a sentença, ajuizamento de outro processo intitulado de execução.

É necessária para a obtenção do crédito, de forma rápida e efetiva, a simplificação do processo, na avaliação, hasta pública, arrematação e, por exemplo, em facilitar a aquisição dos bens leiloados, que poderão ser realizados por terceiros, como as empresas imobiliárias ou corretores de imóveis, devidamente credenciados, que fariam com que os leilões fossem mais céleres e alcançassem maiores valores na alienação dos bens penhorados.

A quebra de sigilo bancário e fiscal seria outra alternativa de facilitar a obtenção e localização de bens dos devedores, através de informações prestadas por exigência judicial, em caso de ocultação maliciosa dos bens móveis e imóveis que poderiam satisfazer os créditos exigíveis legalmente.

Assim, não apenas pela simplificação da forma executiva, onde seria um grande avanço para a agilização de seu procedimento, é imprescindível que se ofereçam instrumentos coercitivos, como penas pecuniárias, através da aplicação de multas ao devedor recalcitrante (Direito Francês), cabendo ao próprio Estado oferecer ao credor todas as informações sobre o patrimônio do devedor (Modelo Português), a indisponibilidade de todos os bens do devedor até o pagamento integral, como forma coercitiva e de caráter psicológico (Espanha), e até mesmo, além das penas pecuniárias que inci-

---

[100] Sobre a execução civil nos juizados especiais, é de valorosa contribuição, pela sua atualidade, a obra de Araken de Assis, 3. ed. revista, atualizada e ampliada, RT, 2002.

dem sobre o patrimônio do devedor, a possibilidade do juiz determinar também a coerção sobre a pessoa do devedor, ou seja, atribuir uma pena restritiva à liberdade, quando não cumpre a obrigação por mero capricho pessoal (Direito Alemão), independente da hipótese de depositário infiel, embora não se concorde com tal hipótese, pois é um meio de coerção que atinge a própria pessoa, o que é vedado pelo sistema brasileiro, com exceção do depositário infiel e do devedor de alimentos.

Evidentemente que tais medidas estão sendo objeto de estudos, buscando uma efetividade e celeridade na obtenção de quem tem urgência, pressa e necessidade de receber o seu crédito, e entendemos que se encontra no processo de execução, um dos instrumentos mais eficazes para romper a morosidade da justiça, desde que se esteja voltada a uma característica que deve imperar, a sua satisfatividade.

A sociedade deve estar enfocada pelas inúmeras novidades e modificações sofridas, seja de caráter social, político, econômico, pois pela globalização, e com o novo século, constatamos mudanças e descobertas, onde o direito deve adaptar-se às alterações, onde as normas jurídicas devem acompanhar as novas facetas sociais, solucionando os problemas que nascem, e, por efeito, tutelando a pretensão com uma efetiva prestação jurisdicional através do Estado, com presteza, celeridade, efetividade, simplicidade, satisfatividade, aliás, é o que se pretende enunciar com o trabalho.

Não é mais novidade que a ineficiência da prestação jurisdicional se instala na morosidade e na lentidão do Judiciário, não bastando o perfil da magistratura, com juízes competentes e honestos, mas com um Poder Judiciário onde a sua estrutura é inadequada, prescindindo de ajustes e transformações, para de forma eficaz compor e discernir as inúmeras pretensões e solicitações clamadas pela sociedade moderna.

Precisamos de mudanças no processo executivo, onde seria extremamente importante a inclusão da convenção do condomínio e da decisão em assembléia da aprovação de despesas, como título executivo extrajudicial, inserindo no art. 584 do CPC tal hipótese, o que abreviaria a obtenção do tão almejado crédito, em tempo inferior ao que estamos acostumados, até porque poderá o devedor embargar a execução, se for o caso.

7.3.1. Execução com base em título executivo extrajudicial

A execução de taxas condominiais será possível apenas ao locador que dispõe de contrato de locação escrito, a exigir do locatário e/ou fiadores as aludidas contribuições, podendo assim, promover a execução judicial baseada em título executivo extrajudicial, embasada no contrato de locação escrito, na forma delineada pelo art. 585, inciso IV, do CPC, onde o crédito

CONDOMÍNIO EDILÍCIO

decorrente de aluguel e o encargo de condomínio comprovado por contrato escrito, oportuniza a execução forçada.

O contrato de locação tem eficácia executiva independentemente da presença de testemunhas, pois tal exigência é imposta na hipótese do inciso II do art. 585 do CPC, e não no caso de contrato locatício.

Assim, o importante é que exista o contrato escrito e que o mesmo instrua a execução. A jurisprudência assim se destaca:

EXECUÇÃO DOS FIADORES COM BASE NO CONTRATO DE LOCAÇÃO (ART. 585, IV, DO CPC).

1 – O contrato de locação não precisa estar assinado por duas testemunhas para servir como título executivo extrajudicial, porque à hipótese não se aplica o art. 585, II, mas, sim, o art. 585, IV, ambos do CPC.

2 – Questões atinentes à multa contratual e juros de mora demandam interpretação de cláusulas contratuais, vedada pela Súmula 5 deste STJ.

3 – Recurso não conhecido. (R.Eesp 201123 / RJ)

Na execução dos aluguéis e encargos de condomínio baseados no contrato de locação escrito, sendo os créditos periódicos que viabilizam ao locador (contrato de locação urbana, Lei 8.245/91), instrumentalizados por documento particular escrito, com os seus atributos necessários de liquidez, certeza e exigibilidade, que são demonstrados pelos valores, geralmente especificados por recibo extraído nos moldes do contrato e demonstrativo mensal das contribuições condominiais, inclusive com os juros, correção monetária e cláusula penal moratória.

Com a propositura da execução forçada dos aluguéis ou encargos de condomínio, será possível, mesmo que a locação ainda persista, sem a devolução do imóvel objeto da locação pelo locatário, que os aluguéis e as despesas condominiais que permaneçam vencendo, por se tratarem de prestações periódicas, sejam incluídas no débito automaticamente, aliás, independente de pedido expresso na execução, em vista do art. 290 do CPC, considerado como pedido implícito, e que excepciona o art. 293 do mesmo diploma processual civil.

7.3.2. Execução com base em título executivo judicial

A sentença condenatória proferida em processo civil constitui título executivo judicial, com amparo no art. 584, inciso I, do CPC, denominada de execução de sentença, que em relação às relações atinentes ao condomínio se justifica em decorrência de ação de cobrança promovida contra o condômino.

A ação proposta poderá ter o rito sumário (art. 275, II, c, do CPC), ou convertido em procedimento ordinário, o que é plenamente possível, se obtendo decisão de cunho condenatório, e por efeito, título executivo judicial (art. 584, I, do CPC).

7.4. Ação cominatória

O nosso direito processual civil, no código de 1939, oportunizava a ação cominatória, também conhecida como ação de preceito cominatório ou embargos à primeira, no sentido de ensejar o cumprimento da obrigação convencionada, ou imposição legal, no sentido de prestar algum fato ou abster-se de algum ato, consoante dispunha o art. 302, onde inclusive no inciso I, competia ao fiador, para exigir que o afiançado satisfizesse a obrigação ou exonerasse da fiança, e no inciso II, ao fiador, para o credor acionar o devedor.[101]

Embora o estatuto processual civil, de 1973, não tenha rotulado a ação cominatória, ela é ainda plenamente possível, até porque, o art. 287 do CPC possibilita o pedido formulado na petição inicial, com a nova redação dada pela Lei nº 10.444, de 07/02/2002, que seja imposta ao réu a abstenção da prática de um ato, tolerar alguma atividade, prestar ato ou entregar coisa, poderá requerer a cominação de pena pecuniária em caso de descumprimento da sentença ou decisão de antecipação de tutela.

A ação cominatória continua a existir no nosso direito brasileiro, mesmo com a supressão no elenco dos procedimentos especiais, a exemplo da ação de imissão de posse, até porque, para existir a ação, não precisa estar nominada na lei processual civil, tal qual, como ocorre com a própria ação reivindicatória.

A ação com preceito cominatório é possível quando a pretensão de direito material decorre da lei ou convenção, visando a compelir outrem a fazer ou deixar de fazer alguma coisa.

No direito material, constatamos a possibilidade jurídica, nas situações decorrentes do direito de vizinhança, com perturbações ao sossego, saúde ou segurança, até mesmo nas situações já analisadas, por ruídos sonoros ocasionados pelos condôminos, moradores ou locatários,

Contudo, não podemos deixar de dimensionar, que em face da primeira fase da reforma processual, através da Lei nº 8.952, de 13 de dezembro de 1994, as obrigações de fazer e não fazer receberam novo regime jurídico, visto que com o advento do artigo 461 do CPC, o qual passou a tutelar estas obrigações, deixou-se de lado o velho binômio processo de condenação-pro-

---

[101] Tratamos do referido assunto nas ações pertinentes ao fiador, no livro de nossa autoria, *O contrato de fiança e sua exoneração na locação*, Porto Alegre: Livraria do Advogado, 2002, p. 130-32.

cesso de conhecimento, arcaico e impotente, para adotar-se os provimentos mandamentais e executivos *lato sensu*.

Assim, sendo, a execução do provimento condenatório passou a ser realizada na mesma relação processual, bem como dando ao juiz poderes inquisitórios para impor mecanismos sancionatórios e medidas de apoio e concreta a tutela específica concedida.

O Professor e advogado Eduardo Talamini, em relação ao provimento mandamental, menciona que: "O provimento mandamental, normalmente será acompanhado da ameaça de imposição de alguma outra medida processual coercitiva (multa, prisão civil etc.), além daquelas primordialmente postas como mecanismos de censura à desobediência (sanções penais, administrativas...). Quando isso ocorre, a medida processual de coerção, além de funcionar como técnica de indução da conduta do destinatário, presta-se a chancelar a autoridade estatal do ato que a veicula. Todavia, o aspecto essencial do provimento em exame não reside tanto em fazer-se acompanhar da medida processual de coerção, mas em veicular uma ordem diretamente voltada à parte".[102]

No entender do mestre processualista Nelson Nery Junior,[103] a ação prevista no CPC 461 é condenatória com caráter inibitório, e, portanto, de conhecimento. Tem eficácia executivo-mandamental, pois abre ensejo à antecipação de tutela (CPC 461, § 3º), e seu objetivo é impedir, de maneira imediata e definitiva, a violação de um direito, tendo, pois, caráter preventivo e eficácia mandamental.

Importa destacar, ainda, que, embora o art. 461 do CPC tenha passado a reger a tutela relativa às obrigações de fazer e não fazer, o referido dispositivo não teve o condão de revogar tacitamente o artigo 287, passando os dois (287- pedido e 461 – sentença) a conviverem simultaneamente, ainda que, o art. 461, em seu § 2º, cita aquele de forma expressa.

Com o advento da Lei 10.444/2002, a qual propiciou a segunda fase da reforma processual, o artigo 287, harmonizando-se com as regras do artigo 461, o qual também, sofreu alterações, encontra-se, hoje com a seguinte redação:

> Se o autor pedir que seja imposta ao réu abstenção da prática de algum ato, tolerar alguma atividade, prestar ato ou entregar coisa, poderá requerer cominação de pena pecuniária para o caso de descumprimento da sentença ou da decisão antecipatória de tutela (arts. 461 § 4º e 461-A).

---

[102] TALAMINI. Eduardo. *Tutela relativa aos deveres de fazer e de não fazer. CPC; art. 461; CDC, art. 84*, São Paulo: RT, 2001, p. 191.

[103] NERY JUNIOR. Nelson. *Código de processo civil comentado e legislação processual extravagante em vigor*. Rosa Maria de Andrade Nery, São Paulo: RT, 2003, p. 781.

Com as modificações implementadas no texto legal do art. 287, devemos aduzir, que; a primeira modificação ocorrida no artigo 287 foi à supressão da palavra "condenação" existente na antiga redação, em virtude da harmonização desta norma com a do art. 461, o qual prevê os provimentos mandamentais e executiva *lato sensu* e do abandono definitivo do binômio processo de condenação-processo de execução.

Da mesma forma, ainda em consonância com a nova técnica procedimental adotada às obrigações de fazer e não fazer, deixou o artigo 287 de fazer remissão aos artigos 644 e 645, os quais tratavam da execução, passando a fazer remissão aos artigos 461 e 461-A.

A segunda alteração ocorrida no texto do artigo 287 foi a substituição da expressão "prestar fato que não possa ser realizado por terceiro" por "prestar ato". Dita alteração se justifica, uma vez que não tendo o artigo 461 feito qualquer distinção quanto à natureza da obrigação, se fungível ou infungível, não havia razão para se manter a restrição do preceito cominatório apenas às obrigações infungíveis, adotada pelo Código de Processo Civil de 1939 e de 1973.

A terceira modificação junto ao aludido dispositivo legal, constante do artigo 287, foi a substituição da expressão "constará da petição inicial" por "o autor poderá pedir", uma vez que possuindo o artigo 461 regras em que a imposição de mecanismos sancionatórios e a utilização de medidas, no intuito de efetivar a tutela específica, deixam de depender do requerimento da parte, podendo o julgador impô-las de ofício, não existia porque manter-se a antiga redação do artigo 287, neste sentido.

A última alteração no artigo 287 foi a inclusão da expressão "entregar coisa", a qual, em boa hora, quebrou toda a arcaica tradição dos preceitos cominatórios, os quais, desde o Código de Processo Civil de 1939, somente eram aplicados às obrigações de fazer e não fazer, mas nunca às obrigações para a entrega de coisa. Através da nova redação do artigo 287 também poderá ser buscada a tutela específica para a entrega de coisa.

A nova disposição do artigo 287, de acordo com o disposto no § 3º do artigo 461, permitiu ainda que a tutela específica poderá ser concedida tanto em decisão definitiva quanto em decisão provisória, que poderá ser concedida *inaudita altera parte* ou após audiência de justificação prévia.

Em razão disso, o preceito cominatório aplicar-se-á para os casos de descumprimento da sentença de mérito, bem como para os de decisão antecipatória de tutela específica.

No que diz respeito ao preceito cominatório, a pena pecuniária aludida pelo artigo 287 trata-se de mesma do § 4º do artigo 461, tendo, pois, a mesma natureza processual, bem como por objetivo a efetivação do provimento mandamental, em que a multa deve ser imposta de ofício ou a requerimento da parte, passando a mesma a ser devida a partir do momento em que for descumprida a ordem judicial que determina o adimplemento da tutela específica. Seu valor deverá ser significativamente alto, uma vez que seu objetivo é inibir o devedor de descumprir a obrigação na forma específica.

Importa destacar que a pena pecuniária prevista nos arts. 287 e 461, § 4º, não se confundem com as multas oriundas de cláusula penal que sejam devidas em razão do inadimplemento contratual. Isso porque têm sua origem no direito material, normalmente utilizadas para apertar o vínculo contratual.

Para aforamento da ação de condenatória do artigo 461, com o pedido cominatório disposto no artigo 287 do Código de Processo Civil, necessário se faz o preenchimento das condições para a ação, quer seja: possibilidade jurídica do pedido, interesse processual e legitimidade para causa.

Contudo, os comentários referentes às condições da ação não se estenderão, visto que é facilmente perceptível a ocorrência das mesmas, em relação à tutela específica.

Quanto à possibilidade jurídica do pedido, estará o mesmo preenchido toda a vez que a parte vier a juízo requerer a tutela específica de obrigação de fazer ou não fazer, assim como para a entrega de coisa, com pedido de pena pecuniária, visto que terá sua pretensão respaldada pelos artigos 287 e 461 do Código de Processo Civil, sendo, pois, abstratamente amparada pelo ordenamento jurídico.

No que concerne ao interesse de agir, estará ele presente sempre que o autor, através da tutela específica, procurar cessar ou impedir o início de condutas capazes de afrontar direito seu, buscando, assim através do pronunciamento judicial, evitar lesão ou ameaça a direito advindo de obrigação de fazer ou não fazer, ou de entrega de coisa.

A legitimidade para a causa será o sujeito legitimado ativo toda vez que tiver o direito de exigir de outrem que faça alguma coisa, que tome certa atitude, que entregue alguma coisa, ou que se abstenha de levar a efeito o que pretende se, com esse procedimento, afrontar a sua esfera jurídica. Outrossim, será legitimado passivo aquele contra quem o autor pode exigir a prática de fato, a abstenção de ato ou a entrega de coisa.

Por tudo isso, seja qual for a denominação dada à pretensão materializada na ação proposta, tais como; ação cominatória, ação condenatória de obrigação de fazer ou não fazer, ação mandamental com execução específica, os novos contornos implementados pelo legislador, principalmente pelo arts. 287 e 461 do CPC

Assim, a norma criada junto ao artigo 461 do CPC tem por escopo promover a tutela específica justamente no intuito de impedir que direitos materiais venham a ser violados, o que se encaixa perfeitamente nas situações que envolvem o condomínio edilício, o qual se poderá buscar através da tutela inibitória abrandamento das questões que venham a prejudicar os condôminos que integram a coletividade.

Conforme já referido, o sistema de tutela estabelecido a partir do art. 461 não se limita às obrigações propriamente ditas. Estende-se a todos os deveres jurídicos cujo objeto seja um fazer ou um não fazer – como tem reconhecido a doutrina.[104]

Não faria sentido a lei excluir de regime de proteção mais adequado os deveres não-obrigacionais. Precisamente entre estes é que se apresentava algumas das situações mais críticas, em face das deficiências do anterior regime.

A confirmar que se trata de emprego do termo "obrigação" em sentido amplo, basta considerar que também no artigo 11 da Lei da Ação Civil Pública (7.347/85) e no art. 48 do Código do Consumidor (8.078/90) – dispositivos que inspiraram a formulação do art. 461– emprega-se "obrigação de fazer ou de não fazer". Entretanto, é indiscutível que tais diplomas têm em mira principalmente a realização de direitos sem índole obrigacional.

Em síntese, "obrigação" no art. 461 assume o sentido larguíssimo de dever jurídico. Há aspecto que não deixa de ser interessante notar. Em outras épocas, o alargamento do conceito de "obrigação" contribuiu para universalizar a tutela de mera condenação pecuniária através das *actiones* – em detrimento da via dos interditos.

Atualmente, a acepção é de ser invocada, a fim de possibilitar que os deveres não-obrigacionais sejam atingidos pela tutela (art. 461), que, por suas características, remonta aos interditos.[105]

Portanto, a ação de cunho cominatório, como destacada, tem ampla utilização na regulação da vida condominial, e serve de instrumento de operacional da manutenção do equilíbrio e estabilização convivência, consoante podemos vislumbrar pelos modelos de petições constantes na parte prática deste trabalho.

---

[104] Nesse sentido: Dinamarco, A reforma, n. 110, p. 149; Watanabe, Tutela..., n. 29-30, p. 40-41; Zavascki, Antecipação..., n. 2, p. 114; Marinoni, Tutela Inibitória, parte 1, n. 3.9, p. 75-76; Ovídio B. da Silva, Ação para cumprimento..., n. 12, p. 267-268. Ovídio B. da Silva chega a sugerir que o art. 461 diria respeito "talvez exclusivamente" a "deveres legais", e não a "relações obrigacionais de natureza privada" – com o que não se pode concordar. Tal interpretação, além de distanciar-se ainda mais da letra da lei, apenas viria a manter inadequada a tutela jurisdicional relativa às obrigações propriamente ditas. (TALAMINI, Eduardo. *Tutela Relativa aos Deveres de Fazer e de não Fazer, CPC, art. 461; CDC, art. 84.* São Paulo: RT, 2001, p. 127/128).

[105] Eduardo Talamini, op. cit., p. 129-30.

7.5. Ação de prestação de contas

Aquele que administra bens, negócio ou interesses alheios tem a obrigação de prestar contas de sua gestão, que deverá ser procedida de forma detalhada na apuração do débito e crédito, com transparência e lisura, no sentido de obtenção de um resultado que poderá ser positivo ou negativo.

O Código Civil enumera hipóteses do dever legal de prestação de contas, destacando a obrigação do tutor e curador, em relação ao tutelado e curatelado (arts. 1.756 e 1.774), do inventariante e do testamenteiro (arts.2.020 e 1.980), do mandante em relação ao mandatário (art. 668).

No condomínio em edificações, o síndico detém poderes e obrigações, tais como; convocar a assembléia dos condôminos; representar, ativa e passivamente, o condomínio, praticando, em juízo ou fora dele, os atos necessários à defesa dos interesses comuns; dar imediato conhecimento à assembléia da existência de procedimento judicial ou administrativo, de interesse do condomínio; cumprir e fazer cumprir a convenção, o regimento interno e as determinações da assembléia; diligenciar a conservação e a guarda das partes comuns e zelar pela prestação dos serviços que interessem aos possuidores; elaborar o orçamento da receita e da despesa relativa a cada ano; cobrar dos condôminos as suas contribuições, bem como impor e cobrar as multas devidas; realizar o seguro da edificação; e, em especial, prestar contas à assembléia, anualmente e quando exigidas pelos condôminos, em qualquer momento, desde que, justificadamente, se vislumbre a necessidade da prestação de contas, é o que decorre da interpretação legal, (inciso VIII do art. 1.348 do CC).

A ação de prestação de contas (arts. 914/919 do CPC) tem natureza dúplice, pois na sentença será apreciado o pedido formulado pelo autor e os aduzidos na peça contestatória pelo réu, independente de reconvenção, pois por exceção às regras processuais, será permitido formular pedidos na contestação, que deverão ser apreciados na sentença, em decorrência da permissão legal.[106]

A legitimação da prestação de contas competirá a quem tiver: o direito de exigi-las; ou a obrigação de prestá-las, se denotando a legitimidade para a propositura da ação, sendo necessário que se tenha interesse, no caso, a

---

[106] Ações de caráter dúplices são observadas também nas ações possessórias, conforme dispõe o art. 992 do CPC, em que é lícito ao réu alegar na própria contestação, pretensão possessória e indenização por prejuízos oriundos de esbulho ou turbação cometidas pelo autor, ainda, observamos na ação renovatória de locação, onde o locador na contestação poderá pleitear a fixação de aluguel provisório, alteração de periodicidade de reajustamento do aluguel e indexador, e até pedido de despejo, se houver formulação expressa pelo locador-réu na contestação, em que não sendo renovada a locação, o Juiz fixará o prazo de até seis meses após o trânsito em julgado da sentença para a desocupação (arts. 72 e 74 da Lei 8.245/91).

necessidade e utilidade da via judicial, o que se vislumbra que deverá existir a recusa de prestar ou receber as contas.

Na relação condominial, a prestação de contas por meio de medida judicial será possível em caso de negativa ou omissão do síndico de acertar as contas, no que se refere ao período que administrou e representou o condomínio ativa e passivamente, assim sendo, é salutar que se exija previamente a prestação de contas em assembléia ordinária anualmente, ou em casos especiais, até em assembléia extraordinária, havendo a contrariedade ou omissão, a utilização do processo jurisdicional se fará imprescindível.

Por disposição legal, os condôminos poderão exigir a prestação de contas requerendo, na ação judicial, a citação do réu para, no prazo de 5 (cinco) dias, apresentar ou contestar a ação.

Em caso de as contas serem prestadas, o condômino ou condôminos terão 5 (cinco) dias para dizer sobre elas; havendo necessidade de produzir provas, o juiz designará audiência de instrução e julgamento; em caso contrário, proferirá desde logo a sentença.

Não havendo contestação ou negativa do condomínio de prestar contas, observar-se-á o disposto no art. 330; e a sentença, que julgar procedente a ação condenará a prestar as contas no prazo de 48 (quarenta e oito) horas, sob pena de não ser lícito impugnar as que o condômino ou condôminos autores apresentarem.

§ 3º Se o réu apresentar as contas dentro do prazo estabelecido no parágrafo anterior, seguir-se-á o procedimento do § 1º deste artigo; em caso contrário, apresentá-las-á o autor dentro em 10 (dez) dias, sendo as contas julgadas segundo o prudente arbítrio.

Por disposição do art. 917 do Código de Processo Civil, as contas serão apresentadas em forma mercantil, que significa uma forma de técnica de contabilidade, especificando-se as receitas e a aplicação das despesas, bem como o respectivo saldo; e serão instruídas com os documentos comprobatórios e idôneos que justifiquem a obrigação de elucidar as contas.

Em havendo saldo credor apurado após a fase postulatória e instrutória, em cálculo obtido aritmeticamente, será declarado na sentença que poderá ser cobrado em execução forçada, pois a sentença se constituirá em título executivo judicial.

7.6. Ação de consignação em pagamento

A consignação em pagamento é uma forma extintiva das obrigações, em que cabe ao devedor o adimplemento da obrigação, pois não apenas ao credor é viabilizado o direito de exigir o cumprimento da obrigação.

CONDOMÍNIO EDILÍCIO

Havendo negativa ou omissão do credor ou ainda, exige a obrigação de forma diversa da ajustada ou permitida, poderá o devedor utilizar da via adequada para conquistar a extinção da obrigação, por meio da consignatória, que preliminarmente poderá ser auferida extrajudicialmente ou por via judicial, na busca da tutela jurisdicional, através do procedimento especial de jurisdição contenciosa, conforme dispõem os arts. 890/900 do CPC.

Aliás, nos casos previstos em lei, poderá o devedor ou terceiro requerer, com efeito de pagamento, a consignação da quantia ou da coisa devida, e no que se relaciona ao condomínio e condôminos, por exemplo, é comum ao devedor proceder a consignação para afastar a mora, e sendo a obrigação em dinheiro, poderá o devedor (condômino) ou terceiro (locatário) optar pelo depósito da quantia devida, em estabelecimento bancário, oficial onde houver, situado no lugar do pagamento, em conta com correção monetária, cientificando-se o credor (condomínio) por carta com aviso de recepção, assinado o prazo de 10 (dez) dias para a manifestação de recusa.

Nesse sentido, por disposição legal do § 2º do art. 890 do CPC, transcorrendo o prazo de 10 (dez) dias, sem a manifestação de recusa, reputar-se-á o devedor liberado da obrigação, ficando à disposição do credor a quantia depositada. (Parágrafo acrescentado pela Lei nº 8.951, de 13.12.1994).

Especificamente na relação do condomínio edilício, na hipótese de haver a recusa do condomínio, manifestada por escrito ao estabelecimento bancário, o condômino-devedor ou locatário mesmo, que, em virtude do contrato de locação, estará obrigado a efetuar o pagamento do encargo condominial (art. 23, inciso XII, Lei 8.245/91), e se referindo a despesa ordinária, havendo a recusa do condomínio, poderá também propor, dentro de 30 (trinta) dias, a ação de consignação, instruindo a inicial com a prova do depósito e da recusa.

A consignação em pagamento via judicial geralmente envolve a negativa do condomínio em receber valores que considera exigíveis, mas que envolvem multas moratórias que extrapolam o percentual permitido na convenção do condomínio, é muito comum ainda a inclusão de multas por conduta do condômino, sem qualquer direito de resposta, fixadas arbitrariamente, o que oportunizará a consignação do valor específico da taxa ou despesa condominial.[107]

---

[107] A jurisprudência se destaca nesse sentido: CONDOMÍNIO – MULTA – CONSIGNAÇÃO EM PAGAMENTO – AÇÃO EM APARTAMENTO – MULTA – GUIA ÚNICA – CONSIGNATÓRIA – RECUSA INJUSTA – É injusto o Condomínio recusar-se a receber a cota condominial normal, pretendendo o pagamento simultâneo de multa por permanência de cão no apartamento do devedor, provado que a Convenção nada proibia e mais não ter ficado evidenciada a nocividade do animal e sobretudo porque inadmissível a emissão de guia única somando inseparavelmente as prestações regulares com a discutida penalidade, circunstância que constituía uma coação arbitrária, impedindo a liberação das

Deve ser aduzido que ficará sem efeito o depósito, podendo levantá-lo o condômino depositante, se não propuser a ação consignatória no prazo de 30 (trinta) dias (parágrafo acrescentado pela Lei nº 8.951, de 13.12.1994). A consignação em pagamento das contribuições relativas ao condomínio, será no lugar do pagamento, cessando para o condômino devedor a imposição da mora, considerando os juros e os riscos, exceto se a ação consignatória vir a ser julgada improcedente.

Nas relações jurídicas de trato sucessivo, em que as prestações se realizam em diversas prestações sucessivas, o art. 892 do CPC autoriza o devedor, uma vez consignada a primeira, em continuar a consignar as prestações periódicas, no mesmo processo e sem mais formalidades, as que se forem vencendo, desde que os depósitos sejam efetuados até 5 (cinco) dias, contados da data do vencimento.

O pagamento por consignação estatuído no art. 335 do Código Civil será possível:

mensalidades sobre as quais dúvida não havia. (TACRJ – AC 2874/96 – (Reg. 2327-2) – 4ª C. – Rel. Juiz Rudi Loewenkron – J. 09.05.1996) (Ementário TACRJ 10/97 – Ementa 43590).

CONDOMÍNIO – DESPESAS – CONSIGNAÇÃO EM PAGAMENTO – COTAS CONDOMINIAIS – MULTA – EXIGÊNCIA DE PAGAMENTO – INJUSTIÇA DA RECUSA – Reputa-se injusta a recusa, ensejando a consignação a qualquer tempo, condicionar-se o pagamento da cota condominial ao de multa imposta, se dissentem os litigantes sobre a inteligência da norma condominial, que penaliza com o pagamento respectivo ao causador do aumento das despesas comuns. (TACRJ – AC 1320/94 – (Reg. 2375-2) – Cód. 94.001.01320 – 6ª C. – Rel. Juiz Luiz Odilon Gomes Bandeira – J. 26.04.1994) (Ementa 37886).

CONSIGNAÇÃO EM PAGAMENTO – COTA CONDOMINIAL DESACOMPANHADA DE MULTA – Oferta do valor da cota condominial recusada porque desacompanhada do valor de multa, aplicada, sem que houvesse apuração da falta que a ensejaria. Atraso no depósito das diferenças das cotas condominiais não imputável ao consignante. (grifamos) (TACRJ – AC 1637/91 – (Reg. 1712) – Cód. 91.001.01637 – 4ª C. – Rel. Juiz Valéria Maron – J. 09.05.1991) (Ementário TACRJ 20/91 – Ementa 33941).

CONDOMÍNIO. CONSIGNAÇÃO EM PAGAMENTO. A CONSIGNAÇÃO EM PAGAMENTO HÁ QUE ENCONTRAR JUSTIFICATIVA NA RECUSA DO CREDOR OU NA INTERPOSIÇÃO DE OBSTÁCULOS INFUNDADOS AO RECEBIMENTO .(grifamos) APELAÇÃO IMPROVIDA. SENTENÇA MANTIDA. (TARS – AC 197255722 – 20ª C.Cív. – Rel. Juiz Ilton Carlos Dellandrea – J. 06.10.1998).

CONSIGNAÇÃO EM PAGAMENTO – CONDOMÍNIO – FRAÇÃO IDEAL – DEPÓSITO – INSUFICIÊNCIA – PRAZO – Não inviabiliza a consignatória, a divergência quanto ao valor da importância devida. O direito de consignar e exercitado pelo devedor no período em que perdurar a recusa injusta do credor.(grifamos) Não será admitida a alegação de insuficiência de depósito, se o credor não demonstrar o critério que adotou para a cobrança da taxa e da correção da mesma. O condomínio deve concorrer, proporcionalmente, nas despesas de acordo com a sua fração ideal, nos termos da Lei e da convenção de condomínio. (TAMG – Ap 0221436-4 – 6ª C.Cív. – Rel. Juiz Maciel Pereira – J. 19.09.1996).

CONDOMÍNIO – DESPESAS – CONSIGNAÇÃO EM PAGAMENTO – COTAS CONDOMINIAIS – CONSIGNAÇÃO EM PAGAMENTO – RECUSA IMPOSTA – Não pode o credor se recusar em receber pagamento de obrigação de trato sucessivo, como o são as contribuições condominiais, sob alegação de que há outras em atraso e vencidas há mais de ano e meio, além de serem objeto de controvérsia. Tal negativa importa em injusta recusa, testemunhalmente comprovada, pois não é lícito ao credor procurar obter, por via obliqua, o que deve ser objeto de pretensão especifica, na via judicial. (TACRJ – EIAC 207/94 – (Reg. 376-2) – Cód. 94.005.00207 – 3ª GR – Rel. Juiz Luiz Odilon Gomes Bandeira – J. 26.10.1994) (Ementa 39151).

CONDOMÍNIO EDILÍCIO

I – se o credor não puder, ou, sem justa causa, recusar receber o pagamento, ou dar quitação na devida forma;

II – se o credor não for, nem mandar receber a coisa no lugar, tempo e condição devidos;

III – se o credor for incapaz de receber, for desconhecido, declarado ausente, ou residir em lugar incerto ou de acesso perigoso ou difícil;

IV – se ocorrer dúvida sobre quem deva legitimamente receber o objeto do pagamento; e,

V – se pender litígio sobre o objeto do pagamento.

Mas na órbita processual, o autor, além dos requisitos impostos no art. 282 do CPC, deverá também, nos moldes do art. 893, requerer o depósito da quantia ou da coisa devida, a ser efetivado no prazo de 5 (cinco) dias contados do deferimento, ressalvada a hipótese do § 3º do art. 890; a citação do réu para levantar o depósito ou oferecer resposta.

Na contestação, o condomínio poderá alegar que: a) não houve recusa ou mora em receber a quantia ou coisa devida (negativa do direito constitutivo do autor); foi justa a recusa (admite a recusa com fundamento justificativo); o depósito não se efetuou no prazo ou no lugar do pagamento (não existe a mora imputada ao credor); ou, o depósito não é integral (o montante da dívida é insuficiente, onde o devedor depositou a menos do devido).

Não oferecida a contestação, e ocorrentes os efeitos da revelia, o juiz julgará procedente o pedido, declarará extinta a obrigação e condenará o réu nas custas e honorários advocatícios.

Mas sendo apresentada a contestação, e ocorrendo a alegação de que o depósito não é integral, é lícito ao autor completá-lo, dentro em 10 (dez) dias, salvo se corresponder a prestação, cujo inadimplemento acarrete a rescisão do contrato. Alegada a insuficiência do depósito, poderá o réu levantar, desde logo, a quantia ou a coisa depositada, com a conseqüente liberação parcial do autor, prosseguindo o processo quanto à parcela controvertida, é o que determina o art. 899 e seus parágrafos do CPC.

Ainda, a sentença que concluir pela insuficiência do depósito determinará, sempre que possível, o montante devido, e, neste caso, valerá como título executivo, facultado ao credor promover-lhe a execução nos mesmos autos.

7.7. A arbitragem

A arbitragem é uma forma de heterocomposição para solução de conflitos, já que diferentemente da autotutela, autocomposição, terceiro alheio ao conflito de interesses resolve a pendenga, tal como o processo jurisdicional.

Na arbitragem, pessoas com plena capacidade para transigir indicam um árbitro ou indicação por terceiro, para resolver o conflito que envolve direitos patrimoniais disponíveis, conferindo um meio alternativo, em que em vez da busca do Poder Judiciário, com a utilização da máquina do processo jurisdicional para dirimir e solucionar as controvérsias, as partes, pessoas físicas capazes e pessoas jurídicas, devidamente presentadas, se submetem com o objetivo de alcançar uma solução rápida e célere.

Embora não seja utilizado na prática, pelo mesmo como deveria, é perfeitamente concebível que o condomínio edilício, devidamente representado pelo síndico ou administrador, em questões que envolvam direitos patrimoniais disponíveis, ou seja, bem inerente ao patrimônio ou interesse da coletividade condominial, tanto na esfera do próprio condomínio ou com terceiros, utilizem do meio de composição da lide, pela arbitragem, nos moldes proporcionados pela Lei nº 9.307, de 23/09/1996.

Para tal, deverá ocorrer o compromisso arbitral, que seria pelas peculiaridades, de forma extrajudicial, através de escritura pública ou instrumento particular, com assinatura das partes e por duas testemunhas, consoante dispõe o art. 9º, § 2º, da mencionada lei de arbitragem.

Com a prolação da sentença arbitral que será proferida no prazo convencionado pelas partes ou em seis meses a contar da instituição da arbitragem ou da substituição do árbitro,[108] constituirá um título executivo judicial, oportunizando a execução forçada, nos moldes do art. 584 do Código Processual Civil.

A arbitragem, como forma de evolução do direito, é realmente uma opção legal e constitucional, que viabiliza uma forma de solução mais ágil dos litígios que envolvem direitos patrimoniais, evitando o acúmulo de processos enfrentados no Judiciário, que causam a morosidade na prestação jurisdicional, e lentidão que conduz ao próprio descrédito da justiça brasileira.

Por questões culturais, e até mesmo por desconhecimento, as pessoas titulares de direitos pouco utilizam esta forma de composição de conflitos, ensejando a necessidade de viabilizar uma educação social, no sentido de informar, e também, capacitar árbitros na importante tarefa de contribuir com a sociedade, desafogando o Foro judicial e oportunizando uma fórmula alternativa, célere e com custo reduzido.

---

[108] No capítulo V da Lei de Arbitragem, que trata da sentença arbitral, em seu art. 23 e parágrafo único, oportunizam ainda, que as partes e os árbitros, de comum acordo, possam prorrogar o prazo estipulado para prolação da sentença, o que é perfeitamente compreensível em decorrência da natureza contratual da arbitragem.

CONDOMÍNIO EDILÍCIO

No entendimento de Luiz Fernando do Vale de Almeida Guilherme, advogado militante em São Paulo, em recente obra comentando a lei de arbitragem, com clareza expõe: "Essa lei reforçou a predominância da autonomia da vontade das partes, dentro de seus limites, a excelência do árbitro, o sigilo das decisões e o vínculo pacificador que a decisão arbitral cria entre as partes – tudo isso faz com que o procedimento arbitral seja a forma mais eficaz para eliminar as controvérsias existentes nas relações patrimoniais disponíveis".[109]

Por tais concepções, não é descartável a hipótese da aplicação e utilização da arbitragem como forma de composição das lides, principalmente, no que tange aos direitos patrimoniais de interesse da comunidade que integra o condomínio edilício, embasada na lei que dispõe sobre a arbitragem, reforçados pelo novo Código Civil, que trata do compromisso, admitindo de forma judicial ou extrajudicial, para resolver litígios entre pessoas que podem contratar, nas disposições legais dos arts. 851/853.

7.8. Ação declaratória de alteração na participação do rateio sobre despesas condominiais

A ação declaratória não se presta a ser postulada como forma de consulta ao Poder Judiciário ou para interpretação de questão ou tese jurídica, mas sim, buscar a declaração da existência ou da inexistência de relação jurídica ou sobre autenticidade ou falsidade de documento, conforme dispõe o art. 4º do Código Processual Civil.

Por tal razão, é perfeitamente possível a ação de caráter declaratória, para alterar a participação de rateio em despesas condominiais, sejam ordinárias ou extraordinárias, pois independente da interpretação no sentido da certeza da relação jurídica, já viabiliza a utilização da ação, aliás, o Superior Tribunal de Justiça, em matéria sumulada (súmula 181), estabelece que: "É admissível ação declaratória, visando a obter certeza quanto a exata interpretação de cláusula contratual".

A presente ação, na busca da prestação jurisdicional, pode objetivar perante o condomínio requerido na demanda, a obtenção de alteração na forma de participação do rateio sobre as despesas condominiais, pois, se o condômino não se utiliza do elevador, não pode responder por sua manutenção, não se utiliza do serviço de portaria, tendo acesso independente, não se utiliza do serviço da faxina, pois tem acesso direto à rua, não pode

---

[109] GUILHERME. Luiz Fernando do Vale de Almeida. *Arbitragem*. São Paulo: Quartier Latin, 2003, p. 159.

suportar tais despesas, já que a regra definidora dos encargos é a utilização efetiva ou potencial dos serviços.

Ainda, poderá ser objeto da pretensão de direito material, com pedido expresso na petição inicial, que se possibilite a instalação de hidrômetro de consumo de água próprio e individual para a loja ou estabelecimento comercial do condômino requerente, por medida de economia e utilização proporcional e adequada, a ser procedida com base em laudo técnico.

O pedido mais utilizado nas ações que objetivam a alteração de participação do rateio de despesas são as que pertinem a excluir ou eximir o condômino requerente das despesas do condomínio que não tenham participação ou utilização, tais como; todas as despesas referentes às áreas de uso comum, especialmente as despesas ordinárias enumeradas em laudo técnico, pois em decorrência da localização isolada e autônoma da unidade imobiliária, não tem qualquer utilização ou benefício, exemplo típico são as despesas de conservação de elevadores, que em inúmeras situações, são de uso exclusivo dos apartamentos que integram o edifício, mas que em nada se corresponde à loja, localizada no térreo, com acesso próprio e isolado do prédio.

Portanto, devidamente demonstrado por laudo técnico e prova testemunhal, se for o caso, as despesas como as de conservação, manutenção, instalação de equipamentos e utensílios que beneficiem apenas os condôminos da área residencial, não aproveitando ao requerente de unidade autônoma, devem ser excluídas do rateio, impedindo que sejam inseridas na cobrança.

A jurisprudência vem se manifestando nesse sentido:

AÇÃO DECLARATÓRIA. CONDOMÍNIO. LOJA TÉRREA. ENTRADA INDEPENDENTE PARA A VIA PÚBLICA. DESPESAS. RATEIO. CRITÉRIO. Ressalvadas as despesas com limpeza, segurança e manutenção do prédio, e de parte das despesas com a iluminação (um terço), que são de responsabilidade de todos, o condômino somente responde pelas que efetivamente dispõe. Não e razoável imputar-lhe o rateio se, em virtude da própria configuração do edifício, não utiliza os serviços. Precedentes do STJ. Apelação provida em parte. (Apelação Cível nº 70000220830, Décima Oitava Câmara Cível, Tribunal de Justiça do RS, relator: Des. Wilson Carlos Rodycz, julgado em 25/05/2000).

Merece respaldo, também, a decisão proferida pelo Superior Tribunal de Justiça, que segue:

CONDOMÍNIO – LOJA TÉRREA – DESPESAS – Do rateio das despesas de condomínio não se pode resultar deva arcar o condômino com aquelas que se refiram a serviços ou utilidades que, em virtude da própria configuração do edifício, não têm, para ele, qualquer préstimo. STJ – REsp 164.672 –PR – 3ª T. – Rel. Min. Eduardo Ribeiro – DJU 07.02.2000 – p.154).

7.9. Ação de nunciação de obra nova

A ação de nunciação de obra nova, também conhecida como embargo de obra nova, vem capitulada no Código Processual Civil, nos arts. 934/940, que em tese visa a impedir a construção, edificação, alteração, reforma, demolição, consertos ou obras que venham causar prejuízo ao proprietário titular do domínio ou em certas hipóteses ao possuidor.

Na realidade, com restrita utilização, a nunciação de obra nova pode ter como fundamento a posse, como preceitua o art. 934, I, do CPC, em que oportuniza ao proprietário ou possuidor a impedir que uma obra nova em imóvel vizinho venha prejudicar o prédio, suas servidões ou a própria destinação do imóvel.

Em regra, é ação cabível ao proprietário, com objetivo de fazer cessar a execução de uma obra, visando inclusive à indenização e demolição da obra em construção, instrumentalizada nos procedimentos especiais de jurisdição contenciosa, e tendo garantia definida nas regras de direito material, nos arts. 1.299/1.313 do Código Civil.

A ação de nunciação não é uma ação possessória, pois apresenta ampla legitimação *ad causam ativa*, como o proprietário, ao condômino, o possuidor e ao Município, onde o fundamento para obtenção da prestação jurisdicional não decorre da posse, embora haja hipótese cabível ao possuidor.

Mais especificamente, na utilização da presente ação de nunciação de obra nova, nas questões que envolvem o condomínio em edificações, podemos mencionar que ao condômino proprietário, conforme dispõe o art. 934, II, do CPC, estará legitimado para a ação de embargo de obra nova, visando a impedir que outro condômino realize alguma obra com prejuízo ou alteração da coisa comum, o que se destaca, que o condômino será o oriundo do condomínio tradicional, ordinário, clássico (geral), ou até mesmo, o proprietário como condômino em condomínio edilício.

Portanto, qualquer obra que venha a ser executada por outro condômino, em um condomínio de edificações, que altere a fachada externa do prédio, atinja área de uso comum, tais como as construções em área de poço de luz, por exemplo, que pertença à coletividade, como área de uso comum, modificação de áreas em garagens, seja de uso comum ou que intervenha na área de outro condômino, nestas condições, o condômino lesado poderá propor a competente ação nunciatória, inclusive com obtenção de liminar.

É possível que a ação seja proposta pelo condomínio, devidamente representado pelo síndico, diante da viabilidade propiciada pelo art. 1.348, inciso II, do Código Civil, para representar ativamente nas questões de interesse comum, além do próprio art. 12, IX, do CPC.

Tal legitimação decorre dos próprios deveres dos condôminos, que não podem realizar obras que comprometam a segurança da edificação, alterem a forma e a cor da fachada, utilizem área de uso comum inadequadamente, com eventuais construções, o que se denota da regra inserida no art. 1.336 do CC.

A definição de obra nova deve ser encarada em sentido amplo, ou seja, uma construção, que importa na reforma, demolição, remodelação, nova construção, e que no condomínio edilício, comporta obra nova a própria substituição de vidros, mudança de cor nas esquadrias, fechamento de área de serviço, proteções coloridas ou fechamento de sacadas.

Mas evidentemente que a possibilidade jurídica de tal pretensão de obter a construção exige que a obra seja nova, ou seja, não esteja acabada, não possa ser considerada terminada ou concluída, o que deve ser ressaltado, que é extremamente controvertida a caracterização de conclusão, pois entendem alguns arestos, que é obra nova a obra não coberta, sem colocação de janelas e portas, sem reboco de paredes, o que acaba por se concluir, por exemplo, que a simples ausência de pintura e até alguns entendimentos, a ausência de reboco, mas com cobertura de telhado, conduz a definir como obra concluída, estando inviabilizada a ação de nunciação de obra nova, pois a obra não é mais nova, considerando-se concluída.

Nesse sentido, que estando concluída, ainda resta a ação demolitória, que visa à própria demolição da construção ou edificação, pois a sua finalidade é obrigar a demolir a obra construída ilegalmente, a ser proposta pelo próprio condômino proprietário, ao condomínio edilício, através do síndico nas hipóteses de vulneração das regras legais, e até, ao Município.

Deve ser observado o lapso temporal de ano e dia, para o cabimento da pretensão demolitória, medida drástica, mas plenamente possível, onde o art.1.302 do Código Civil, com modificação significativa em relação ao Código/1916, estabelece que escoado o prazo legal, não poderá ser edificado sem atender os preceitos do dispositivo antecedente, no sentido de cumprir as regras proibitivas de edificação, o que vislumbra a imperiosa necessidade do ajuizamento da demolitória no prazo legal.

O art. 935 do CPC prevê expressamente o denominado embargo extrajudicial, que oportuniza, em caso de urgência, que o prejudicado notifique verbalmente, perante duas testemunhas, o proprietário ou construtor para cessar a construção ou continuação da obra, devendo após, em três dias, ratificar em juízo o embargo.

Embora louvável a intenção do legislador, é de pouca operabilidade na prática, principalmente, em virtude do confronto pessoal entre o prejudicado e o proprietário ou construtor, havendo a opção pela obtenção do embargo liminar, nos moldes previstos no art. 937 do CPC, que pode se obter *inaudita altera pars*, sem a ouvida da parte requerida, em vista de farta prova documental que instruiu a petição inicial, ou após a realização de audiência prévia de justificação.

Na ação de nunciação de obra nova, deverão ser preenchidos os requisitos enumerados no art. 936 do CPC, pois "requererá o nunciante", o embargo para suspensão da obra, com o fito de posteriormente reconstruir, modificar ou demolir o que estiver edificado, a cominação de pena em caso de inobservância do preceito e a condenação em perdas e danos.

É importante que a ação de embargo da obra nova contenha expressamente o pedido de demolição, sob pena da necessidade de ser proposta outra ação com intuito demolitório, já que a nunciação da obra não comporta especificamente demolição, e sim, sustação ou embargo da obra, para tal, deve haver pedido de procedência do pedido nunciatório, formulado ou cumulado com pedido de demolição.

Nas relações edilícias ou condomínio de edificações, a presente ação de nunciação de obra nova pode ser possível na forma de outras medidas judiciais, devendo ser apreciada e analisada nas circunstâncias de caso a caso, pois como visto, são possíveis ações cominatórias, medidas inibitórias e ação de condenação de obrigação de fazer e não fazer (art. 461 do CPC).

Assim, destacamos a presente ação de nunciação, como mais um instrumento processual na busca da tutela jurisdicional do Estado, o que devem ser observadas algumas peculiaridades específicas da medida do embargo, como o auto circunstanciado a ser lavrado pelo Oficial de Justiça, com a descrição completa do estado da obra, e a própria suspensão do embargo com a prestação de caução de valor condizente de garantia, e a demonstração de prejuízo efetivo da suspensão da obra, o que se confere pelas normas dispostas nos arts. 938 e 940 do CPC.

8. Modelos

8.1. Convenção do condomínio

MINUTA DA CONVENÇÃO
CONDOMINIO EDIFICIO RESIDENCIAL ....
Rua .... – Santa Maria-RS.

Os proprietários das unidades autônomas do EDIFÍCIO RESIDENCIAL............ situado nesta cidade de Santa Maria, RS, na Rua ... reunidos em Assembléia Geral Extraordinária, no ...., abaixo assinados, resolveram estabelecer a Convenção do Condomínio Edifício Residencial ..., cujas disposições se sujeitam e se submetem e que terá a seguinte redação:

CAPÍTULO I
DENOMINAÇÃO, FINALIDADE E CONSTITUIÇÃO

ARTIGO PRIMEIRO

O Edifício Residencial......, situado na Rua ...., em Santa Maria, Estado do Rio Grande do Sul, com cinco pavimentos, a partir do sub-solo, com área total construída de 881,37 m2, constituído de 16 (dezesseis) unidades autônomas, sendo 08 (oito) box-garagem no sub-solo ou primeiro pavimento, e 08 (oito) apartamentos residenciais, distribuídos dois em cada andar a partir do andar térreo, fica submetido ao regime instituído pela Lei 4.591 de 16.12.64, ao Código Civil Brasileiro (Lei 10.406, de 10 de janeiro de 2002, à legislação complementar e demais regulamentos que forem aprovados pela Assembléia Geral. A incorporação deste condomínio encontra-se averbada na matrícula nº R..... livro nº 2 do Registro Geral , no Cartório de Registro de Imóveis de Santa Maria – RS.

Parágrafo Único:

a) O subsolo ou primeiro pavimento contém 8 (oito) boxes garagem, além das coisas indivisíveis e inalienáveis e destinam-se exclusivamente para o estacionamento e a guarda de automóveis ou similares pertencentes aos proprietários dos respectivos boxes, sendo que, quando cedidos a não condôminos, pelo referido uso responderá seu proprietário.

b) Os apartamentos do localizados no térreo ao quinto pavimentos, são eles destinados exclusivamente para a residência familiar, não podendo por isso sofrer outra destinação, serem vendidos, locados ou por qualquer forma cedidos para residências coletivas ou com fins comerciais ou mesmo para a exploração ou prática de qualquer atividade remunerada ou não, que provoque a afluência de pessoas estranhas às famílias moradoras do edifício.

ARTIGO SEGUNDO

São partes comuns do Edifício, inalienáveis e indivisíveis todas as que se referem o artigo terceiro da lei supra mencionada:

a) o terreno em que se acha o mesmo construído;

b) as fundações, paredes periféricas, paredes mestras, colunas, vigas, lajes e telhados;

c) os encanamentos de água, luz, força, esgoto, telefones, bem como as instalações respectivas até os pontos de intercessão com as ligações de propriedade dos comunheiros;

d) as calhas, condutores de água pluviais e canalizados, fios, troncos, entradas e saídas de todos os ramais, o porteiro eletrônico;

e) hall de entrada, corredores e escadarias;

f) a cela do motor da bomba d'água, as caixas d'água inferior e superior, o motor e a bomba d'água, os compartimentos e medidores de luz e água, a escada geral do edifício desde o subsolo até o último pavimento;

g) a rampa de acesso para o subsolo e as áreas de circulação dos veículos, os halls de circulação dos pavimentos, enfim todas as coisas é áreas destinadas ao uso comum e fim proveitoso da edificação, mesmo que aqui não especificadas.

ARTIGO TERCEIRO

A cada unidade autônoma corresponde uma fração ideal do terreno, do prédio e das partes e coisas de uso comum que será observada para a fixação da quota com que cada condômino deverá contribuir nas despesas do condomínio, representada por um coeficiente de proporcionalidade, que constará nesta convenção, ficando proibida a adoção de qualquer outro coeficiente incompatível com o apresentado.

ARTIGO QUARTO

São partes comuns de propriedade exclusiva e autônoma de cada condômino, a respectiva unidade indicada pela numeração correspondente e composta do número de peças com a descrição, área e discriminação com todas as suas instalações internas, encanamentos, tubulações etc. até as intercessões com as linhas, encanamentos, tubulações e troncos a saber:

UNIDADE	ÁREA PRIVATIVA	ÁREA TOTAL	FRAÇÃO IDEAL
SUB-SOLO OU PRIMEIRO PAVIMENTO			
Box 01	15, 57 m²	16,8925 m²	0.01144
Box 02	11, 85 m²	12,8569 m²	0,00871
Box 03	18, 60 m²	20,1803 m²	0,01367
Box 04	11, 85 m²	12,8569 m²	0,00871
Box 05	11, 85 m²	12,8569 m²	0,00871
Box 06	18, 60 m²	20,1803 m²	0,01367
Box 07	11, 85 m²	12,8569 m²	0,00871
Box 08	15, 57 m²	16,6925 m²	0,01144
ANDAR TÉRREO OU SEGUNDO PAVIMENTO			
Apto. 101	77,101 m²	90,0107 m²	0,11167
Apto. 102	104,024 m²	119,2056 m²	0,13132
PRIMEIRO ANDAR OU TERCEIRO PAVIMENTO			
Apto. 201	80,685 m²	93,9322 m²	0,11459
Apto. 202	75,615 m²	88,2607 m²	0,10939

SEGUNDO ANDAR OU QUARTO PAVIMENTO

Apto. 301	80,685 m²	93,9322 m²	0,11459
Apto. 302	75,615 m²	88,2607 m²	0,10939

TERCEIRO ANDAR OU QUINTO PAVIMENTO

Apto. 401	80,685 m²	93,9322 m²	0,11459
Apto. 402	75,615 m²	88,2607 m²	0,10939

CAPÍTULO II
DO CONSELHO CONSULTIVO FISCAL

ARTIGO QUINTO

A Assembléia Geral Ordinária elegerá anualmente um Conselho Consultivo Fiscal, composto de 03 (três) membros efetivos e 03 (três) membros suplentes, os quais poderão ser reeleitos e exercerão suas funções sem qualquer remuneração ou vantagens.

ARTIGO SEXTO

O Conselho Consultivo Fiscal será regido por um regulamento interno e deverá escolher dentre os seus membros efetivos, um Presidente, um vice-presidente e um Secretário, sendo convocado sempre que necessário através de notificação, fixando local, dia e hora e a ordem dos trabalhos.

ARTIGO SÉTIMO

Compete ao Conselho Consultivo Fiscal:

a) assessorar o Síndico na solução de problemas do Condomínio;

b) exercer as funções fiscais e dar parecer sobre o relatório das atividades, prestação de contas do síndico, bem como sobre o orçamento para o exercício, encaminhando-os à Assembléia Geral;

c) indicar um substituto para o síndico em seus impedimentos;

d) dar parecer em matéria de despesas extraordinária, concorrência, tomada de preços, construção de obras, para o devido encaminhamento à assembléia;

e) evitar convocações desnecessárias da Assembléia Geral Extraordinária e no caso de irregularidades comunicá-las imediatamente aos condôminos através de circular interna.

CAPÍTULO III
DO SÍNDICO

ARTIGO OITAVO

A administração do edifício caberá a um síndico, condômino proprietário, pessoa física ou jurídica. Devendo o mesmo também observar os preceitos de moralidade, segurança e cuidados para a preservação do bem comum e dos serviços que interessam a todos os moradores.

ARTIGO NONO

Por ocasião da Assembléia Geral Ordinária, se dará a eleição do síndico com mandato de um ano, podendo ser reeleito.

ARTIGO DÉCIMO

Compete ao síndico:

a) representar o condomínio em juízo ou fora dele, ativa ou passivamente em tudo que se referir aos assuntos de interesse do condomínio;

b) superintender a administração do edifício, podendo delegar funções a pessoas de sua confiança e sob sua inteira responsabilidade;

c) cumprir e fazer cumprir a lei, a presente convenção, o regulamento interno e as deliberações das assembléias;

d) admitir ou demitir empregados, fixando-lhes as respectivas remunerações, desde que dentro dos recursos orçamentários devidamente aprovados pela assembléia;

e) ordenar reparos urgentes e adquirir o que seja necessário à segurança e higiene do edifício até o limite máximo do total mensal do orçamento aprovado, convocando o Conselho Consultivo Fiscal para execução de despesas de maior vulto;

f) executar fielmente as disposições orçamentárias aprovadas pela assembléia;

g) convocar as Assembléias Gerais Ordinárias nas épocas próprias e as Extraordinárias quando julgar conveniente ou lhe for requerido fundamentadamente por um grupo de condôminos que represente no mínimo (25%) das frações ideais do condomínio e que estiverem em dia com o pagamento de suas quotas;

h) prestar, a qualquer tempo informações sobre os atos da administração;

i) prestar a Assembléia Geral, por intermédio do Conselho Consultivo Fiscal, contas de sua gestão, acompanhadas de documentação respectiva e apresentar proposta de orçamento para o exercício;

j) manter a contabilidade em perfeita ordem escriturando tudo no livro caixa, cuja abertura e encerramento deverão ser feitos pelo Presidente do Conselho Consultivo Fiscal, ou, apresentar demonstrativo de receitas e despesas com os respectivos saldos, inclusive por processamento eletrônico;

k) cobrar amigável ou judicialmente as quotas que couberem em rateio aos condôminos, como também juros legais, correção monetária e multa a ser fixada em Assembléia Geral;

l) manter em dia a correspondência, livros, atas e demais documentos;

m) apresentar ao Conselho Consultivo Fiscal o nome do banco que escolher para abrir a conta destinada ao fundo de reserva, conta esta que só poderá ser movimentada com autorização deste Conselho;

n) submeter ao parecer do Conselho Consultivo Fiscal o nome da firma ou pessoa física para assessorar a administração do edifício.

Parágrafo único

A aplicação do fundo de reserva em caderneta de poupança, depósito a prazo fixo, somente poderá ser feito com autorização do conselho consultivo fiscal .

ARTIGO ONZE

No impedimento do síndico, o cargo será exercido pelo presidente do Conselho Consultivo Fiscal ou seu substituto. Em caso de vaga para o cargo a Assembléia Geral elegerá um outro para o tempo restante, no caso de haver destituição, este deverá prestar contas imediatamente.

ARTIGO DOZE

O síndico não é responsável, pessoalmente pelas obrigações contraídas em nome do condomínio desde que tenha agido no exercício regular de suas atribuições, responderá, todavia, pelo excesso de representação do cargo e pelos prejuízos que der causa, por dolo ou culpa.

ARTIGO TREZE

Dos atos punitivos aplicados pelo síndico, caberá recurso à assembléia geral, convocada pelo interessado por intermédio do Conselho Consultivo Fiscal.

ARTIGO QUATORZE

O síndico poderá ser destituído pelo voto dos condôminos que representem 2/3 (66,66%) das frações ideais do condomínio, presentes em assembléia geral especialmente convocada para esse fim.

CAPÍTULO IV
DAS ASSEMBLÉIAS GERAIS

ARTIGO QUINZE

Haverá, anualmente, uma Assembléia Geral Ordinária, dos condôminos, convocada pelo síndico, que será realizada anualmente no mês de..... até o dia 30 (trinta) e a ela compete:

a) discutir e votar o orçamento das despesas para o exercício subseqüente, fixando, se convier um fundo de reserva;

b) determinar as épocas e forma de pagamento da quota mensal que couber a cada condômino, de acordo com a forma de rateio estabelecida no artigo TERCEIRO desta convenção;

c) discutir e votar o relatório e as contas do síndico e da administração, relativas ao exercício findo;

d) eleger o síndico fixando ou não uma remuneração para o síndico;

e) eleger (3) três membros efetivos e (3) três suplentes para o Conselho Consultivo Fiscal, funções estas sem remuneração;

f) discutir e votar assuntos gerais de interesse do condomínio ou que constem na "ORDEM DO DIA".

ARTIGO DEZESSEIS

As assembléias gerais extraordinárias serão convocadas para resolução de assuntos de grande monta para o condomínio, omissos nas leis e regulamentos, inclusive na convenção ou por interesse do Conselho Consultivo Fiscal.

ARTIGO DEZESSETE

As assembléias gerais extraordinárias poderão ser convocadas, mediante pedido por escrito dos condôminos que representem (25%) das frações ideais do condomínio, com o motivo justificado, igualmente poderão ser convocadas pelo Conselho Consultivo Fiscal.

ARTIGO DEZOITO

As assembléias gerais, serão convocadas através de: carta convocatória expedida pelo correio, com ciente de recebimento em protocolo ou via postal com aviso de recebimento (AR) ou edital publicado na imprensa local.

Parágrafo primeiro

As convocações para as assembléias gerais ordinárias deverão ser feitas com prazo mínimo de 8 (oito) dias. Entretanto as assembléias gerais extraordinárias poderão ser convocadas em prazo menor no mínimo de 48 horas, dependendo da urgência dos assuntos a serem apreciados e ambas indicarão a "ORDEM DO DIA" data, hora e local da assembléia, de preferência no próprio prédio.

Parágrafo segundo

As assembléias terão lugar, em primeira convocação, com a presença de condôminos que representem 2/3(66,66%) das frações ideais do condomínio e, em segunda e última convocação, que deverá ser realizada (30) trinta minutos após, com qualquer número de condôminos presentes.

Parágrafo terceiro

Só terão direito a voto e participação nas assembléias os condôminos inteiramente quites com suas quotas de condomínio, ou outras despesas, inclusive fundo de reserva ou multa, que lhes tenham sido aplicadas.

ARTIGO DEZENOVE

É lícito ao condômino se fazer representar nas assembléias através de procurador devidamente constituído e com poderes para tanto.

ARTIGO VINTE

Quando uma unidade autônoma pertencer a vários proprietários escolherão estes o condômino que os representará, o que deverá ser feito através de declaração expressa.

ARTIGO VINTE E UM

As assembléias serão presididas por um condômino eleito ou aclamado, o qual escolherá um secretário, a quem caberá redigir a ata dos trabalhos transcrevendo-a em livro apropriado e cuidará do livro de presenças, que deverá ter a assinatura de todos os condôminos presentes ou representados.

ARTIGO VINTE E DOIS

As deliberações das assembléias gerais serão obrigatórias a todos os condôminos, independentemente do seu comparecimento ou do seu voto, cumprindo ao síndico executá-las e faze-las cumprir.

ARTIGO VINTE E TRÊS

Compete as assembléias gerais:

a) deliberar sobre matéria de interesse geral do condomínio, inclusive os casos considerados omissos na presente convenção;

b) decidir em grau de recurso os assuntos que tenham sido deliberados pelo síndico e a elas levados a pedido dos interessados;

c) apreciar as matérias constantes da "ordem do dia";

d) resolver sobre pedidos de reforço de verba ou rateios extraordinários e ainda quanto à realização de obras ou melhoramentos de vulto ou de urgência para o edifício;

e) destituir, se houver motivo, o síndico, designando o seu substituto observando-se o quorum exigido pelo artigo quatorze desta convenção.

ARTIGO VINTE E QUATRO

Cada condômino terá direito a tantos votos quanto forem as unidades autônomas que lhes pertençam ou representem legalmente.

ARTIGO VINTE E CINCO

Nas assembléias gerais, os resultados das votações serão computados por maioria de votos (metade mais um) calculadas sobre o número de condôminos presentes, tendo em vista as assinaturas no livro de presenças, salvo o disposto no parágrafo único deste artigo.

Parágrafo único

Será exigida maioria qualificada ou unanimidade nos seguintes casos:

a) será exigido maioria de 2/3 (66,66%) das frações ideais dos condôminos proprietários das unidades autônomas, para a realização de benfeitorias meramente úteis e inovações no edifício, bem como para deliberar a destituição do síndico;

b) será exigida maioria que represente um mínimo de 2/3 (66,66%) das frações ideais do condomínio para deliberar a não reedificação em caso de incêndio ou outro sinistro que importe sua destruição total;

c) será exigida maioria dos condôminos, pelo menos de 2/3(66,66%) das frações idéias do condomínio para mudança total ou parcial da presente convenção;

d) será exigida unanimidade, para deliberar sobre o destino do edifício ou de suas unidade autônomas, inclusive modificações da fachada bem como para decidir sobre a matéria que altere o direito de propriedade dos condôminos;

e) será exigida, ainda, maioria qualificada ou unanimidade para as deliberações para as quais a lei imponha uma ou outra.

ARTIGO VINTE E SEIS

Caso a assembléia não se realizar para exercer qualquer dos poderes que lhe são inerentes quinze (15) dias após o pedido de convocação, o juiz decidirá a respeito, mediante requerimento dos interessados através do procedimento de Jurisdição Voluntária previsto no Código de Processo Civil.

CAPÍTULO V

DAS RECEITAS E DESPESAS DO CONDOMÍNIO

ARTIGO VINTE E SETE

O exercício financeiro do condomínio terá início em 01 de janeiro e terminará em 31 de dezembro do mesmo ano.

ARTIGO VINTE E OITO

Constituem despesas ordinárias do edifício, e que devem ser suportadas por todos os condôminos:

a) as relativas a conservação, asseio, limpeza, higiene, reparações e reconstruções das partes e coisas de uso comum e dependências do edifício;

b) o prêmio do seguro das unidades autônomas e das áreas e coisas de uso comum do prédio, bem como de responsabilidade civil do prédio e de terceiros;

c) os impostos, taxas, emolumentos, contribuições fiscais e de previdência social que incidam sobre as partes e coisas comuns ou de modo geral sobre todo o edifício ou condomínio;

d) a remuneração do síndico, os serviços de terceiros (administradora), dos empregados do edifício, os honorários e custas judiciais e de profissionais pagos na defesa dos interesses do condomínio;

CONDOMÍNIO EDILÍCIO

e) as com água, energia elétrica para lâmpadas dos corredores, passagem comuns, escadas e bombas de recalque de água e quaisquer aparelhos ou equipamentos elétricos;

f) a conservação das calçadas e jardins;

g) a conservação das bombas de recalque de água;

h) a limpeza das caixas de água, desintetização das partes comuns e de serviços, etc.

ARTIGO VINTE E NOVE

O prazo para o recolhimento das quotas, aplicações de multas e descontos serão estabelecidos quando da realização da assembléia geral ordinária para aprovação do orçamento anual de despesas.

ARTIGO TRINTA

Quando um condômino praticar atos de que decorram aumento de despesas ou despesas extraordinárias, caberá ao mesmo ressarcir imediatamente ao condomínio.

Parágrafo único

O disposto neste artigo é extensivo aos prejuízos causados às partes comuns do edifício pela omissão do condômino por mudanças e execução dos trabalhos ou reparações na sua unidade autônoma.

ARTIGO TRINTA E UM

Fica responsável pelo pagamento do condomínio não somente o proprietário mas todo e qualquer ocupante da unidade autônoma, a qualquer título, seja cessionário, locatário, usufrutuário entre outros. Quando o condômino se atrasar no pagamento da quota do mês, o síndico, após ouvir o Conselho Consultivo Fiscal, promoverá, independentemente de qualquer aviso judicial ou extrajudicial a competente ação de cobrança para haver dele o valor do seu débito, acrescido dos juros de mora, correção monetária, custas judiciais e honorários de advogado, além da multa prevista no Código Civil Brasileiro ou outra forma que vier a ser instituída que será aplicada sobre o valor da quota em atraso.

ARTIGO TRINTA E DOIS

O saldo remanescente no orçamento de um exercício será incorporado ao exercício seguinte se outro destino não lhe for dado pela assembléia geral ordinária. O "déficit" será rateado entre os condôminos e imediatamente recolhido.

CAPÍTULO VI
DO FUNDO DE RESERVA

ARTIGO TRINTA E TRÊS

Será instituído, um fundo de reserva do qual as verbas para ele recolhidas serão aplicadas, única e exclusivamente, para atender as despesas extraordinárias de conservação e de melhorias do edifício e outras de emergência não previstas no orçamento anual.

Parágrafo primeiro

O fundo de reserva legal será estipulado em assembléia geral calculado sobre as despesas ordinárias do condomínio e será rateado entre os condôminos de acordo com o coeficiente de proporcionalidade de cada unidade.

Parágrafo segundo

As verbas arrecadadas a qualquer título para o fundo de reserva serão mantidas em conta separada num banco escolhido nos termos do parágrafo único da letra "m" do artigo dez da presente convenção, a qual somente poderá ser movimentada com autorização do Conselho Consultivo Fiscal, devendo os respectivos cheques conter a assinatura do Síndico

Parágrafo terceiro

Em caso de emergência eventual, o síndico, previamente autorizado pelo Conselho Consultivo Fiscal poderá utilizar verbas do fundo de reserva para atender às despesas ordinárias, até que seja possível sua reposição com fundos próprios.

Parágrafo quarto

A aplicação do fundo de reserva em investimentos somente poderá ser autorizada pela assembléia.

C A P Í T U L O VII

DO SEGURO

ARTIGO TRINTA E QUATRO

O edifício regido por esta convenção de acordo com o artigo 1346 do Código Civil, deverá obrigatoriamente, anualmente, proceder o seguro da edificação, inclusive com cobertura para responsabilidade civil, abrangendo todas as unidades autônomas e partes comuns, contra incêndio, ou outro qualquer sinistro que cause destruição no todo ou parte, computando-se o prêmio nas despesas ordinárias do condomínio.

Parágrafo primeiro

A escolha de companhia idônea e aprovação do valor do seguro, que deverá ser calculado pelo valor de reposição, vigente à época do seguro, deverão ficar a cargo do síndico juntamente com o Conselho Consultivo Fiscal.

Parágrafo segundo

A apólice de seguro deverá discriminar o valor de cada unidade, o valor dos equipamentos e acessórios e o valor das partes comuns, devendo chegar ao conhecimento de todos os condôminos através de comunicação por escrito do síndico.

Parágrafo terceiro

Cada condômino poderá aumentar por conta exclusiva o valor do seguro de sua unidade para cobrir o valor de suas benfeitorias, pagando diretamente à companhia seguradora o prêmio correspondente ao aumento do seguro.

Parágrafo quarto

O condômino que já possui seguro de sua unidade autônoma deverá apresentar a apólice feita para ficar isento do pagamento de sua unidade o que não o isentará do pagamento do prêmio referente ao seguro das partes comuns do prédio, a sua omissão implicará em duplicidade.

ARTIGO TRINTA E CINCO

Em qualquer ocorrência de sinistro parcial que venha destruir menos de 2/3 (66,66%) do edifício, o síndico deverá providenciar o recebimento do seguro e a reconstrução ou reparos nas partes danificadas de acordo com o artigo 1.346 do Código Civil.

ARTIGO TRINTA E SEIS

Quando ocorrer um sinistro total ou que venha destruir mais de 2/3(66,66%) do edifício o síndico deverá dentro de quinze dias no máximo, convocar uma assembléia geral extraordinária para proceder de acordo com o artigo 1.357 do Código Civil.

CONDOMÍNIO EDILÍCIO

ARTIGO TRINTA E SETE

No caso de condenação da edificação por autoridade pública, ameaça de ruína ou desapropriação parcial ou total imposta por utilidade pública, o síndico deverá convocar imediatamente uma assembléia geral extraordinária para tomar decisões de acordo com o art. 1.357 do Código Civil.

CAPÍTULO VIII
DOS DIREITOS, DEVERES E PROIBIÇÕES DOS CONDÔMINOS

ARTIGO TRINTA E OITO

São direitos dos condôminos:

a) usar, gozar e dispor da respectiva unidade autônoma, desde que não prejudique a segurança, saúde e sossego dos demais moradores do edifício, bem como não cause dano ao edifício ou aos demais condôminos e não infrinja as normas legais ou as disposições desta convenção e do regulamento interno;

b) usar e gozar das partes comuns do edifício, desde que não impeça idêntico uso e gozo por parte dos demais condôminos com as mesmas restrições da alínea anterior;

c) manter em seu poder as chaves das portas de ingresso e de serviço;

d) examinar em qualquer tempo, os livros, documentos e arquivos da administração e pedir esclarecimentos que desejar ao síndico ou a administradora;

e) utilizar os serviços do condomínio, desde que não perturbem a sua ordem, nem desviem os empregados para serviços particulares internos ou externos durante os horários de trabalho;

f) comparecer às assembléias, discutir, votar e ser votado;

g) denunciar ao síndico qualquer irregularidade observada;

h) recorrer contra atos e decisões do síndico ao Conselho Consultivo Fiscal, que, se for o caso, as encaminhará à assembléia. Colocar grades de proteção nas portas que dão para os corredores para maior segurança.

ARTIGO TRINTA E NOVE

É expressamente vedado aos condôminos:

a) mudar a forma externa da fachada do prédio exceto quando houver concordância de unanimidade dos condôminos;

b) decorar ou pintar as paredes e esquadrias externas ou usar vidros e toldos com tonalidades ou cores diferentes das empregadas no conjunto do edifício;

c) estabelecer, ceder, alugar ou vender o apartamento para uso em atividades que comprometam o bom nome do prédio;

d) modificar a distribuição interna dos apartamentos, inclusive fazer o fechamento de varandas, sem parecer técnico formalizado e submetido a assembléia geral;

e) obstruir corredores e caminhos internos e áreas ou lançar-lhes pontas de cigarros, objetos, água, impurezas ou detritos de qualquer natureza;

f) consentir na lavagem do assoalho, que somente poderá ser encerado, exceto os banheiros, cozinhas e áreas de serviços, estender roupas e tapetes nas janelas e sacadas do edifício;

g) guardar nos apartamentos explosivos, inflamáveis, ácidos ou equivalentes;

158

José Fernando Lutz Coelho

h) realizar, festas com gritos e algazarras, reuniões públicas, leilões, ou outras que perturbem a tranqüilidade dos demais condôminos; o volume do som utilizado, por qualquer espécie de aparelho eletrônico não deve ultrapassar o ambiente de cada unidade residencial, mesmo durante o período diurno;

i) realizar jogos, principalmente com bolas, e o trânsito de bicicletas, velocípedes e congêneres em qualquer parte da área comum do prédio,

j) sobrecarregar a estrutura e lajes do prédio com peso superior a 150 kg/m2.

k) exibir cartazes de anúncios, inscrições ou quaisquer outros letreiros de publicidade, nas janelas das fachadas, portas escadarias ou em quaisquer outros lugares, com exceção dos locais previamente destinados para tal.

l) alugar ou ceder a unidade para clubes de jogo, de dança, carnavalescos ou quaisquer outros agrupamentos, inclusive os de fins políticos;

m) estender ou secar roupas, tapetes, lençóis, toalhas e assemelhados nas janelas ou em quaisquer outros lugares visíveis do exterior. Para secagem das roupas e similares é permitido colocar apenas nas áreas de serviço;

n) fica proibido a colocação de antenas individuais no telhado ou áreas comuns do edifício. Podendo, entretanto, ser colocada antena coletiva mediante aprovação em Assembléia dos condôminos, na qual será definida as condições de instalação e uso;

o) utilizar as tomadas existentes nos corredores e garagens para uso próprio, as quais são de uso exclusivo para serviços do condomínio;

p) é expressamente proibida a ocupação dos apartamentos sob regime de "internato" ou "república", de estudantes ou não, ainda que seja para fins residenciais.

ARTIGO QUARENTA

São obrigações dos condôminos:

a) contribuir para o custeio de obras, melhoramentos ou despesas extraordinárias conforme o previsto no artigo terceiro desta convenção.

b) permitir o ingresso em sua unidade autônoma, do síndico, seus prepostos, quando tal se torne necessário e indispensável para a realização de trabalhos relativos a estrutura geral do edifício, sua segurança e solidez ou necessária à realização de reparos ou instalações, serviços e tubulações nas unidades autônomas vizinhas;

c) comunicar imediatamente ao síndico qualquer ocorrência de moléstia contagiosa em sua unidade autônoma.

d) em caso de viagem ou ausência prolongada, fechar os registros gerais de água do seu apartamento, desligar o sistema de rede elétrica e deixar com o síndico endereço e telefone para o contato ou onde poderá ser encontrada a chave do apartamento;

e) racionalizar o uso de água, a fim de evitar que os demais moradores paguem excesso por problemas referentes a um único apartamento;

f) observar a lei de silêncio entre 22:00 horas e 07:00 horas, respeitando o direito ao sossego dos demais moradores;

g) não utilizar, em seu apartamento, aparelhos transmissores capazes de interferir na utilização de Tvs, rádios e similares existentes no prédio;

h) é proibido cuspir, atirar papéis, pontas de cigarros ou outros objetos no hall de entrada, corredores, escadarias, áreas ou janelas do edifício;

i) não levar queixas ao síndico quando puder resolver por si só o problema ou incômodo causado por outrem, mas se necessário deverá manifestar-se por escrito;

j) manter as portas e portões do edifício trancados nos horários pré-determinados, zelando pela segurança do prédio;

k) não abrir a porta do edifício e nem o portão, através do interfone, para pessoas desconhecidas;

l) não dar a chave do prédio e nem o controle do portão da garagem a estranhos;

m) não sobrecarregar a rede elétrica do apartamento;

n) concorrer para que todos os locais sejam conservados limpos de resíduos e lixos;

o) não estocar combustíveis em qualquer dependência do prédio, seja na garagem ou no apartamento;

p) é vedado guardar ou depositar mercadorias, móveis, utensílios e volumes de qualquer espécie nas garagens por prazo superior a 30 (trinta) dias, exceto para o uso de armários fechados;

q) a limpeza (lavagem) dos veículos só será permitida com pano molhado não poderá ser usado mangueira;

r) as motocicletas e bicicletas deverão serem guardadas nos box-garagem de seu proprietário;

s) os moradores e hóspedes serão responsáveis pelos veículos estacionados em seu box e pelos danos que estes possam causar. Nem o síndico nem o condomínio são responsáveis pelo desaparecimento ou subtração de qualquer objeto, mercadorias ou valores do interior dos veículos ou garagem, nem tampouco por arranhões na pintura, incêndio, roubos, furtos, etc.;

t) a realização de mudanças deverá ser informada ao síndico com antecedência mínima de 72 (setenta e duas) horas);

u) as mudanças serão realizadas, em princípio, entre às 07:00 horas e às 19:00 horas, não sendo permitida mudanças à noite;

v) o dono da mudança é responsável por qualquer dano ocorrido nas áreas comuns do edifício, bem como pela limpeza nessas áreas após a realização de sua mudança;

x) o lixo deverá ser embalada em sacos plásticos fechados e será colocado de segunda-feira a sábado, na lixeira destinada para tal;

y) Animais domésticos: somente é permitido a permanência de animais domésticos de pequeno porte nas unidades privativas do prédio, ficando condicionado que os mesmos não poderão perturbar ou causar constrangimento aos demais condôminos. Os animais quando conduzidos para seus passeios deverão ser levados no colo, carrinhos ou cestos apropriados quando estiverem usando as áreas comuns do edifício, da mesma forma quando do o deslocamento ocorrer do apartamento para o térreo ou garagem. Em hipótese alguma os animais poderão andar livremente dentro do condomínio.

z) Todas as instalações internas de gás, água, luz e esgotos, de cada unidade serão reparadas por conta e custa e cada proprietário, assim como o assoalho colocado sobre o piso de cimento armado, as portas, janelas, lustres, aparelhos sanitários, os ramais de canalização de entrada e saída gás, água e esgotos até o encanamento-tronco, os fios de eletricidade, telefone e antenas até encontrar o fio-tronco e todos os seus demais acessórios.

a-1) Nenhum serviço doméstico poderá ser feito nas áreas comuns do edifício. Os tapetes só poderão ser limpos por meio de aspiradores, sendo formalmente proibido o sistema de batedura.

Parágrafo único: A inobservância das normas estabelecidas pela convenção do condomínio, sujeita o condômino infrator ao que se segue:

a) na incidência da falta, o síndico fará um contato verbal alertando para o fato e solicitando ao condômino que corrija ou evite o problema, indenizando os danos causados se for o caso;

b) na reincidência, o síndico fará a comunicação por escrito com testemunhas, advertindo o condômino e dando-lhe um prazo de 72 (setenta e duas) horas para corrigir ou justificar sua atitude;

c) o condômino que realizar obras que comprometam a segurança da edificação, alterar a forma e a cor da fachada e esquadrias externas, não manter o sossego, salubridade, segurança e bons costumes, poderá ser penalizado a pagar a multa de até CINCO VEZES o valor da taxa condominial de sua unidade. E, se vier a tomar atitudes anti-sociais, poderá ser penalizado a pagar multa de até DEZ VEZES o valor da taxa condominial de sua unidade, tudo isso de conformidade com o que prevê os artigos 1336 e 1337 do Código Civil Brasileiro em vigor;

d) após notificado por escrito e sem justificativa, ao condômino faltoso será aplicada a multa, que reverterá para o Fundo de Reserva do condomínio.

ARTIGO QUARENTA E UM

Os condôminos obrigam-se a incluir nos contratos de locação e em quaisquer outros que impliquem cessão a terceiros do direito de uso de qualquer parte autônoma do edifício, cláusula especial obrigando herdeiros e sucessores, o locatário ou titular de direito de uso a observar e cumprir fielmente esta convenção, o regulamento interno e demais disposições que forem aprovadas em assembléia. O síndico dará uma cópia da convenção a cada novo inquilino que entrar no edifício.

Parágrafo único

O síndico e o condomínio não se responsabilizarão por arrombamentos e furtos nas unidades autônomas do condomínio, bem como por objetos depositados nas áreas comuns pertencentes aos condôminos.

ARTIGO QUARENTA E DOIS

Os casos omissos na convenção e no regimento interno, ou nos regulamentos serão resolvidos pela assembléia geral.

ARTIGO QUARENTA E TRÊS

Fica eleito o foro da cidade de Santa Maria, Estado do Rio Grande do Sul, para toda e qualquer ação oriunda da presente convenção ou relativa ao edifício.

E por assim estarem de pleno acordo, os condôminos-proprietários do Edifício Residencial ...., assinam a presente convenção, a qùal após o respectivo registro no Cartório de Registro de Imóveis, produzirá os seus devidos e legais efeitos de direito.

Santa Maria/RS, ...

_____

(assinaturas)

8.2. Contrato de prestação de serviços

CONTRATO DE PRESTAÇÃO DE SERVIÇOS

CONTRATANTE: CONDOMÍNIO EDIFÍCIO..... CNPJ nº........ , localizado na Rua .... nesta cidade de Santa Maria, RS, doravante denominado simplesmente CONDOMÍNIO, representado neste ato por sua síndica Sra. .... brasileira, casada, professora, CI ...SSP/RS, CPF ..... residente e domiciliado na.... nesta cidade.
CONTRATADA: ADMINISTRADORA/IMOBILIÁRIA..., estabelecida na Rua ...., Santa Maria, RS, inscrita no CNPJ sob o nº .... doravante denominada simplesmente de ADMINISTRADORA, representada neste ato por qualquer um dos seus sócios proprietários ...., residentes e domiciliados em Santa Maria – RS.

DO OBJETO
CLÁUSULA PRIMEIRA

A ADMINISTRADORA/IMOBILIÁRIA funcionará como auxiliar de administração do CONDOMÍNIO, constituído este de 13 (treze) unidades autônomas tendo a reger-lhe as normas constantes da convenção do mesmo, a Lei 4.591 de 16.12.64 e Código Civil Brasileiro.(Arts.1.331/1358)

DOS SERVIÇOS A SEREM EXECUTADOS
CLÁUSULA SEGUNDA

Os serviços auxiliares de administração prestados pela ADMINISTRADORA/IMOBILIÁRIA em conformidade com o disposto no parágrafo segundo do artigo vigésimo segundo da Lei 4591/64 e Código Civil Brasileiro e SECOVI/RS, consistem:

a) Emissão e entrega dos DOCs (documentos de cobrança) das quotas mensais das economias referente ao rateio das despesas comuns e/ou chamadas extras.

b) Cobrança das quotas mensais, em estabelecimento bancário ou diretamente na sede da ADMINISTRADORA;

c) Admissão e demissão de empregados, mediante contrato de trabalho e respectivos registros legais, com a devida autorização do síndico e/ou seu representante legal e sempre em nome do CONDOMÍNIO;

d) Pagamento dos funcionários à critério do CONDOMÍNIO;

e) Efetuar nos respectivos prazos, em nome do CONDOMÍNIO, o pagamento de todas as obrigações e despesas do CONDOMÍNIO, mediante os respectivos comprovantes ou quitações, com o "AUTORIZO DO PAGAMENTO", prévio do síndico exceto para: contas de energia elétrica, gás, água, esgoto, conservação de elevadores, xerox, contribuições previdenciárias, FGTS, PIS, folhas de pagamento dos empregados e outras despesas com vencimentos certos, pré-determinados ou decorrentes de obrigações contratuais, casos em que o "AUTORIZO O PAGAMENTO" do síndico ou de quem de direito, será posterior aos respectivos pagamentos, que serão inerentes à administração exercida e implicitamente autorizados;

f) Efetuar a escrituração de receita e despesa rigorosamente em dia, manter regularizados todos os livros e obrigações legais do CONDOMÍNIO, assinar em nome do CON-

DOMÍNIO contratos de trabalho e respectivas alterações nas carteiras profissionais dos empregados, requerer o que necessários for nas repartições estaduais, municipais e federais em decorrência dos serviços administrativos; enviar mensalmente o demonstrativo de receita e despesa bem como os documentos comprobatórios ao Conselho, prestar assistência às Assembléias Gerais sempre que solicitado, colaborando eficientemente para uma boa administração;

g) Encaminhamento à assessoria jurídica para os problemas atinentes à cobrança das quotas condominiais e outros interesses do CONDOMÍNIO;

h) Confecção de correspondências, comunicações, convocações e demais serviços similares, sempre que se fizer necessários ou for solicitado pelo CONDOMÍNIO;

i) Fornecimento da relação de condôminos em atraso, sempre que solicitado pelo Conselho.

CLÁUSULA TERCEIRA

A movimentação das contas correntes bancárias do CONDOMÍNIO, serão feitas pela ADMINISTRADORA mediante procuração assinada pelo síndico, específica para esse fim. É de inteira responsabilidade do CONDOMÍNIO, qualquer plano do Governo que venha interferir nos saldos das contas.

DOS HONORÁRIOS

CLÁUSULA QUARTA

Pelos serviços contratados conforme cláusula um e dois o CONDOMÍNIO pagará a ADMINISTRADORA mensalmente o valor de R$,00 (reais).

PARÁGRAFO PRIMEIRO

No valor dos honorários não estão inclusos serviços extras, tais como: confecção da RAIS anual e outros serviços extras não indicados na cláusula dois que serão acertados previamente entre as partes.

DO REAJUSTE

CLÁUSULA QUINTA

Os honorários constantes da cláusula quatro serão reajustados anualmente pelo índice de variação do IGP-FGV, ou outro, que vier a substitui-lo instituído pelo governo.

DAS CONDIÇÕES GERAIS

CLÁUSULA SEXTA

O CONDOMÍNIO deverá manter um saldo credor em sua conta corrente para atender as despesas necessárias a manutenção dos serviços e funcionamento do mesmo.

CLÁUSULA SÉTIMA

O CONDOMÍNIO se obriga ao pagamento das despesas de porte, transporte, telegramas, telefonemas interurbanos, material de expediente, despesas postais, convocação de Assembléias Gerais, adiantamento de custas judiciais e respectivos honorários advocatícios, despesas decorrentes de adiantamentos feitos em sua conta corrente ou para outros fins administrativos devidos por imposições legais ou convencionais, despesas bancárias e despesas de cobrança de DOCs.

PARÁGRAFO PRIMEIRO

Poderá a ADMINISTRADORA efetuar o pagamento de despesas inadiáveis a pedido do Conselho, na conformidade dos níveis de seu caixa, quando a conta corrente do CONDOMÍNIO apresentar insuficiência de fundos. Pelo critério facultado o CONDOMÍNIO pagará a ADMINISTRADORA os juros e taxas bancárias.

CLÁUSULA OITAVA

A ADMINISTRADORA não intervém na administração interna do edifício, na admissão ou demissão de empregados ou outras deliberações de competência exclusiva do síndico ou do conselho consultivo, mas estará sempre à disposição dos interessados para prestar sua assistência onde se fizer necessária.

CLÁUSULA NONA

O presente contrato terá a validade de 12 (doze) meses a contar da data de sua assinatura, permanecendo automaticamente renovado pelo período de um ano, se não houver manifestação por escrito de qualquer das partes 30 (trinta) dias antes do seu término.

CLÁUSULA DÉCIMA

Qualquer das partes poderá rescindir o presente contrato mediante um aviso prévio de 30 (trinta) dias não cabendo indenização por encerramento de contrato.

CLÁUSULA DÉCIMA PRIMEIRA

As partes elegem o Foro da cidade de Santa Maria – RS, para dirimir quaisquer questões oriundas do presente contrato, renunciando qualquer outro por mais privilegiado que seja.

E por estarem justos e contratados, assinam o presente em duas vias de igual teor e forma na presença de duas testemunhas para que produza seus jurídicos e legais efeitos.

Santa Maria,...

_____   _____
Contratante   Contratada

_____   _____
Testemunhas:

8.3. Ação de cobrança de taxas condominiais

EXMO. SR. DR. JUIZ DE DIREITO DA ... VARA CÍVEL DA
COMARCA DE SANTA MARIA/RS.

A Ç Ã O D E C O B R A N Ç A (pelo rito ordinário)

CONDOMÍNIO EDIFÍCIO ...., CNPJ nº....., localizado nesta cidade, na rua ....., representado pela Síndica Sra. .... brasileira, casada, engenheira civil, residente e domiciliado nesta Cidade, na rua ....., vem por intermédio de seu procurador que recebe, intimações à rua Alberto Pasqualini, nº 70, conj. 1.211 e 1.212, Torre Ribas, Santa Maria Shopping, nesta cidade(instrumento procuratório anexo), ajuizar a presente AÇÃO DE CO-BRANÇA contra........., brasileiros, casados, ele professor, ela do lar, residentes e domici-liados na rua.............apto. nesta cidade, pelos motivos que a seguir passa a expor:

O condomínio, através do síndico, é parte ativa legítima para propor a presente Ação de Cobrança, conforme dispõe o art. 1.348, II, do Código Civil, *ipsis verbis*:

"Art. 1348. Compete ao síndico:

II) representar, ativa e passivamente, o condomínio, praticando, em juízo ou fora dele, os atos necessários à defesa dos interesses comuns;"

Além do que, o art. 12, inc. IX, do CPC, expressamente dispõe, neste mesmo sentido, que o condomínio será representado ativamente em juízo pelo síndico ou administrador.

Os requeridos são proprietários do apartamento nº 100, e box garagem nº 10, no Edifício xxx, localizado na rua ...., nº..., nesta Cidade, sob as matrículas nº .... e nº.... do Cartório de Registro de Imóveis de Santa Maria, consoante certidões imobiliárias inclusas.

Ocorre que, os requeridos não efetuaram os pagamentos referentes às Taxas Con-dominiais correspondentes aos meses de dezembro de 2.003 até maio de 2.004, acrescidas de juros, correção monetária e multa, perfazendo o montante de R$ .... (............), conforme demonstrativo de débito e documentos individualizados em anexo.

Apesar das tentativas (conforme documentos inclusos), o requerente não conseguiu receber o crédito amigavelmente, não restando outra alternativa senão a de propor a pre-sente Ação de Cobrança.

Diante do exposto, vem propor a presente ação de cobrança pelo rito Ordinário, requerendo a V. Exa:

a) a citação dos requeridos através de Oficial de Justiça para, querendo, contestar a presente ação, sob pena de revelia;

b) a produção de todos os meios de provas em direito admitidas, a serem produzidas em momento processual oportuno, caso necessário;

c) que seja julgado procedente o pedido, condenando os requeridos ao pagamento das taxas condominiais vencidas e vincendas, em que a sentença as incluirá na condenação, enquanto durar a obrigação, nos termos do artigo 290 do CPC, além das custas processuais e honorários advocatícios.

Valor da Causa: R$ ....

N. Termos,

P. Deferimento.

Santa Maria, ...

8.4. Ação de prestação de contas

EXMO. SR. DR. JUIZ DE DIREITO DA ...VARA CÍVEL DA
COMARCA DE SANTA MARIA/RS.

AÇÃO DE PRESTAÇÃO DE CONTAS:

....brasileiro, casado, Contabilista, residente na Rua..........., vem por intermédio de seu procurador que recebe intimações à rua Dr. Bozano, nº 1044, sala 02, nesta cidade, ajuizar a presente AÇÃO DE PRESTAÇÃO DE CONTAS contra .... brasileiro, casado, corretor de imóveis, com endereço profissional nesta cidade, na rua........, pelos fundamentos fáticos e jurídicos que passa a expor:

DOS FATOS:

1 – O requerente é condômino-proprietário do apartamento 01, do Edifício......, imóvel localizado nesta cidade, na rua ...., devidamente matriculado no Cartório de Registro de Imóveis de Santa Maria/RS, matrícula sob o nº ......, consoante certidão inclusa.

2 – Acontece que o requerido como síndico do Condomínio Edifício.........., não efetivou a devida prestação de contas, no prazo fixado na convenção condominial, e nem mesmo diante da solicitação procedida por meio de notificação extrajudicial, conforme documento incluso.

3 – Foram inúmeras as tentativas do requerente em obter informações concretas das contas e gastos efetivados pelo requerido, como síndico, em nome e representando o Condomínio, além da confecção de contratos com empresas prestadoras de serviços de manutenção no prédio.

4 – Deve-se mencionar, ainda, os gastos relativos as compras de materiais de construção, que não foram aplicadas no prédio, conforme documentos inclusos.

5 – Diante da negativa do requerido, em fornecer informações e prestar as devidas contas da sua administração, não restou outra alternativa ao requerente senão obter a prestação jurisdicional do Estado, através da via judicial adequada, sendo a presente ação de prestação de contas o remédio jurídico compatível.

DO DIREITO:

6 – Como se observa pela lição de Adroaldo Furtado Fabrício "A prestação de contas tem precisamente a finalidade de aclarar qual o estado, em determinado momento, das relações contrapostas de débito e crédito entre os interessados, de tal modo que só depois de prestadas se saberá quem há de pagar e quem tem a receber." (in *Comentários ao Código de Processo Civil,* VIII vol., 2. ed., p.305).

7 – A jurisprudência também tem se manifestado neste sentido:

"Finalidade da prestação de contas. A obrigação de prestação de contas nada tem a ver com o fato de ser o réu devedor ou não do autor. Pode até ser credor, mas não fica eximido de prestá-las quando estiver obrigado, pois o que se pretende é, no fundo, o esclarecimento de certas situações resultantes da administração de bens alheios" (RT 611/130).

8 – Da mesma maneira, Humberto Theodoro Júnior afirma que "o princípio universal que domina a matéria é que 'todos aqueles que administram ou têm sob sua guarda, bens alheios, devem prestar contas" (in *Curso de Direito Processual Civil,* vol. III, 15. ed., pág. 106).

9 – Como observa Antônio Carlos Marcato, "a lei impõe a determinadas pessoas a obrigação de prestarem contas da administração ou gestão de bens, interesses ou negócios de outrem." (in *Procedimentos Especiais*, Ed. Revista dos Tribunais, 1988, p.65)

10 – Da mesma forma, a prestação de contas é "devida por quantos administram bens de terceiros, ainda que não exista mandato." (STJ, 3ª Turma – rel. Min. Eduardo Ribeiro – DJU 3.5.93, p. 7.7.98), ressaltando-se ainda que o Código de Ética Profissional dos Corretores de Imóveis, aprovado através da resolução COFECI nº 326/92, afirma que:

"... art. 4º – Cumpre ao Corretor de Imóveis, em relação aos clientes:

V – prestar ao cliente, quando esta a solicite ou logo que concluído o negócio, contas pormenorizadas."

11 – Desta forma, observa-se que, além de ser um direito da requerente exigir a prestação de contas, é um dever do síndico em prestá-las, ainda devendo-se mencionar a expressa disposição no nosso sistema processual civil que em seu art. 914 determina:

"Art. 914. A ação de prestação de competirá a quem tiver:

I – o direito de exigi-las,

II – a obrigação de prestá-las."

12 – O Código Civil Brasileiro, claramente dispõe:

Art. 1.348. Compete ao síndico:

...

IV – cumprir e fazer cumprir a convenção, o regimento interno e as determinações da assembléia;

...

VI – elaborar o orçamento da receita e da despesa relativa a cada ano;

...

VIII – prestar contas à assembléia, anualmente e quando exigidas;

13. – Diante do exposto, requer:

a) que seja procedida a citação do requerido para que, em cinco dias, apresente contas ou conteste a ação;

b) seja determinada a prestação de contas, informando pormenorizadamente sobre a existência de contratos, créditos, débitos, pagamentos, comprovantes, tudo de forma mercantil, nos moldes do art. 917 do CPC;

c) a procedência do pedido, referente a obrigação de prestação de contas, caso conteste o requerido, e em segunda fase, sentença de procedência, declarando eventual saldo existente em favor do requerente, além da condenação em custas judiciais e honorários advocatícios;

d) a produção de todos os meios de provas em direito admitidas, a serem fornecidas em momento processual oportuno, principalmente pericial, além do depoimento pessoal do requerido, sob pena de confesso.

Dá-se a causa o valor de R$.......

N. Termos,

P. Deferimento.

Santa Maria, ...

p.p. _____

CONDOMÍNIO EDILÍCIO

8.5. Ação de nunciação de obra nova

EXMO. SR. DR. JUIZ DE DIREITO DA ... VARA CÍVEL
DA COMARCA DE SANTA MARIA/RS.

COM PEDIDO LIMINAR
N U N C I A Ç Ã O   D E   O B R A   N O V A

..............., brasileiros, casados, ele funcionário público, ela do lar, residentes e domiciliados à rua ...., vêm por intermédio de seus procuradores que recebem intimações na rua Alberto Pasqualini, nº 70, Conj. 1.211 e 1.212, Torre Ribas, Santa Maria Shopping, nesta cidade, ajuizar a presente AÇÃO DE NUNCIAÇÃO DE OBRA NOVA contra ....brasileiros, casados, ele administrador, ela do lar, residentes e domiciliados à rua ...., nesta cidade, pelos fundamentos fáticos e jurídicos que a seguir passam a expor:

DOS FATOS

Os requerentes são proprietários e possuidores dos imóveis abaixo transcritos:
"LOJA AUTÔNOMA para fins comerciais, situada no pavimento térreo do prédio número......................, com área privativa que lhe corresponde independente do apartamento contíguo, à qual loja se atribui a área mais ou menos de cem metros quadrados (100,00m2) e corresponde uma parte ideal nas áreas e coisas de serventia comum indivisíveis e inalienáveis e no terreno sobre que assenta o edifício, consoante certidão com registro nº ....do Cartório do Registro de Imóveis de Santa Maria."

"APARTAMENTO, que constitui o primeiro andar ou segundo pavimento do prédio ....de duzentos e seis metros quadrados e trinta decímetros quadrados (206,30m2) com suas dependências, pertences e benfeitorias, ao qual corresponde uma parte ideal nas áreas e serventias de uso comum, indivisíveis e inalienáveis, bem como no terreno sobre que assenta o prédio correspondente ao coeficiente que for encontrado na re-ratificação da averbação do prédio a ser procedida como adiante se declara do todo ... Consoante certidão com registro nº........... do Cartório do Registro de Imóveis de Santa Maria."

Ocorre, que os requeridos são proprietários de um apartamento, no prédio já mencionado, consoante matrícula nº........, do Cartório de Registro de Imóveis de Santa Maria:
"UM APARTAMENTO composto de uma sala de estar, dois dormitórios (...), com área de noventa e seis metros quadrados e sessenta decímetros quadrados (96,64m2) e ao qual corresponde uma parte ideal nas áreas de serventia comum do edifício e no terreno sobre o qual se assenta, equivalente a 0,163836 (...)"

Desta forma, requerentes e requeridos detêm propriedade e posse comum sobre o terreno no qual o prédio foi construído, e demais partes comuns do edifício, consoante documentos anexos, destacados por planta e fotografias, não podendo ser procedida qualquer alteração ou construção no pátio do prédio, sem consentimento dos condôminos.

Acontece, que o requerido encostou materiais de construção nos fundos do terreno, dando início à obra, com a intenção de edificar, segundo ele, uma sala para instalação de uma gráfica, sem que se observe qualquer anuência ou autorização dos demais condôminos, conforme fotografias e documentos anexos.

DO DIREITO

A ação de nunciação de obra nova, também conhecida por embargo de obra nova, é adequada para impedir o prosseguimento de construção prejudicial ao vizinho, ou ao condômino, impedindo que outros proprietários executem obra prejudicando ou alterando a coisa comum.

O novo Código Civil Brasileiro expressamente preceitua, art. 1.314, parágrafo único, ainda que, o anterior também determinava em seu art. 633.

"Art. 1.314. Cada condômino pode usar da coisa conforme sua destinação, sobre ela exercer todos os direitos compatíveis com a indivisão, reivindicá-la de terceiro, defender a sua posse e alhear a respectiva parte ideal, ou gravá-la.

Parágrafo único. Nenhum dos condôminos pode alterar a destinação da coisa comum, nem dar posse, uso ou gozo dela a estranhos, sem o consenso dos outros."

Nesse diapasão, SILVIO RODRIGUES, in Direito Civil, Direito das Coisas, volume 5, Ed. Saraiva, ano 1983, p.193, verbis:

"A coisa comum deve ser usada de acordo com o seu destino e com a sua natureza, vedadas, portanto, ao condômino, sem anuência dos demais, não apenas as modificações que alterem a substância da coisa, como as que mudem a maneira como ela é tradicionalmente explorada (Cód. Civ., art. 628)"

Por sua vez, o Código de Processo Civil de 1973 alargou o âmbito desta ação, determinando em seu art. 934:

II – ao condômino, para impedir que o co-proprietáro execute alguma obra com prejuízo ou alteração da coisa comum;

ADROALDO FURTADO FABRICIO, na sua obra comentários ao Código de Processo Civil, volume VIII, tomo 111, pág. 470, com a capacidade que lhe é peculiar, analisando a hipótese do inciso 11, do art. 934 do CPC, expressa:

"O Código Civil contém normas que proíbem a qualquer condômino servir-se da coisa comum de modo a impedir ao outro ou aos outros o exercício do direito de propriedade exercício que a todos se assegura nos limites em que se coadune com o estado de indivisão (art. 623, I). E, mais especificamente ligado ao problema que nos ocupa, encontramos o art. 628 do Código Civil a vedar aos condôminos alterações na coisa, sem anuência dos demais. Ora, a realização de obras implica necessariamente alteração da coisa, isto é, do imóvel em que sejam elas executadas, e o embargo é o remédio jurídico-processual indicado para fazer paralisar, com presteza e eficiência, a obra encetada com infringência desse artigo. Há, pois, boa base no Direito Material, e a adequação do procedimento em causa às peculiaridades da situação é inquestionável."

Estão presentes todos os requisitos da ação de Nunciação de Obra Nova, e substancialmente demonstrado, que a obra nova iniciada pelos requeridos causam prejuízo aos requerentes, quer em sua substância, quer em sua natureza, alterando a coisa comum, sem qualquer autorização dos co-proprietários, possibilitando o embargo da obra, e sua demolição, conforme preceitua o art. 936, inciso I, do CPC.

Cabível ainda, a condenação em perdas e danos, em virtude dos prejuízos que venham a ser ocasionados aos requerentes, que se viram prejudicadas na utilização do seu imóvel, somados aos transtornos na livre utilização da posse e propriedade, ensejando uma reparação pecuniária, em face da atitude ilegal e constrangedora dos requeridos,

CONDOMÍNIO EDILÍCIO

também, plenamente facultado por disposição legal expressa no inciso III, do art. 936, do CPC, na hipótese de prosseguimento da construção.

DO PEDIDO

DIANTE DO EXPOSTO, vem propor a presente ação de nunciação de obra nova, com pedido liminar, nos termos do art. 934 e segs. do CPC, requerendo a V. Exa.:

a) seja deferida liminar, embargando a construção, do imóvel descrito, situado na rua ..., nesta cidade, para que os embargados suspendam a obra, devendo ser deferida a medida inaudita altera pars, em decorrência da documentação acostada nos autos;

b) deferido o embargo, deverá o Oficial de Justiça lavrar auto circunstanciado, descrevendo o estado em que se encontra a obra, e intimando os construtores e operários, na forma do art. 938 do CPC;

c) seja cominada pena, em caso de inobservância, no cumprimento da liminar deferida;

d) a citação dos requeridos, através de OFICIAL DE JUSTIÇA, para no prazo legal, querendo, oferecerem contestação, sob pena de revelia;

e) seja ao final, a ação julgada procedente determinando a impossibilidade de qualquer obra, sem a anuência dos demais condôminos, bem como demolição da obra nova que venha eventualmente a ser executada, além de condenar os requeridos em perdas e danos, a ser fixada em liquidação de sentença por arbitramento, se for o caso;

f) a produção de todos os meios de provas direito admitidas, a serem produzidas no momento processual oportuno, caso necessário, principalmente no que diz respeito, à prova pericial e testemunhal, além do depoimento pessoal dos requeridos, sob pena de confessos;

g) a condenação dos requeridos em custas judiciais e honorários advocatícios.

Valor da causa : R$ ...

N. Termos,

P. Deferimento.

Santa Maria, ...

p.p. _____

8.6. Ação cominatória

EXMO. SR. DR. JUIZ DE DIREITO DA ... VARA CÍVEL
DA COMARCA DE SANTA MARIA/RS.

URGÊNCIA

A Ç Ã O   C O M I N A T Ó R I A   com pedido liminar:

CONDOMÍNIO EDIFÍCIO........, inscrito no CNPJ sob o nº ...., localizado na rua........., nesta cidade, neste ato representado por sua síndica, ..., brasileira, casada, do lar, residente e domiciliada à rua .... nesta cidade, vem por intermédio de seus procuradores que recebem intimações na rua Alberto Pasqualini, nº 70, Conj. 1.211 e 1.212, Torre Ribas, Santa Maria Shopping, nesta cidade, ajuizar a presente AÇÃO CO-MINATÓRIA contra .... brasileiro, casado, aposentado, residente e domiciliado à rua ....nesta cidade, pelos fundamentos fáticos e jurídicos que a seguir passa a expor:

1. Dos fatos

O condomínio requerente detectou pontos de infiltração nas juntas de dilatação entre os blocos AB, BC e CD, apresentando problemas de calafetação, devido ao vencimento da vida útil do material elástico usado para vedação, ocasionando danos como umidade, mofo, desagregação do reboco, podendo acarretar danos estruturais ao prédio e à saúde dos moradores, bem como dispõe o laudo técnico exarado pelo Engenheiro Civil João Alberto CREA 88888.

Diante disso, os condôminos reuniram-se em assembléia geral extraordinária, no dia 18 de agosto de 2003, decidindo dar início às reformas necessárias, começando a sanar os problemas decorrentes da junta de dilatação, conforme ata nº 03/02.

Já na data de 22 de outubro de 2003, os condôminos aprovaram em assembléia extraordinária, o orçamento apresentado pelo Eng. João Alberto, atinente a reforma da junta de dilatação, conforme ata nº 05/02.

Em nova assembléia, realizada na data de 06 de abril de 2004, os condôminos ratificaram a aprovação do orçamento apresentado pelo Eng. João Alberto, havendo inclusive, a participação do requerido, que votou no sentido de que o rateio para apurar o montante para o pagamento da reforma fosse por unidade, ao invés utilizar como coeficiente à área das unidades.

Em conformidade com as deliberações, a síndica, representando o Condomínio, firmou contrato de prestação de serviços com a empresa XY Ltda., CNPJ, na data de 18 de junho de 2004, tendo como objeto a limpeza e vedação de duas juntas de dilatação entre os blocos A-B, conforme cláusula "1" do contrato que se junta.

No aludido contrato, ficou estabelecido que a partir do início dos serviços, o prazo de duração para a feitura da reforma compreenderia um período de aproximadamente 10 dias, condicionados ao fornecimento de material e condições climáticas, consoante cláusula '4' do pacto contratual.

A empresa contratada, na data de 14 de julho de 2004, diante da autorização para o início da reforma, colimando sanar os problemas de infiltração decorrentes da junta de dilatação entre os blocos, enviou seus funcionários para promoverem as diligências necessárias ao cumprimento do ajuste firmado no contrato de prestação de serviços.

No entanto, foram inviabilizados de dar início as obras, tendo em vista que o requerido, proprietário do apartamento 502, não autorizou a passagem dos funcionários da empresa contratada pelo terraço de acesso ao telhado do edifício, que diga-se de passagem, é área de uso comum, pertencendo a coletividade condominial.

Deve ser ressaltado, que mesmo na hipótese de área privativa, em virtude da necessidade de se efetivar os reparos que são imprescindíveis, diante dos inúmeros danos que vem ocasionando ao prédio, e ainda, do agravamento da situação, é imperioso que se operacionalize os reparos, não podendo ser óbice ou obstáculo, o comportamento do requerido, que sem qualquer razão plausível, por mera recalcitrância ou capricho, impede os consertos, que são inevitáveis e imprescindíveis.

Na tentativa de dar seqüência ao trabalho, o síndico em exercício, redigiu documento, contendo disposição no sentido de autorizar o ingresso dos funcionários da empresa contratada pelo terraço apartamento do requerido (apt. 502), e também, termo de responsabilização por eventuais danos que os mesmos viessem a causar, o que até é inócuo, pois o terraço com cobertura de telhas é área de uso comum.

Todavia, o requerido, mesmo assim, injustificadamente, se negou a assinar, impossibilitando que fosse cumprido o que foi deliberado em assembléia, conforme declaração exarada pelo Vice-Síndico, Sr. XX, e o zelador, yy, incorrendo ainda, em infração da Convenção de Condomínio.

Diante deste ato imotivado do requerido, a empresa contratada enviou documento ao requerente, informando o ocorrido, bem como a responsabilização do Condomínio pelo pagamento dos dias em que os funcionários ficassem parados, mais o equipamento e materiais perdidos, consoante documento que se junta.

2. Do Direito

Diante da negativa do requerido, em autorizar os funcionários da empresa contratada iniciassem a reforma, está causando embaraço para que se efetive medida autorizada em assembléia extraordinária, conforme ata que se junta, incorrendo ainda, em infração ao que dispõe o art. 2º, alíneas ' d ' e ' j ', do capítulo dos Direitos e Deveres da Convenção de Condomínio, que assim dispõe, ipsis literis:

Art. 2º – São deveres dos condôminos, além dos constantes desta Convenção, do Regimento Interno e de Lei:

(...)

d) Não embaraçar o uso das coisas comuns;

(...)

j) Permitir o ingresso em suas respectivas unidades, do Síndico ou de empregados, quando isso se torne necessário para a inspeção ou realização do interesse comum. (sem grifo no original)

Conforme dispõe o art. 2º da Convenção de Condomínio, a cobertura, que se refere ao telhado, é coisa de uso comum, e de interesse da coletividade condominial.

Assim, como o acesso ao telhado se dá através do terraço/cobertura do apartamento do requerido, e este se recusa a autorizar que se realize o trabalho necessário para impermeabilizar a junta de dilatação junto aos blocos A-B, o condomínio requerente se socorre à tutela jurisdicional do estado, pela via da ação cominatória, bem como lhe faculta a nova redação do art. 287, do estatuto processual, dada pela Lei nº 10.444/02, ipsis litteris:

Art. 287 – Se o autor pedir que seja imposta ao réu a abstenção da prática de algum ato, tolerar alguma atividade, prestar ato ou entregar coisa, poderá requerer cominação de pena pecuniária para o caso de descumprimento da sentença ou da decisão antecipatória de tutela.

O nosso diploma processual civil dispõe no art. 461, *ipsis verbis*:

"Art.461 – Na ação que tenha por objeto o cumprimento de obrigação de fazer ou não fazer, o juiz concederá a tutela específica da obrigação ou, se procedente o pedido, determinará providências que assegurem o resultado prático equivalente ao do adimplemento".

A ação prevista no aludido dispositivo legal é condenatória, com eficácia executivo-mandamental, pois abre ensejo a antecipação de tutela, consoante preceitua o § 3º, do mencionado art. 461, CPC, autorizando a emissão de mandado para execução específica e provisória da tutela pleiteada.

Necessário destacar a nova redação do § 5º, do artigo em comento:

§ 5º – Para a efetivação da tutela específica ou a obtenção de resultado, prático equivalente, poderá o juiz, de ofício ou a requerimento, determinar as medidas necessárias, tais como a imposição de multa por tempo de atraso, busca e apreensão, remoção de pessoas e coisas, desfazimento de obras e impedimento de atividade nociva se necessário com requisição de força policial.

É sabido que ação com preceito cominatório compete a quem, por lei ou convenção, tem direito de exigir que alguém preste fato ou se abstenha de ato, o que está plenamente evidente no caso sub judice, onde o requerido deverá ser compelido a se abster e deixar de impedir a tarefa objetivada pelo condomínio requerente, que além de pertinente, é de natureza urgente.

DAS PERDAS E DANOS

Para a realização das reformas destinadas a sanar os problemas com a infiltração, foi firmado contrato com a empresa XY LTDA, tendo como objeto a limpeza e vedação de duas juntas de dilatação entre os blocos A-B, conforme cláusula 1 do contrato de prestação de serviços.

No entanto, a contratada não está realizando a reforma pactuada, devido ao impedimento imposto pelo requerido, que se nega a permitir que os funcionários encarregados ingressem no terraço, que tem acesso pelo terraço/cobertura do seu apartamento.

Conforme documento enviado pela contratada ao condomínio requerente, todos os prejuízos causados pela interrupção da reforma serão arcados pelo condomínio, o que compreende os dias parados dos funcionários, equipamentos e materiais perdidos, o que deverá ser revertido para esfera de responsabilidade do requerido, pois é ele quem esta tumultuando e impossibilitando que a obra se efetive.

Ademais, no que tange a esfera de responsabilização, qualquer dano que decorrer das infiltrações oriundas da junta de dilatação deverão ser arcadas pelo requerido, tendo em vista de se tratar de um intenso período de chuvas.

DIANTE DO EXPOSTO, requer:

a) seja deferida TUTELA ANTECIPADA, nos moldes do art. 273 e 461, § 3º, CPC, no sentido de determinar que o requerido se abstenha de impedir a realização dos serviços necessários, nos moldes do parecer técnico do Eng. João Alberto, cominando, em caso de descumprimento, MULTA DIÁRIA a ser arbitrada pelo juízo;

b) nos moldes do art. 461, § 5º, CPC, no sentido da efetivação da tutela específica ou obtenção de resultado, determine as medidas necessárias, além da imposição da multa, à autorização para realização das obras necessárias, evidentemente, em prol da coletividade condominial;

c) a citação do requerido por meio de OFICIAL DE JUSTIÇA, para querendo, contestar a presente ação, sob pena de confissão e revelia;

d) seja ao final, julgado procedente o pedido, no sentido de ratificar a tutela antecipada, e condenar o requerido a se abster da prática de ato, qual seja, de impedir a realização dos reparos necessários pelo condomínio requerente;

e) a condenação do requerido em perdas e danos, a ser arbitrado pelo juízo, de acordo com o período correspondente ao atraso da obra e demais prejuízos que venha a causar ao condomínio requerente;

f) a condenação em custas judiciais e honorários advocatícios;

g) a produção de todos os meios de provas em direito admitidos, principalmente pericial, inspeção judicial e testemunhal, a serem produzidas no momento processual oportuno, caso necessário, além do depoimento pessoal do requerido, sob pena de confesso.

Dá-se a causa o de R$ ...

N.Termos,

P.Deferimento,

Santa Maria,...

p.p. _____

8.7. Ação condenatória de obrigação de fazer (art. 461 do CPC)

EXMO. SR. DR. JUIZ DE DIREITO DA ... VARA CÍVEL
DA COMARCA DE SANTA MARIA/RS.

COM PEDIDO LIMINAR
AÇÃO CONDENATÓRIA DE OBRIGAÇÃO DE FAZER (com pedido de liminar)

........................, brasileiros, casados, ela professora, ele aposentado, residentes e domiciliados na ...., nesta cidade, vêm por intermédio de seus procuradores que recebem intimações na rua Alberto Pasqualini, nº 70, Conj. 1.211 e 1.212, Torre Ribas, Santa Maria Shopping, nesta cidade, ajuizar a presente AÇÃO CONDENATÓRIA DE OBRIGAÇÃO DE FAZER contra o CONDOMÍNIO EDIFÍCIO ...., localizado na......., nesta cidade, nos fundamentos fáticos e jurídicos que a seguir passam a expor:

DOS FATOS

Os requerentes são condôminos-proprietários e moradores da unidade 101, do Condomínio Edifício AB, localizado na ...., nesta cidade, conforme matrícula imobiliária sob o nº 88888 do Ofício de Imóveis de Santa Maria, consoante documento incluso.

No referido condomínio existe um salão de festas, que é parte de uso comum, sendo a sua utilização atrelada a observância do que dispõe a Convenção de Condomínio e o Regulamento Interno, cujos dispositivos condizentes a lide ora analisada serão debatidos no momento oportuno.

Ocorre, que o salão de festas vem sendo utilizado de forma discrepante ao que dispõe a convenção condominial, o que acarreta em incômodo aos requerentes, tendo em vista que o apartamento no qual residem se localiza logo acima do salão, o que agrava ainda mais os reflexos das festas realizadas em desacordo com a convenção.

Os requerentes foram residir no condomínio em dezembro de 1997, e já no ano de 1998 começaram a sofrer com as conseqüências oriundas das festas efetivadas em desconformidade à convenção de condomínio, o que os levou a cientificar os acontecimentos ao síndico ABABAB em exercício na época.

No entanto, essas tratativas informais foram inexitosas, o que levou os requerentes a encaminhar documento, na data de 25 de outubro de 1999, relatando o desrespeito ao sossego nos dias 16, 20 e 21 de outubro de 1999, em decorrência do elevado volume de vozes e música, que somente permitiram o descanso a partir das 02 horas da manhã.

No dia 10 de novembro de 1999 o Conselho Consultivo e Conselho Fiscal do condomínio reuniram-se para tratar, além de outros assuntos, sobre a reclamação dos requerentes, resultando na cientificação de todos os condôminos acerca das reclamações e pesquisa sobre a possibilidade de efetuar maior isolamento no salão, conforme cópia da ata 03/99 que se junta.

Em 17 de novembro de 1999, o síndico em exercício efetuou a comunicação da coletividade condominial, informando sobre a reclamação e a reunião dos Conselhos Consultivo e Fiscal, todavia, os efeitos foram inócuos, pois as festas continuaram com volume excessivo de vozes e música, extrapolando ao horário da meia-noite, causando incômodo aos requerentes, perturbando ao seu sossego.

Conforme ata nº 07, de 29 de março de 2000, foi dado início as tratativas para a solução do problema, no entanto, não foi adiante, sendo feita somente a medição simulada do volume, mas nenhuma modificação ou alteração no salão atinente ao isolamento acústico.

No dia 21 de julho de 2000, os requerentes efetuaram notificação à síndica, Sra. cdcdcd, acerca da violação das normas condominiais, em face das festas realizadas nos dias 09 de junho, 15 e 20 de julho de 2000, conforme cópia que se anexa, e como as demais, foram ineficazes, pois não ocasionaram nenhuma medida que sanasse os problemas de perturbação do sossego.

Novamente, em 14 de outubro de 2000, a festa realizada no salão desatendeu às regras condominiais, acarretando em nova notificação, que como as demais não logrou qualquer êxito, tanto de forma imediata, quanto mediata.

Nas datas de 07, 08 e 09 de janeiro de 2001, os infortúnios se repetiram, de maneira ainda mais exorbitante, extrapolando o horário permitido, que flexibilizado passou para a meia-noite, enquanto a convenção contém previsão para as 22 horas.

Em atenção aos documentos acima citados, a síndica enviou resposta sugerindo fosse designada uma assembléia para dirimir a controvérsia. Entretanto, os requerentes entenderam como inoportuna a dita assembléia tendo em vista que o Condomínio já era provido de regulamentação específica para o caso, bastando que fosse cumprida.

Em 16 de maio 2001, através do seu procurador, os requerentes efetuaram notificação por meio do Ofício dos Registros Especiais, no sentido de que fossem tomadas providências com relação ao revestimento acústico ou ainda, para que fossem aplicadas as sanções previstas na Convenção de Condomínio e Regulamento Interno.

Logo após a notificação houve algumas melhoras, no entanto, foi por um pequeno espaço de tempo. No transcorrer do ano de 2002, a utilização do salão continuou em descompasso com as normas condominiais, mas mesmo assim não foram procedidas notificações ou qualquer outro tipo de documentação formal, pois desde 1998, todas foram inócuas, sem qualquer resultado prático que viesse satisfazer a pretensão dos requerentes.

Mesmo assim, procederam a gravação de fita de vídeo onde pode se constatar o excessivo abuso sonoro, acima do horário tolerado, especificamente nos dias 02 de fevereiro, 09 de junho e 26 de maio, consoante conteúdo da fita "1".

No ano de 2003, mais especificamente nas datas de 31 de agosto e 27 de dezembro, os requerentes tomaram medidas mais drásticas, eis que as tentativas amigáveis nunca foram atendidas, resultando então, no registro de ocorrência policial, sob os nº 51461/2003 e nº 25705/2003, comunicando a perturbação ao sossego, também constando no conteúdo da fita de nº "1".

O condomínio requerido, representado pela sua síndica, foi contatado, pelo procurador dos requerentes, no sentido de encontrar solução amigável para a controvérsia, principalmente no que tange ao revestimento acústico da área onde fica instalado o salão de festas.

Todavia, em Assembléia realizada no dia 18 de novembro de 2003, os condôminos deliberaram de tal forma, que não se extrai nenhuma providência capaz de auxiliar no desfecho do litígio ora apresentado, pelo contrário, convencionaram que "não existe acordo a ser feito, pois os Condôminos estão no seu direito", conforme cópia da ata nº 16 que se anexa.

Como não bastassem, no dia 03 e 04 de abril do corrente ano, mais uma vez de forma inusitada e inconcebível, foram realizadas festas, fora do horário previsto no regimento e convenção, e dos parâmetros legais, que caracterizam infringência também, aos direitos de vizinhança, ocasionando inúmeros transtornos aos requerentes, o que se pode constatar pela fita sob o número "2", som alto, algazarras, além de deboches e retaliações.

Desta forma, diante da negativa do condomínio em sanar a deficiência do salão de festas, que permite que som se propague para a unidade dos requerentes, de forma significativa, bem como o desatendimento ao horário convencionado e flexibilizado para a meia-noite, não restou outra alternativa aos requerentes senão a busca da tutela jurisdicional do Estado.

DO DIREITO

Inicialmente, cabe demonstrar o dever do síndico, como representante da coletividade condominial, em cumprir e fazer cumprir a Convenção de Condomínio, bem como determina o art. 1.348, IV, do Código Civil, bem como o art. 16, parágrafo único, alínea ' c ' da convenção, *ipsis litteris*:

Do Código Civil

Art. 1.348. Compete ao Síndico:

IV- cumprir e fazer a convenção, o regimento interno e as determinações da assembléia;

Da Convenção

Art. 16 – (...) *omissis*

Parag. Único: Ao síndico compete:

(...)

c) Cumprir e fazer cumprir, a presente convenção e as deliberações das assembléias e a lei;

Durante todo o período de tempo transcorrido desde 1998, os síndicos em exercício não tomaram as medidas que efetivamente garantissem o fiel cumprimento do Regulamento Interno do Condomínio, mais especificamente nos itens 17 e 37, que possuem a seguinte redação:

São deveres de todos os Condôminos:

Art. 17 – Não perturbar o sossego dos demais moradores, especialmente no horário destinado a descanso (das 22 horas às 07 horas) com algazarras, instrumentos musicais, cantos, bater ou executar atividades ruidosas que possam ser ouvidas nas demais unidades autônomas, etc), quer nas áreas comuns, quer no interior das próprias unidades.

Do salão de Festas:

Art. 37 – O salão de festas poderá ser utilizado das 8 horas (oito horas) às 22 horas (vinte e duas horas), divididos em períodos a combinar no momento da reserva. O horário limite poderá se prolongar, desde que não entre em conflito com o art. 17 deste regulamento.

Nos moldes delineados da exposição fática desta inicial, bem como ficará demonstrado durante a instrução probatória, os artigos 17 e 37 do Regulamento Interno são infringidos desde 1998, de forma que está causando incômodos expressivos aos requerentes, inviabilizando o seu sossego e descanso, em horários completamente incompatíveis ao que determina o Regulamento Interno, bem como ao senso comum.

CONDOMÍNIO EDILÍCIO

Durante esse período, os síndicos fizeram algumas comunicações aos condôminos, mas foram ineficazes, não satisfazendo o interesse dos requerentes, no sentido de cessar o mau uso do salão de festas, visto que quase na totalidade das vezes o horário limite para a realização das festas era desatendido.

Desta forma, diante da evidente infração dos art. 17 e 37 do Regulamento Interno do Condomínio Edifício xxxxx, é dever da administração do condomínio, na pessoa do síndico, fazer com que se cumpra a Convenção, por meio da aplicação das sanções cabíveis, bem como determina o 1.348, VII do Código Civil, *ipsis verbis*:

Art. 1.348. Compete ao síndico:

VII – cobrar dos condôminos as suas contribuições, bem como impor e cobrar as multas devidas;

A Convenção de Condomínio prevê na sessão das penalidades, item 51, as sanções aplicáveis na eventualidade de infração do regulamento interno, e, portanto, é dever do síndico aplica-las. Eis o seu conteúdo:

51 – Aos infratores do presente regulamento, em qualquer dos seus artigos, caberá uma sanção correspondente, aplicada pelo síndico, que poderá ser de acordo com a gravidade:

- Advertência verbal.
- Advertência por escrito.
- Multa no valor de 50% do Piso Nacional de Salários, vigente na época do pagamento, passando a 100% do mesmo, quando houver reincidência.

Adotando-se este procedimento, a cada multa aplicada, além do caráter sancionatório que lhe reveste, adquire também papel de reprimenda, inibindo que novas infrações venham a acontecer, evitando assim, os incômodos que os requerentes arcam por mais de cinco anos.

Como as advertências, tanto as verbais, quanto às escritas, não foram eficazes, imprescindível que a próxima infração aos art. 37 e art. 17, no que tange ao horário limite para o término das festas (que já fora flexibilizado para as 24 horas), e ao sossego da coletividade, seja sancionada com a multa prevista no terceiro item do art. 51, qual seja, a meio salário mínimo, e um salário mínimo quando houver reincidência.

Portanto, os requerentes almejam sentença condenatória que sane a omissão do requerido, no sentido de fazer com que se cumpra o Regulamento Interno, com fulcro no art. 461 do CPC:

Art.461 – Na ação que tenha por objeto o cumprimento de obrigação de fazer ou não fazer, o juiz concederá a tutela específica da obrigação ou, se procedente o pedido, determinará providências que assegurem o resultado prático equivalente ao do adimplemento.

Assim, trata-se de demanda preventiva, onde a emissão do provimento jurisdicional necessita ser prévio, para que seus efeitos irradiem de pronto, simultaneamente a violação recém iniciada.

Para a concessão da tutela preventiva necessária que a ameaça ao direito seja objetiva e atual, instrução esta presente no magistério de Eduardo Talamini:[1]

---

[1] TALAMINI, Eduardo. *Tutela relativa aos deveres de fazer e não fazer*. São Paulo: RT, 2001, p. 219.

O interesse processual que justifica a sua concessão (inclusive as sanções simultâneas) consiste na "ameaça objetiva e atual" de violação ao direito. "Objetiva" no sentido de que não é qualquer temor. Derivado de simples insegurança psicológica do titular do direito, que autoriza a proteção preventiva. "Atual" porque a transgressão deve ser iminente e não prevista para um futuro remoto. O grau de "ameaça" exigido para a concessão da tutela variará, de um caso para outro, conforme a relevância jurídica dos bens a proteger e os sacrifícios que o deferimento da providência puder gerar na esfera jurídica do réu. (2001, p. 219)

Diante disso, os requerentes colimam que o condomínio requerido seja condenado a fazer cumprir a convenção condominial e as disposições legais relativas ao condomínio edilício determinando que o Condomínio-requerido, através de seu Síndico, cumpra a determinação do horário de utilização do salão de festas, bem como aplique a pena de multa, prevista na alínea 'c' do item 51 do Regulamento Interno, assim que o seu representante legal, o síndico, seja cientificado do ato lesivo ao Regulamento Interno, sob pena da aplicação de multa diária se assim não for o procedimento, bem como permite o art. 461 da lei adjetiva.

O sistema instituído pelo art. 461 do CPC, visa primordialmente ao exato resultado que se teria, caso o requerido houvesse assumido a conduta devida, e para tanto, o provimento concessivo da tutela, mais que autorizar o emprego de meios substitutivos da conduta do requerido, tem força de mandar que ele mesmo adote o comportamento devido. Assim, a cientificação dos atos ao requerido não constituirá mera oportunidade para cumprir, melhor, será ordem, revestida de autoridade estatal, para que cumpra.

Por efeito, deve ser ressaltado, que os requerentes não são contrários a realização de festas, esperam apenas do Judiciário, diante da flagrante omissão dos representantes do Condomínio, que se cumpra a convenção e a lei, no que tange aos horários do regimento interno, e a aplicação de multas em caso de seu descumprimento, aliás, que pela recalcitrância poderá ser utilizada a nova disposição do Código Civil, através do art. 1337.

Os requerentes juntam na presente inicial, fitas que reiteradamente foram gravadas, evidenciando a utilização inadequada do salão de festas, fora dos horários, com a comprovação dos próprios porteiros, vislumbrando a aflição dos requerentes como condôminos, não sendo mera intolerância, bastando analisar as fitas, e concluir se é possível dormir, descansar assim?

Diante do exposto, requer:

a) a citação do Condomínio-requerido, através do atual síndico xcxcxc que poderá ser encontrado na ......, por meio de Oficial de Justiça, para querendo, contestar a presente ação, sob pena de serem reputados como verdadeiros os fatos alegados na inicial;

b) seja deferida tutela específica, nos moldes do parágrafo 3º do art. 461 do CPC, liminarmente, em razão dos relevantes argumentos, provas juntadas, que demonstram o fundamento da medida, ainda, pela gravidade da situação, no sentido de determinar prazo, para que o condomínio-requerido através do Síndico cumpra as determinações, sob pena de multa a ser fixada pelo Juízo, não inferior a R$ 500,00 (quinhentos reais) diários, nos moldes do art. 287 e 461, § 4º do CPC;

c) na forma da nova disposição do § 5º do art. 461 do CPC, dada pela Lei 10.444/2002, visando à efetivação da tutela específica ou a obtenção do resultado prático equivalente, determine as medidas necessárias para cumprimento da decisão;

d) ao final, seja julgada procedente a presente ação condenatória de obrigação de fazer, condenando o requerido ao cumprimento da convenção e regimento interno de condomínio, no sentido exigir o cumprimento dos horários estabelecidos pelo regimento interno e para aplicar as sanções previstas na Convenção de Condomínio e no Código Civil (art. 1.337), dentro do prazo a ser fixado e com todas as demais conseqüências e cominações de direito;

e) a produção de todos os meios de provas em direito admitidos, a serem produzidas no momento processual oportuno, principalmente, o depoimento pessoal do representante do Condomínio, sob pena de confesso, prova pericial, inspeção judicial e testemunhal, caso necessário.

Dá-se a causa o valor de R$...

N.Termos,

P.Deferimento,

Santa Maria, ...

p.p. _____

8.8. Ação de consignação em pagamento

EXMO. SR. DR. JUIZ DE DIREITO DA ...VARA CÍVEL
DA COMARCA DE SANTA MARIA/RS

AÇÃO DE CONSIGNAÇÃO EM PAGAMENTO:

.... brasileiro, casado, Contabilista, residente na Rua........, vem por inter-médio de seu procurador que recebe intimações à rua Alberto Pasqualini, nº 70, conjs. 1.211 e 1.212, nesta cidade, ajuizar a presente AÇÃO DE CONSIGNAÇÃO EM PAGAMEN-TO contra CONDOMÍNIO .... localizado nesta cidade, na rua........, através do síndico..........brasileiro, casado, administrador, residente ...., pelos fundamentos fáti-cos e jurídicos que passa a expor:

DOS FATOS:

1– O requerente é condômino-proprietário do apartamento 01, do Edifício......, imóvel localizado nesta cidade, na rua ...., devidamente matriculado no Cartório de Registro de Imóveis de Santa Maria/RS, matrícula sob o nº ...., consoante certidão inclusa.

2 – Acontece que o Condomínio Edifício........., vem efetuando a cobrança das taxas condominiais sem qualquer discriminação, além de exigir multa moratória de 20% (vinte por cento), sobre as taxas de março e abril de 2005(conforme recibos e documento anexo), quando o novo Código Civil Brasileiro, a partir de sua vigência não admite multa superior a 2% (dois por cento).

3 – O requerente como condômino efetuou o depósito da quantia devida no valor de R$..........., junto ao estabelecimento bancário......, cientificando o condomínio através do síndico, tendo ocorrido a recusa do pagamento dentro do prazo de dez dias da notificação, razão pela qual, resultou o ajuizamento da presente ação consignatória, consoante docu-mentação inclusa.

4 – Foram inúmeras as tentativas do requerente em obter informações concretas das despesas e gastos efetivados pelo Condomínio, além de efetuar o adimplemento sem a multa abusiva.

5 – Diante da negativa do condomínio, e para evitar a mora, não restou outra alter-nativa ao requerente senão obter a prestação jurisdicional do Estado, através da via judicial adequada, sendo a presente ação de consignação em pagamento o remédio jurídico ade-quado.

DO DIREITO:

6 – O pagamento por consignação estatuído no art. 335 do Código Civil, será possí-vel, conforme faculta o inciso I – se o credor não puder, ou, sem justa causa, recusar receber o pagamento, ou dar quitação na devida forma, o que está plenamente evidenciado, pois o condomínio se recusa a receber os valores sem a aplicação da multa abusiva, além da ausência de discriminação das despesas.

7 – O Código Civil Brasileiro, ainda estabelece no que diz respeito ao Condomínio Edilício, no seu art. 1.348, que compete ao síndico: inciso: IV – cumprir e fazer cumprir a convenção, o regimento interno e as determinações da assembléia; e, VII – cobrar dos condôminos as suas contribuições, bem como impor e cobrar as multas devidas.

8 – No art. 1.336, descreve que são deveres do condômino:
I – Contribuir para as despesas do condomínio, na proporção de suas frações ideais;
I – contribuir para as despesas do condomínio na proporção das suas frações ideais, salvo disposição em contrário na convenção;

...

§ 1º O condômino que não pagar a sua contribuição ficará sujeito aos juros moratórios convencionados ou, não sendo previstos, os de um por cento ao mês e multa de até dois por cento sobre o débito.(grifamos).

Em razão do exposto, a recusa do condomínio é injustificada, viabilizando o pagamento por consignação, conforme se extraí da documentação, decorrente da convenção, notificação e recusa de recebimento do depósito extrajudicial.

Diante do exposto, requer:
a) seja procedida a citação do Condomínio através do síndico, por meio de Oficial de Justiça, para levantar o depósito ou oferecer contestação no prazo legal, sob pena de revelia;
b) tratando-se de prestações periódicas, requer a consignação das despesas condominiais vincendas, se expedindo as guias de depósito judicial, sem qualquer formalidade, para serem efetivados os depósitos das taxas condominiais, conforme faculta o art. 892 do CPC;
c) a procedência do pedido, declarando extinta a obrigação e condenando o condomínio em custas judiciais e honorários advocatícios, nos moldes do art. 897 do CPC;
d) a produção de todos os meios de provas em direito admitidas, a serem fornecidas em momento processual oportuno, além do depoimento pessoal do síndico do condomínio requerido, sob pena de confesso.

Dá-se a causa o valor de R$ ...

N. Termos,

P. Deferimento.

Santa Maria, ...

p.p. _____

8.9. Ação cautelar preparatória para sustação de protesto de despesa condominial

EXMO. SR. DR. JUIZ DE DIREITO DA ... VARA CÍVEL
DA COMARCA DE SANTA MARIA/RS.

URGENTE

AÇÃO CAUTELAR DE SUSTAÇÃO DE PROTESTO:

.... LTDA, sociedade.... nesta cidade, neste ato presentada pela sócia, ... residente nesta cidade, vem, por intermédio de seus procuradores constituídos que recebem intimações na rua Alberto Pasqualini, nº 70, Conj. 1.211 e 1.212, Torre Ribas, Santa Maria Shopping, nesta cidade, ajuizar a presente AÇÃO CAUTELAR DE SUSTAÇÃO DE PROTESTO contra CONDOMÍNIO EDIFÍCIO RESIDENCIAL.... através do Síndico, residente no mesmo endereço, apt. 200, pelos motivos que a seguir passa a expor:

1 – DOS FATOS:

A requerente é condômina de unidades autônomas que integram o Edifício Residencial.... tendo o Condomínio requerido, emitido títulos para protesto junto ao Serviço Notarial de Protestos, na rua Venâncio Aires, 2199, nesta cidade, com os seguintes PROTOCOLOS, conforme documentos anexos:

1) 1.750.217-3, valor R$ 992,67 e venc. 25/08/2004;

2) 1.750.141-3, valor R$ 219,51 e venc. 25/08/2004;

3) 1.750.142-6, valor R$ 219,51 e venc. 25/08/2004;

4) 1.750.229-2, valor R$ 2.081,89 e venc. 25/08/2004;

5) 1.750.133-5, valor R$ 189,15 e venc. 25/08/2004.

As referidas despesas, se referem às despesas condominiais pelo que constam nos boletos bancários, sem qualquer discriminação das taxas condominiais, sejam despesas ordinárias ou extraordinárias, nem mesmo demonstrativo mensal que vislumbre a mensuração dos valores, forma de rateio, seja por fração ideal ou unidade, controvérsia já existente, que vem causando a contrariedade da requerente.

Além disso, como se sabe, as despesas condominiais não constituem título executivo extrajudicial, aliás, o próprio Código de Processo Civil, estabelece para a sua cobrança, o rito sumário, nos moldes do art. 275, inciso II, alínea b, através do processo de conhecimento.

Não obstante isto, o Condomínio vem cobrando despesas de forma irregular, que será objeto de ação própria, seja na forma do rateio, seja na inclusão de taxas indevidas, sem qualquer prestação efetiva de contas.

Ocorre, que a requerente foi notificada noticiando a existência de títulos apontados para protesto, conforme relacionado, sem existência de título executivo judicial ou extrajudicial, ausente a LIQUIDEZ, CERTEZA E EXIGIBILIDADE, pois depende de ação própria.

Destarte, outra solução não lhe restou senão a propositura da presente medida cautelar, objetivando a sustação do protesto, tendo em consideração gravidade das conseqüências que lhe podem decorrer da efetivação daquele ato.

CONDOMÍNIO EDILÍCIO

Trata-se de empresa que, com freqüência, recorre a financiamentos bancários, além de outros créditos para a construção civil.

A vista do exposto, verifica-se claramente a iliquidez e inexigibilidade dos títulos apontados para protesto, contendo valor a pagar e datas de supostas taxas, mas que título?

Sendo assim, a requerente não reconhece a existência dos valores apontados pelo requerido, somente pode reputar que se trata de meio indevido de cobrança de valores inexigíveis. Contudo, o título encontra-se em cartório, para ser lavrado o protesto.

2 – DO DIREITO:

I) Do cabimento da medida cautelar.

Tendo em vista os fatos acima elencados, constitui-se o aponte para protesto, num gesto típico de constranger à requerente, vindo causar-lhe danos irreparáveis com conseqüências imprevisíveis, acarretando-lhe o abalo de crédito junto às Instituições Financeiras e Bancárias.

Diante deste quadro, tem-se justificado o "PERICULUM IN MORA" e o "FUMUS BONI JURIS", destacando-se que o protesto "SE NÃO SUSTADO" será lavrado na data de 25/08/2004.

A medida cabível, na espécie, para não se efetivar a ameaça ao direito da requerente, é a medida CAUTELAR DE SUSTAÇÃO DE PROTESTO concedida liminarmente, "INAUDITA ALTERA PARS" nos termos dos arts. 798 e 804 do CPC.

Art. 798. Além dos procedimentos cautelares específicos, que este Código regula no Capítulo II deste Livro, poderá o juiz determinar as medidas provisórias que julgar adequadas, quando houver fundado receio de que uma parte, antes do julgamento da lide, cause ao direito da outra lesão grave e de difícil reparação.

Corroborando com o que já foi alegado, assim entende a jurisprudência:
TIPO DE PROCESSO: APELAÇÃO CÍVEL
NÚMERO: 193106879
RELATOR: LUIZ OTÁVIO MAZERON COIMBRA
EMENTA: ENCARGOS DE CONDOMÍNIO. LETRA DE CÂMBIO. IMPROPRIEDADE E INVALIDADE DO TITULO. (APELAÇÃO CÍVEL Nº 193106879, TERCEIRA CÂMARA CÍVEL, TRIBUNAL DE ALÇADA DO RS, RELATOR: LUIZ OTÁVIO MAZERON COIMBRA, JULGADO EM 04/08/1993)
TRIBUNAL: TRIBUNAL DE ALÇADA DO RS
DATA DE JULGAMENTO: 04/08/1993
Nº DE FOLHAS:

ÓRGÃO JULGADOR: TERCEIRA CÂMARA CÍVEL
COMARCA DE ORIGEM: CANOAS
SEÇÃO: CIVEL

ASSUNTO: 1. LETRA DE CAMBIO. REQUISITO LEGAL. FALTA. NULIDADE. 2. CONDOMÍNIO. DESPESAS. LOJA COM ENTRADA INDEPENDENTE. ANDAR TERREO. PARTE IDEAL. 3. LETRA DE CAMBIO. EMISSAO ABUSIVA. FALTA DE CONSENTIMENTO DO DEVEDOR. SUSTACÃO DE PROTESTO. ACAO ANULATÓRIA. 4. CONDOMÍNIO. DESPESAS. LETRA DE CAMBIO. EMISSÃO ABUSIVA.

REFERÊNCIAS LEGISLATIVAS: CC-146 PAR-ÚNICO.

José Fernando Lutz Coelho

JURISPRUDÊNCIA: JULGADOS TARGS V. 62, P.231; V. 63, P. 189; V. 69; P. 225; V. 70, P. 332; V. 50, P. 419; V. 40, P. 195; V. 78, P. 360.

REVISTA DE JURISPRUDÊNCIA: JULGADOS TARGS V-87 P-361
– Civil, comercial e processual civil – Medida cautelar de sustação de protesto – Ações declaratórias – Cumulação com perdas e danos – duplicatas levadas a protesto para cobrança de valores devidos a título de aluguéis de imóvel, taxas de condomínio e débitos de telefones – Nulidade – Danos Morais – Inocorrência – Litigância de má-fé – Não comprovação – 1. A duplicata, título causal, deve representar a efetiva realização de compra e venda mercantil ou prestação de serviços, não sendo permitida a emissão de duplicata para cobrança de dívida de outra natureza. 2. Como as duplicatas foram emitidas para cobrança de valores de aluguéis de imóvel, taxas de condomínio e débitos de telefone, tais títulos são nulos, porquanto o contrato de locação imobiliária é de natureza civil. 3. Não comprovada má-fé ou culpa nos saques das duplicatas, não há como a parte responder por danos morais, vez que até o próprio julgador singular entendeu como regular os saques, não se podendo exigir do leigo o conhecimento profundo da matéria jurídica em análise. 4. Dá-se provimento ao recurso quanto aos pedidos das ações principais e cautelar, para declarar nulas as duplicatas e confirmar a liminar de sustação de protesto. 5. Rejeita-se pedido de danos morais, bem assim de indenização por litigância de má-fé, esta não comprova da. Conhecer. Dar provimento. Unânime. (TJDF – APC 5300999 – 3ª T.Cív. – Rel. Des. Mario-Zam Belmiro – DJU 09.05.2001 – p. 35)

II – A FATURA AÇÃO A SER AJUIZADA.

A requerente ajuizará ação para, através de processo de conhecimento, declarar a extensão e conteúdo da situação jurídica existente entre as partes, inclusive para definir valores, forma de rateio, despesas ordinárias e extraordinárias.

Na lide principal, que deverá seguir o rito ordinário, a requerente provará a veracidade dos fatos imputados contra o requerido, em procedimento compatível, mediante a produção de ampla atividade probante, resultará incontestável o direito da requerente, anulação dos títulos, prestação de contas e perdas e danos.

O protesto dos títulos nos valores pretendidos pelo requerido resultará em desembolso indevido de quantias relevantes, além de abalo creditício na praça.

Logo e devido à urgência do pedido ora ajuizado, a requerente pede vênia para demonstrar a plausibilidade de seu direito – requisito da concessão da liminar.

Cabe destacar, que a urgência de que se reveste a situação impede que a requerente possa discorrer de forma mais minuciosa a ocorrência dos fatos.

No processo de conhecimento, sede adequada para tanto serão melhor delineados os argumentos, pois o requerido deixou de proceder o rateio e cobrança adequada.

Sendo assim, o valor, caso existente, seria substancialmente menor que o expresso no título a ser protestado.

A requerente prefere acreditar que o envio do título a protesto deva ser um equívoco, por parte do requerido. Todavia e com o devido respeito, não é de se descartar que tal medida do requerido consista em um meio de constrangimento indevido da requerente.

Tanto mais porque o título de crédito, vale dizer, que a sua emissão depende e se subordina aos termos exatos de um negócio jurídico específico, lastreado em norma legal que o constitua.

3 – DO PEDIDO:

Diante do exposto, vem propor a presente ação cautelar de sustação de protesto, requerendo seja deferida com URGÊNCIA medida LIMINAR, expedindo-se mandado a ser encaminhado ao OFICIO DE REGISTROS ESPECIAIS, Tabelionato de Protesto, rua Venâncio Aires, nº 2199, Ed, Aymara, nesta cidade.

Requer ainda:

a) a citação do requerido por meio de OFICIAL DE JUSTIÇA, através do Síndico, para querendo, oferecer contestação, no prazo legal, sob pena de revelia;

b) a produção de todos os meios de provas em direito admitidas, a serem produzidas em momento processual oportuno, inclusive depoimento pessoal do representante legal do Condomínio requerido, sob pena de confesso;

c) a presente ação cautelar é preparatória de ação principal declaratória de débito cumulada com perdas e danos e prestação de contas;

d) que ao final, seja julgada procedente a presente ação, tornando definitiva a medida de sustação, além da condenação da requerida em custas judiciais e honorários advocatícios.

Dá-se à causa o valor de R$ ...

N. Termos,

P. Deferimento.

Santa Maria, ...

p.p. _____

8.10. Ação principal declaratória

EXMO. SR. DR. JUIZ DE DIREITO DA ... VARA CÍVEL
DA COMARCA DE SANTA MARIA/RS.

Por dependência ao processo
Nº
AÇÃO DECLARATÓRIA:

.... LTDA, nesta cidade, neste ato presentada pela sócia, ..., residente nesta cidade, vem, por intermédio de seus procuradores constituídos que recebem intimações na rua Alberto Pasqualini, nº 70, Conj. 1.211 e 1.212, Torre Ribas, Santa Maria Shopping, nesta cidade, ajuizar a presente AÇÃO DECLARATÓRIA, pelo rito ordinário, nos moldes do art. 282 e seguintes, contra CONDOMÍNIO EDIFÍCIO RESIDENCIAL .... localizado nesta cidade, através do Síndico residente no mesmo endereço, apt. 200, pelos motivos que a seguir passa a expor:

DOS FUNDAMENTOS FÁTICOS:

A requerente propôs ação cautelar de sustação de protesto, em processo que tramita nesta Vara Cível, em processo de nº —tendo sido concedida liminar, determinando a sustação dos protestos dos títulos emitidos pelo condomínio, diante dos requisitos legais demonstrados pela empresa requerente.

Como aduzido na ação cautelar preparatória, a requerente é condômina de unidades autônomas que integram o Edifício Residencial Valência, tendo o Condomínio requerido, emitido títulos para protesto junto ao Serviço Notarial de Protestos, na rua Venâncio Aires, 2199, nesta cidade, com os seguintes PROTOCOLOS, conforme documentos anexos: 1) 1.750.217-3, valor R$ 992,67 e venc. 25/08/2004; 2) 1.750.141-3, valor R$ 219,51 e venc. 25/08/2004; 3) 1.750.142-6, valor R$ 219,51 e venc. 25/08/2004; 4) 1.750.229-2, valor R$ 2.081,89 e venc. 25/08/2004; e, 5) 1.750.133-5, valor R$ 189,15 e venc. 25/08/2004, conforme cópia dos documentos inclusos.

Ocorre que as despesas que induziram a emissão de "títulos", se referem às despesas condominiais pelo que constam nos boletos bancários, sem existir qualquer discriminação ou demonstração das taxas condominiais, sejam despesas ordinárias ou extraordinárias, nem mesmo demonstrativo mensal que vislumbre a mensuração dos valores, forma de rateio, seja por fração ideal ou unidade, controvérsia já existente, que vem causando a contrariedade da requerente.

Observa-se que a requerida ao invés de propor ação de conhecimento para obtenção das pretensas taxas de condomínio, equivocadamente, emitiu títulos levando a protesto junto ao Ofício de Registro Especiais, mesmo na ausência de título executivo extrajudicial.

Denotam-se inúmeras irregularidades nas despesas relativas as taxas condominiais, pois não há discriminação adequada que viabilize a constatação de despesas, vislumbrando a forma e cobrança irregular, ainda que, sem a devida prestação contábil das contas em prol da coletividade condominial.

Em face do exposto, por evidente que os pretensos títulos são revestidos de nulidade, pela sua iliquidez e inexigibilidade, onde os valores das taxas, relacionadas como condominiais não são especificadas, não auferindo a necessária transparência.

CONDOMÍNIO EDILÍCIO

Por efeito, é que a requerente não reconhece a existência dos valores apontados pelo requerido, devendo ser efetivamente demonstrada as despesas devidas, para propiciar o adimplemento do que efetivamente for apurado e claramente demonstrado, ainda que, incabível o protesto de taxas condominiais, na forma efetuada.

DOS FUNDAMENTOS JURÍDICOS:

Tendo em vista os fatos acima elencados, constitui-se o aponte para protesto, constituiu num gesto típico de constrangimento à empresa requerente, com abalo de crédito junto às Instituições Financeiras e Bancárias.

Nesse sentido que a requerente propõe a presente ação declaratória principal, através de processo de conhecimento, rito ordinário, para declarar a existência ou inexistência das despesas, inclusive visando a extensão e conteúdo da situação jurídica existente entre as partes, inclusive para definir valores, forma de rateio, despesas ordinárias e extraordinárias.

Por esta razão, em decorrência da inexistência de título executivo extrajudicial, é que oportuniza a declaração da nulidade dos títulos apontados pelo requerido, apresentados junto ao Cartório de Ofício Especiais, pois inexistem títulos executivos judiciais ou extrajudiciais, sem qualquer amparo legal dos arts. 584 ou 585 do CPC.

Da Ação Declaratória:

O mestre PONTES DE MIRANDA, com propriedade, argumenta que a ação declaratória é aquela em que prepondera a eficácia de declarar. (In Tratado das Ações, Ed. RT, 1970, t. I, p. 124).

Assim, as ações declaratórias objetivam, principalmente, a declaração da existência, ou inexistência de uma relação jurídica, ou da autenticidade ou falsidade de um documento, mas ainda, ao se pleitear a declaração de uma relação jurídica, em segundo plano podem estar presentes efeitos condenatórios e/ou constitutivos, sem desconfigurar a ação como declaratória, posto que esta precipuamente buscará efeitos declaratórios.

Podemos assim, conceituar a ação declaratória em consonância com o Código de Processo Civil atual: "é aquela que visa meramente (ou mais propriamente, na linha de pensamento de Pontes de Miranda, principalmente) a declaração da existência ou inexistência de uma relação jurídica, ou da falsidade ou autenticidade de um documento". A ação declaratória é então uma ação de conhecimento que apresenta efeitos fundamentalmente declaratórios. Segue o rito de procedimento ordinário.

A ação declaratória autônoma tem um fascínio próprio, pela sua utilidade singular. Pois a coisa julgada, atribuindo à decisão a qualidade de imutabilidade, traz certeza e segurança jurídicas, que por si podem ser necessárias e suficientes à solução de litígios, em especial na forma preventiva.

Por efeito, busca a eliminação da incerteza acerca da existência ou inexistência de uma relação jurídica ou da falsidade ou autenticidade de um documento, de sorte a se alcançar o valor da segurança emergente da coisa julgada.

Devido às peculiaridades da ação declaratória, diversas teorias tentam estabelecer sua natureza jurídica, mas sem dúvidas, significa um direito subjetivo, público, processual, autônomo, abstrato e instrumental, e, a ação declaratória espécie do gênero ação, possui esta a mesma natureza jurídica daquela.

As Condições da Ação:

O interesse de agir consubstancia-se na necessidade e utilidade do provimento jurisdicional, demonstradas por pedido idôneo, lastreado em fatos e fundamentos jurídicos hábeis a provocar a tutela do Estado. O requisito da necessidade significa que o autor não dispõe segundo a ordem jurídica, de outro meio hábil à solução do conflito de interesses senão a propositura da ação.

No caso *sub judice*, a requerente objetiva declarar a existência ou inexistência de supostas despesas condominiais, que não são demonstradas, especificadas, discriminadas, definidas (ordinárias ou extraordinárias), forma de rateio, comprovação dos valores, pagamentos, despesas aprovadas em assembléia, gastos necessários, créditos, etc.

O provimento jurisdicional demandado é adequado e idôneo a resolver o conflito, pois deve ser ressaltado, que embora existam hidrômetros próprios, inclusive do BLOCO "C", as taxas de água são cobradas e divididas entre todos os condôminos dos três blocos, A, B, e C. QUAL A RAZÃO? Por que a requerente deve participar das despesas de água consumida pelos outros blocos, se existem medidores autônomos(conforme declaração obtida junto a Superintendência Regional da CORSAN) ?

A legitimidade *ad causam*, mais um dos requisitos da ação, consiste na autorização a figurar num dos pólos da relação processual, apenas quem detém a titularidade do direito material disputado, o que se destaca diante do protesto encaminhado pelo requerido, e a condição de condômina da requerente.

E a possibilidade jurídica do pedido nada mais é do que a admissibilidade de provimento do pedido submetido aos ditames do ordenamento jurídico pátrio, com base no art. 4º do Código de Processo Civil.

Art. 4º. O interesse do autor pode limitar-se à declaração:

I – da existência ou da inexistência de relação jurídica;

II – da autenticidade ou falsidade de documento.

Parágrafo único. É admissível a ação declaratória, ainda que tenha ocorrido a violação do direito.

Da prestação de contas:

Em razão da demonstração pelo requerido das despesas, destaca-se a necessidade de uma prestação de contas e demonstração dos valores que integram as taxas decorrentes do Condomínio, aliás, o art. 917 do CPC, estabelece:

Art. 917. As contas, assim do autor como do réu, serão apresentadas em forma mercantil, especificando-se as receitas e a aplicação das despesas, bem como o respectivo saldo; e serão instruídas com os documentos justificativos.

– AÇÃO DE EXIGÊNCIA DE PRESTAÇÃO DE CONTAS – REQUISITOS – ARTIGO 917 DO CPC – Apresenta-se legítimo o interesse do usuário em conhecer os critérios utilizados pela Administradora na composição dos encargos cobrados. Situação em que os documentos constantes nos autos não se prestam para o fim colimado, desatendendo a forma de apresentação prevista no artigo 917 do Código de Processo Civil. APELAÇÃO PROVIDA. (6 fls). (TJRS – APC 70001510387 – 17ª C.Cív. – Relª Desª Elaine Harzheim Macedo – J. 03.10.2000).

3 – DO PEDIDO:

Diante do exposto, vem propor a presente ação declaratória cumulada com prestação de contas, através do rito ordinário, requerendo a V. Exa:

a) a citação do requerido por meio de OFICIAL DE JUSTIÇA, através do Síndico, para querendo, oferecer contestação, no prazo legal, sob pena de revelia;

b) a produção de todos os meios de provas em direito admitidas, a serem produzidas em momento processual oportuno, principalmente pericial, inclusive depoimento pessoal do representante legal do Condomínio requerido, sob pena de confesso;

c) seja a presente ação principal distribuída por dependência a ação cautelar preparatória de sustação de protesto, processo nº —

d) que ao final, seja julgada procedente a presente ação, tornando definitiva a medida de sustação, pela inexistência de título executivo, bem como julgados procedentes os pedidos declaratório e prestação de contas, evidenciando efetivamente os valores das taxas condominiais representadas pelos boletos bancários sem demonstrativo e discriminação;

e) a condenação da requerida em custas judiciais e honorários advocatícios.

Dá-se à causa o valor de R$ ...

Pede Deferimento.

Santa Maria, ...

p.p. _____

8.11. Contestação no Juizado Especial Cível

EXMO. SR. DR. JUIZ DE DIREITO DO JUIZADO ESPECIAL
CÍVEL DE SANTA MARIA/RS

PROCESSO

CONDOMÍNIO CONJUNTO RESIDENCIAL .... já qualificado nos autos da AÇÃO DE REPARAÇÃO DE DANOS que lhe move ...., vem no prazo legal (ou na audiência de instrução), por intermédio de seu procurador, com instrumento de mandato incluso, oferecer CONTESTAÇÃO nos fundamentos fáticos e jurídicos que passa a expor:

DOS FATOS

O autor narra incidente do qual resultou a danificação do seu veículo e o furto do aparelho de som instalado no mesmo, bem como a tampa do porta malas e dois alto falantes, enquanto este se encontrava estacionado no interior da garagem do edifício.

Diante disso, almeja ser ressarcido dos danos atinentes do ilícito, que perfazem a importância de R$ 658,00 (seiscentos e cinqüenta e oito reais).

Diz ainda, que o portão onde o veículo estava estacionado permaneceu aberto por vários dias, o que não procede, conforme se demonstrado pela produção de prova teste-munhal, a ser produzida na audiência de instrução.

Quanto ao pagamento em dia das taxas condominiais, não guarda nenhuma relação com dever do oferecimento de segurança interna pelo condomínio, pois é obrigação que decorre da sua situação de condômino-proprietário ou locatário, e atine tão-somente as despesas ordinárias, e no que tange à área comum do estacionamento, à sua limpeza e manutenção.

É sabido que os veículos ficam estacionados em área interna do condomínio, que fica guarnecido por portão eletrônico. Todavia, as suas instalações são desprovidas de vigias ou seguranças, o que exime o condomínio de qualquer ressarcimento oriundo de furto/roubo que ocorra em suas dependências.

DO DIREITO

Em que pese o dano sofrido pelo autor, deverá evidentemente fazer prova de que efetivamente o dano ocorreu no estacionamento do condomínio requerido, caso contrário, torna totalmente inviável qualquer pretensão indenizatória, bem como demonstre a sua legitimidade como condômino-proprietário ou locatário, o que inexiste nos autos.

Mesmo assim, não tem o condomínio o dever de arcar com a reparação do dano em comento, tendo em vista que inexiste tal previsão na Convenção de Condomínio, tampouco oferece este tipo de segurança, visto também, que inexiste cobrança pelo serviço respec-tivo.

A jurisprudência é maciça no que tange ao assunto, deste modo, vejamos algumas decisões do Egrégio Tribunal de Justiça do Estado e Superior Tribunal de Justiça:

Furto de veículos. Responsabilidade civil. Condomínio. Não tendo o condomínio o dever de guarda dos veículos ali estacionados e nem demonstrada pela prova a obrigação de propiciar a seguranca nas dependências do prédio, não responde ele pelos prejuízos decorrentes do furto. Apelo improvido. (Apelação Cível Nº 595028846, Quarta Câmara

Cível, Tribunal de Justiça do RS, Relator: DES. Henrique Osvaldo Poeta Roenick, julgado em 08/11/95).

Ação de ressarcimento. responsabilidade civil. Em não havendo a convenção do condomínio disposto sobre a responsabilidade, descabe indenização quando do furto de veículo estacionado em garagem de prédio. Nas causas em que não há condenação, aplica-se o disposto no art. 20, § 4º do Código de Processo Civil, na fixação dos honorários advocatícios. Apelos improvidos. Sentença mantida. DECISÃO Unânime. (Apelação Cível Nº 70002488609, Décima Câmara Cível, Tribunal de Justiça do RS, Relator: DES. Jorge Alberto Schreiner Pestana, julgado em 18/04/02).

RESPONSABILIDADE CIVIL. Condomínio. Furto de motocicleta. Garagem. Não há responsabilidade do condomínio se este não assumiu expressamente em sua convenção a obrigação de indenizar os danos sofridos pelos condôminos, decorrentes de atos ilícitos ocorridos nas áreas comuns do prédio. Precedente. Recurso conhecido e provido.(STJ, Resp. 268669, 4ª Turma, J 19/04/2001).

Desta forma, em decorrência de não haver previsão expressa na Convenção de Condomínio, descabe qualquer indenização nos moldes delineados pelo autor, com base na jurisprudência contundente e pacífica do nosso Tribunal.

Diante do exposto, requer a improcedência dos pedidos formulados pelo autor, com sua condenação nas cominações de direito.

Requer, ainda a produção de todos os meios de provas permitidas pelo direito, a serem fornecidas na forma viabilizada pela Lei 9.099/95, bem como a oitiva das testemunhas já arroladas e intimadas, na forma do art. 34, e depoimento pessoal do requerente, sob pena de confesso.

N. termos,

P. deferimento.

Santa Maria, ...

p.p. _____

8.12. Recurso de Apelação

(impossibilidade de cautelar satistativa), recurso que resultou provido com decisão proferida pela Câmara do TJ/RS, com teor aduzido após a peça recursal.

EXMO. SR. DR. JUIZ DE DIREITO DA
2ª VARA CÍVEL DE SANTA MARIA/RS

PROCESSO Nº

RÉ....(qualificação completa) nos autos da AÇÃO CAUTELAR INOMINADA COM PEDIDO DE LIMINAR que lhe move CONDOMÍNIO EDIFÍCIO autor........, vem diante da respeitável sentença prolatada, que julgou procedente a ação cautelar, interpor recurso de apelação, requerendo sejam recebidas às razões recursais, para serem apreciadas pelo Egrégio Tribunal de Justiça do Estado.
N. Termos,
P. Deferimento,
Santa Maria, ... de ....
p.p. _____

AO EGRÉGIO TRIBUNAL DE JUSTIÇA DO
ESTADO DO RIO GRANDE DO SUL

APELANTE: ....
APELADO: CONDOMÍNIO EDIFÍCIO ....
RAZÕES RECURSAIS:

Não se conforma a apelante com a respeitável sentença monocrática, que julgou procedente a ação cautelar inominada, para "determinar a SUSTAÇÃO DA REALIZAÇÃO DA ASSEMBLÉIA GERAL EXTRAORDINÁRIA do Condomínio Edifício ...., designada para o dia 09 de abril de 2002", pois impossível a pretensão objetivada pelo apelado, sendo por efeito, carecedor de ação.

Em que pese, o juízo de 1º grau, ter proferido decisão favorável, no sentido de determinar a manutenção em definitivo da liminar deferida, em favor do apelado, o que efetivamente embasa o recurso de apelação, é a impossibilidade do deferimento de caráter satisfativo à medida cautelar pleiteada, bem como, diante da total regularidade de convocação da assembléia geral extraordinária suspensa, em face de sua total regularidade e legalidade, consoante demonstrado na peça contestatória pela apelante.

PRELIMINARMENTE:

- Carência de Ação:

O apelado ajuizou ação cautelar inominada com pedido de liminar, com o intuito de impedir a realização da assembléia geral extraordinária marcada para a data de 09/04/2002, às 20:00 horas pela apelante, em face de supostas irregularidades na dita convocação.

No entanto, embora o apelado tenha obtido a sustação da realização da assembléia geral extraordinária do Condomínio Edifício ...., conforme pleiteado na peça vestibular, através de medida liminar. Deixou este de impetrar a demanda principal.

Como se pode observar da peça exordial o apelado ajuizou ação cautelar inominada com pedido liminar, e assim foi recebida pelo juízo a quo, que determinou a citação da apelante para contestar.

Todavia, antes de adentrar o mérito da presente demanda, é indispensável perquirir sobre o cabimento da ação cautelar. O pedido, tal como formulado na peça vestibular, desborda dos limites da cautelaridade, pois busca o impedimento da realização de assembléia geral extraordinária, em face de supostas irregularidades. Tal pretensão afigura-se satisfativa e, portanto, deve ser objeto de processo de conhecimento de rito comum.

A liminar foi concedida, tendo sido julgada procedente a cautelar, para o fim de manter em definitivo a SUSTAÇÃO DA REALIZAÇÃO DA ASSEMBLÉIA GERAL EXTRAORDINÁRIA do Condomínio Edifício................., designada para o dia 09 de abril de 2002.

Ora, não é esta a função da medida cauletar – reconhecimento de direito. O deferimento de caráter satisfativo à medida cautelar, diante do comando legal, afigura-se impossível, salvo em situações específicas.

O mérito deveria ser examinado em ação principal, a ser ajuizada no prazo de trinta dias. Caso contrário, atropela-se a finalidade da cautelar, que fica transformada em principal, sem qualquer razão e em atropelo ao comando do CPC, em seus arts. 806, 807 e 808.

Cabe transcrever considerações acerca da cautelar, proferidas pelo Ministro Carlos Alberto Menezes Direito, no Resp 139.552, posto que esclarecedoras sobre os limites do processo cautelar:

"...o que se colima com o processo cautelar é a garantia da utilidade de um posterior provimento jurisdicional definitivo. Trata-se de processo em que, com base na averiguação de que há fumus boni iuris e periculum in mora, se preserva a parte do risco de ineficácia do processo principal."

Na Exposição de Motivos do Código de Processo Civil, ALFREDO BUZAID esclarece, com propriedade que:

"a expressão processo cautelar tem a virtude de abranger todas as medidas preventivas, conservatórias e incidentes que o projeto ordena no Livro III, e, pelo vigor e amplitude do seu significado, traduz melhor que qualquer outra palavra a tutela legal (Exposição de Motivos do CPC; Da terminologia do Projeto). Nesta perspectiva, o processo cautelar surge como uma nova face da prestação jurisdicional, trazendo como elemento específico a prevenção."

Humberto Theodoro Junior, em abalizado magistério, pontifica:

"Dispõe o art. 796 que 'o procedimento cautelar pode ser instaurado antes ou no curso do processo principal e deste é sempre dependente'. Não se trata, porém, de antecipar o resultado do processo principal, porque os objetivos do processo cautelar são diversos daqueles procurados por este. Assim, o principal tem por escopo a definitiva composição da lide, enquanto o cautelar apenas visa afastar situações de perigo para garantir o resultado daquela mesma composição da lide. Na verdade, o processo principal busca tutelar o direito, no mais amplo sentido, cabendo ao processo cautelar a missão de tutelar o processo, de modo a garantir que seu resultado seja útil, eficaz e operante' (Curso de Direito Processual Civil; 20ª ed. Vol. 2, p. 377). O eminente processualista ao se reportar às lições de CARNELUTTI, arremata: 'CARNELUTTI reconhece que enquanto o processo principal (de cognição ou execução) serve à tutela do direito, o processo cautelar, ao contrário, serve à tutela do processo' (FRANCESCO CARNELUTTI, Diritto e Processo, 1958 nº 243, p.356)."

O pedido tal como posto afigura-se impossível na ação cautelar, o que induz ao juízo de carência de ação, e conseqüente extinção do processo.

Nessa linha, o STJ tem se manifestado:

PROCESSUAL CIVIL. RECURSO ESPECIAL. MEDIDA CAUTELAR. NÃO AJUIZAMENTO DA AÇÃO PRINCIPAL NO PRAZO LEGAL. INEFICÁCIA DA MEDIDA. EXTINÇÃO DO PROCESSO. CPC, ART. 806 E 808. PRECEDENTES STJ.

Se não for ajuizada a ação principal no prazo de 30 (trinta) dias cessará a eficácia da medida cautelar, devendo o juiz decretar de ofício a extinção do processo. Recurso conhecido e provido."

(Resp 81.861/DF, 2ª Turma, Rel. Min. Peçanha Martins)

Esta 10ª Câmara também decidiu no mesmo sentido, o que se observa na Ap. Cível 196 054 829, da qual fui relator. Diz a ementa:

MEDIDA CAUTELAR SATISFATIVA. CABIMENTO.

A não ser nas hipóteses em que se trata de medida cautelar satisfativa, previstas em lei, ou assim consideradas por construção pretoriana, não pode a mesma permanecer solteira, sem a ação de fundo, já que, além de ter desígnio diverso daquela, que diverge quanto à cognição, que é sumária, tem outro objeto e dilação probatória distinto.

Cautelar que traz ínsita a lide. Necessidade do aforamento de ação principal. Processo extinto.

Cabe citar também como precedente a Apelação Cível nº 599265527.

Também na Apelação Cível 597194158, assim se manifestou tribunal:

PROCESSUAL. AÇÃO CAUTELAR. HOSPITAL PARTICULAR. MÉDICO MEMBRO DO CORPO CLÍNICO. SUSPENSÃO DE INTERNAÇÃO E ATENDIMENTO DE PACIENTES. LIMINAR BUSCADA PARA SUSPENDER A MEDIDA. NÃO INDICAÇÃO E NEM AJUIZAMENTO DE AÇÃO PRINCIPAL. NATUREZA SATISFATIVA QUE A MEDIDA NÃO POSSUI. EXTINÇÃO DO FEITO.

CONSIDERANDO-SE A FINALIDADE DA MEDIDA CAUTELAR, QUE É A DE OBTER SEGURANÇA E NÃO A DE DISCUTIR O PRÓPRIO DIREITO, QUE DEVE SER OBJETO DE DEMANDA PRINCIPAL, NÃO PODE ELA SER USADA COMO SUCEDÂNEO DA DEMANDA PRINCIPAL. NAO TENDO CARÁTER SATISFATIVO, RESERVADO PARA HIPÓTESES PREVISTAS EM LEI E PARA MATÉRIA RELACIONADA COM FAMÍLIA, ONDE NÃO SE INSERE A ESPÉCIE, DEVERIA TER SIDO INDICADA E AJUIZADA A AÇÃO PRINCIPAL, NO PRAZO LEGAL, QUE É PEREMPTÓRIO. NÃO TOMADAS ESSAS PROVIDÊNCIAS, A HIPÓTESE É DE EXTINÇÃO DO FEITO. SENTENÇA MODIFICADA. APELAÇÃO PROVIDA. (APELAÇÃO CÍVEL Nº 597194158, TERCEIRA CÂMARA CÍVEL, TRIBUNAL DE JUSTIÇA DO RS, RELATOR: DES. TAEL JOÃO SELISTRE, JULGADO EM 26/03/98)

Assim, resta evidenciado o equívoco cometido pelo juízo a quo, em julgar procedente a ação cautelar inominada, mesmo diante, do não ajuizamento da ação principal pelo apelado, devendo o presente feito ser extinto, invertendo-se os ônus sucumbenciais.

- DO MÉRITO:

No que tange ao mérito, cumpre ressaltar novamente, que o condomínio através do seu representante, que ainda, se dizia síndico, na época em que propôs ação cautelar inominada, visando medida liminar, e que foi deferida inaudita altera parte, no sentido de determinar a sustação da realização de assembléia geral extraordinária, convocada nos exatos termos da convenção condominial, auferida pelo art. 8º, parágrafos 3º e 4º, alínea C.

Há que se salientar, no entanto, que A ASSEMBLÉIA EXTRAORDINÁRIA, visava a exigibilidade da prestação de contas, eleição do síndico e conselho fiscal consultivo, discussão de multa para os infratores da convenção e regimento interno do condomínio, e ainda, assuntos gerais, conforme convocação juntada em fl. 15 e edital de fl. 17.

Embora o juízo monocrático, tenha entendido de forma equivocada, quando da prolação da decisão recorrida, quanto a regularidade da convocação procedida pela apelante. Na realidade a dita convocação fora realizada através da representante/apelante indicada pelos condôminos do prédio, referente a , conforme dispõe a convenção, na alínea "c" do parágrafo 4º, do art. 8º, diante da inércia e ausência do síndico e conselho consultivo, conforme se demonstra pela documentação de fls. 47/48.

DA AUSÊNCIA DE ELEIÇÃO E PRESTAÇÃO DE CONTAS DO ANO DE 2001.

Ficou demonstrado no bojo dos autos da presente ação, consoante se observa pelas ATAS DE FLS. 09/12, que se tratam de assembléias de eleição e prestação de contas dos anos de 1997, 1998, 1999 e 2000, sendo que a prestação até fevereiro de 2000.

Pela convenção do condomínio, na forma do art. 7º, § 2º estabelece:

"- A Assembléia Geral se reunirá ordinariamente no mês de Março de cada ano para apreciar as contas, aprovar o orçamento e deliberar sobre os demais assuntos que constem da ordem do dia;"

Ainda, o art. 10 da convenção, claramente determina:

"- O Síndico, com mandato anual, eleito pela Assembléia Geral Ordinária, exercerá a administração direta do Condomínio, podendo ser reeleito, e será nomeado, de preferência, entre pessoas estranhas ao Condomínio, podendo a nomeação recair, inclusive, em pessoa jurídica."

Portanto, ao contrário do que entendeu o juízo a quo, a convocação implementada pela apelante, em representação a dos condôminos, está perfeitamente respaldada pela CONVENÇÃO e pela Lei de Condomínios (lei nº 4.591/64, pois conforme documento que se anexa, com 22 (vinte e duas) assinaturas, em representação aos condôminos, nomearam a mesma como representante ou procuradora, exatamente, em razão de que o síndico a quase três anos, não promove a assembléia geral ordinária, nem mesmo o conselho consultivo.

Assim, a atitude da representante/apelante e parte passiva da ação cautelar, está plenamente embasada na convenção e na lei Condominial, já que, o condomínio requerente, através do seu suposto síndico, maliciosamente e propositadamente, omitiu o documento que respaldou a requerida ... representar os 25% dos condôminos, conforme original que se anexa.

Nesses termos, o Síndico não exercia mandato nos moldes da convenção (ANUAL), nem prestava contas (ANUAL), contrariando os dispositivos estabelecidas no regramento condominial.

Por tais razões, resta evidente nos autos, que a assembléia ordinária deveria ter sido realizada no mês de MARÇO (§ 2º do art. 8º), não convocada, como apressadamente fez o representante do condomínio, quando pela sua omissão e do conselho consultivo, designaram após a atitude da apelante juntamente com do dos condôminos, aí sim, na forma da convenção (art.8º, § 3º, alínea "c" da convenção).

DA REPRESENTAÇÃO DA REQUERIDA EM PROL DE DOS CONDÔMINOS E A LEI 4.591/64:

A lei que dispõe sobre o condomínio em edificações e as incorporações imobiliárias, tratando das unidades destinadas para fins residenciais ou não-residenciais determina a partir do capítulo II, a obediência à convenção de Condomínio, pois é documento que contém um conjunto de normas que fora estabelecido pelos proprietários condominiais, devidamente registrado no Cartório Imobiliário, estabelecendo direitos e deveres de todos, ou seja, é a lei entre os condôminos de cada condomínio.

Expressamente a Lei nº 4.591/64, em seu art. 22, dispõe:

"Será eleito, na forma prevista pela convenção, um síndico do condomínio, cujo mandato não poderá exceder a 2 anos, permitida a reeleição. (grifo do autor)

§ 1º. Compete ao síndico:

(...)

c) praticar os atos que lhe atribuírem as leis, a convenção e o regimento interno;

(...)

e) cumprir e fazer cumprir a convenção e o regimento interno, bem como executar e fazer executar as deliberações da assembléia;

f) prestar contas à assembléia dos condôminos;"

Portanto, constata-se que o Síndico que representa o Condomínio apelado, vulnerou a convenção, mas também a lei ordinária do condomínio, visto que, não realizou a eleição na forma prevista na convenção, não cumpriu a convenção, não prestou contas, na forma e prazo estabelecido na convenção, o que efetivamente, legitimou a atitude da apelante em favor dos condôminos que integram do proprietários, conforme documento que se referiu, fls. 47/48, omitido pelo apelado.

Sabe-se, que a lei de condomínios em edificações, no CAPÍTULO VII, que trata DA ASSEMBLÉIA GERAL, em seu art. 24 e 25 claramente enunciam:

Art. 24. Haverá, anualmente, uma assembléia geral ordinária dos condôminos, convocada pelo síndico na forma prevista na convenção, à qual compete, além das demais matérias inscritas na ordem do dia, aprovar, por maioria dos presentes, as verbas para as despesas de condomínio, compreendendo as de conservação da edificação ou conjunto de edificações, manutenção de seus serviços e correlatas.

Art. 25. Ressalvado o disposto no § 3º do artigo 22, poderá haver assembléias gerais extraordinárias, convocadas pelo síndico ou por condôminos que representem um quarto, no mínimo, do condomínio, sempre que o exigirem os interesses gerais.

Diante disso, e de forma conclusiva, demonstra-se que o síndico também não cumpriu a Lei do Condomínio, pois esta respalda a convenção para realização da assembléia ordinária, e até, no que concerne aos condôminos de pleitearem a realização de assembléia extraordinária, face a omissão do síndico e seu conselho consultivo.

Sendo assim, estava legitimada a apelante a convocar a assembléia EXTRAORDI-NÁRIA, se vislumbrando que a ASSEMBLÉIA dita ORDINÁRIA pelo apelado, em 19/04/2002, no caso o Condomínio através do síndico, estava equivocada e fora dos parâmetros da convenção e da Lei de Condomínios, simplesmente porque, não estava em conformidade com a convenção nem com a lei, passível de nulidade, por efeito.

Desta forma, restou cabalmente demonstrado nos autos, que não condiz com a verdade, na peça inicial, quando alude que a assembléia foi convocada por uma única condômina, pois representou sim, a apelante, assinando documento que viabilizasse a publicação do edital, mas, em representação aos inúmeros condôminos, que até superam 25%, estando plenamente amparados juridicamente.

Auspicioso ressaltar, que a reunião ordinária deveria ser convocada pelo síndico ou conselho, e realizada em MARÇO, não em abril, como fora determinado, além do que, não se realizou a assembléia ordinária de 2001, sem eleição do síndico, onde o mandato é anual, e evidente, sem prestação de contas e por efeito, não se encontram devidamente legitimados.

ISTO POSTO, especificamente, em relação a sentença de primeiro grau, que julgou procedente a presente ação, vem requerer à Egrégia Câmara Cível do Tribunal de Justiça do Estado, que reveja integralmente a sentença "a quo", para reformar a sentença monocrática, proferida pelo juízo da 2ª Vara Cível da comarca de Santa Maria, no sentido de:

– declarar inviável o caráter satisfativo da cautelar inominada formulado pelo apelado, em vista das razões expostas, pela flagrante impossibilidade jurídica do pedido, gerando a carência de ação e a conseqüente extinção do feito, sem julgamento de mérito;

– ou, em não sendo acolhida a preliminar argüida, o que não se acredita, que seja reformada a decisão recorrida, com a total improcedência da pretensão deduzida pela apelado, com a inversão dos ônus sucumbenciais.

POR MEDIDA DE JUSTIÇA.

N. Termos,

P. Deferimento.

Santa Maria, ...

p.p. _____

8.13. Ação monitória

EXMO. SR. DR. JUIZ DE DIREITO DA ... VARA CÍVEL
DA COMARCA DE SANTA MARIA/RS

AÇÃO MONITÓRIA

Condomínio Edifício..................., inscrito no CNPJ........, localizado nesta cidade, na rua........., através do síndico..............., vem por intermédio de seu procurador, que recebe intimações à rua ...., nesta cidade, ajuizar a presente AÇÃO MONITÓRIA contra ...., brasileiro, casado, comerciante, residente nesta cidade, o qual poderá ser localizado na rua....., pelos motivos que a seguir passa a expor:

DOS FATOS:

1 – O condomínio requerente é credor da importância de R$ 2.620,00 (dois mil, seiscentos e vinte reais), correspondente aos encargos de condomínio de março de 2004 até dezembro de 2004, do apartamento 202, bloco B, de propriedade do requerido, conforme se vislumbra pela certidão imobiliária que se anexa.

2 – As despesas condominiais estão fundadas na convenção do condomínio, devidamente registrada no Cartório Imobiliário, com documentos individualizados e discriminados no demonstrativo de débito, com planilha de memória de cálculo, com valores mensais líquidos e atualizados, consoante documentação inclusa.

DO DIREITO:

3 – A ação monitória tem a natureza de processo cognitivo sumário e a finalidade de agilizar a prestação jurisdicional, sendo facultada a sua utilização, em nosso sistema, ao credor que possuir prova escrita do débito, sem força de título executivo extrajudicial, viabilizando perfeitamente a propositura da presente ação monitória, consoante o artigo 1.102a do CPC, que ora é transcrito:

"Art. 1.102a: A ação monitória compete a quem pretender, com base em prova escrita sem eficácia de título executivo, pagamento de soma em dinheiro, entrega de coisa fungível ou de determinado bem móvel".

4 – J. E. Carreira Alvim, na sua obra "Ação Monitória e Temas Polêmicos da Reforma Processual", 2ª edição, Ed. Del Rey, página 39, relata o seguinte comentário:

"Destarte no âmbito do procedimento monitório, a 'prova escrita' pode ser constituída por escritura pública, documento particular, documento demonstrativo de relação jurídica material ou de simples valor probatório (Hellwig, System), (...)."

5 – Portanto, de acordo com a doutrina, o documento apresentado, comprova plenamente a existência de vínculo jurídico material entre as partes, onde os documentos condominiais constituem " base em prova escrita sem eficácia de título executivo ", conforme entendimento doutrinário:

"Prova escrita é a documental, não necessariamente o instrumento do negócio jurídico. Podemos citar, entre outras: o documento assinado pelo devedor, mas sem testemunhas, os títulos cambiários após o prazo de prescrição, a duplicata não aceita antes do protesto ou a declaração de venda de um veículo, por exemplo." (VICENTE GRECO FILHO, *Comentários a Ação Monitória*, Ed. Saraiva, pág. 51).

Ainda;

CONDOMÍNIO EDILÍCIO

"Nota-se, claramente, que o procedimento monitório é recomendado para litígios que não contenham questões de alta indagação, vale dizer, para aqueles em que a matéria contenciosa seja relativamente simples, com, e. g., a cobrança de honorários por profissionais liberais; a cobrança fundada em extratos autênticos de livros contábeis, ou em títulos cambiais que, dado carecerem de um requisito formal ou por estarem prescritos, não ostentam eficácia executiva; etc. " (JOSÉ ROGÉRIO CRUZ E TUCCI, *Ação Monitória*, Ed. Revista dos Tribunais, pág. 40). (Grifo do autor).

6 – Na análise da melhor doutrina, o autor da ação monitória, uma vez tendo comprovado prova escrita da obrigação, deve apresentar a quantia líquida e certa de seu crédito, o que se vislumbra, com os documentos inclusos.

7 – Convém ainda explicitar, novamente, o posicionamento de J. E. Carreira Alvim, que tão bem versou sobre o assunto, nas páginas 35 e 41, respectivamente, da mesma obra mencionada:

"O artigo 1.102a compreende tanto o pagamento de soma em dinheiro (quantia certa) como a entrega de coisa fungível (coisa incerta) ou de determinado bem móvel."

"(...)Assim, deve o autor fazer prova tão-somente do fato constitutivo do seu crédito, com as qualidades de liquidez e certeza."

8 – A jurisprudência assim se manifesta:

Ação Monitória. Condomínio. Ata de Assembléia estabelecendo a convenção do Condomínio com indicação dos valores devidos pelo réu é suficiente para desencadear a cobrança, pois a obrigação deriva da lei. Dá-se provimento ao Recurso. Sentença desconstituída. (3fls) (Apelação Cível Nº 70000010603, Vigésima Câmara Cível, Tribunal De Justiça do RS, Relator: José Aquino Flores de Camargo, Julgado Em 24/08/1999.

Ainda, nesse sentido, STJ, Resp 208-870-SP- 4ª Turma, julgado em 08/06/1999, relator Ministro Sálvio de Figueiredo Teixeira.

DO PEDIDO:

ANTE O EXPOSTO, requer:

a) a citação do requerido, por meio de OFICIAL DE JUSTIÇA, com a expedição de mandado de pagamento, a ser dirigido ao requerido, inaudita altera pars, no prazo de 15 dias, na forma do artigo 1.102b do CPC, para pagamento do valor do débito atualizado;

b) a transformação do mandado suprareferido em título executivo judicial, no caso de não haver pagamento do débito, nem mesmo oferecimento de embargos pelo requerido;

c) a procedência do presente pedido e a condenação do requerido ao pagamento de custas judiciais e honorários advocatícios, no caso de não cumprimento do mandado, consoante o parágrafo 1º do art. 1.102c do CPC;

d) a produção de todo e qualquer meio de prova admitido no procedimento monitório, a serem oferecidas no momento processual oportuno, caso necessário.

Valor da Causa: R$ 2.620,00

N. Termos.

P. Deferimento.

Santa Maria/RS...

p.p. _____

8.14. Ação declaratória para alteração de participação em rateio de despesas condominiais

EXMO. SR. DR. JUIZ DE DIREITO DA ... VARA CÍVEL
DA COMARCA DE SANTA MARIA/RS

AÇÃO DECLARATÓRIA DE ALTERAÇÃO NA PARTICIPAÇÃO DO
RATEIO SOBRE DESPESAS CONDOMINIAIS COM PEDIDO
DE ANTECIPAÇÃO DE TUTELA

....................., brasileiros, casados, ele aposentado, ela do lar, residentes e domiciliados na rua .... nesta cidade; vêm, respeitosamente, por intermédio de seus procuradores constituídos, que recebem intimações na Rua Alberto Pasqualini, nº 70, cj. 1211 e 1212 – Torre Ribas – nesta cidade, ajuizar a presente AÇÃO DECLARATÓRIA DE ALTERAÇÃO NA PARTICIPAÇÃO DO RATEIO SOBRE DESPESAS CONDOMINIAIS COM PEDIDO DE ANTECIPAÇÃO DE TUTELA contra o CONDOMÍNIO EDIFÍCIO ...., localizado na Rua .... representado pela síndica ....brasileira, casada, residente e domiciliada na rua........................, nesta cidade, pelos motivos que a seguir passa a expor:

1.DOS FATOS

Os requerentes são condôminos proprietários da Loja A, localizada no andar térreo do Edifício ...., localizado na Rua ....zona urbana desta cidade, inscrita no Cartório de Registro de Imóveis da Comarca de Santa Maria sob a matrícula nº ...., *consoante certidão imobiliária anexa.*

A referida loja situa-se no condomínio do Edifício ...., então requerido, que é composto por 11 (onze) pavimentos e 8 (oito) andares com um terraço, constituído de 36 (trinta e seis) apartamentos, conforme convenção em anexo.

É pertinente ressaltar que a loja dos requerentes situa-se no pavimento térreo e tem entrada e saída independentes, sem qualquer ligação com o acesso principal do edifício, inclusive com hidrômetro próprio, individual, conforme se comprova pela cópia fatura de serviço que vai inclusa, bem como, pela descrição do "Laudo Técnico", juntado.

Ocorre que, o condomínio vem efetuando diversas despesas, tanto internas como externas, as quais não beneficiam os requerentes, pois em virtude da localização da sua loja na área condominial, estas além de serem onerosas para os requerentes, não implicam qualquer retorno para os mesmos.

Os requerentes objetivam com a presente ação, fazer com que a participação da sua loja no pagamento das despesas condominiais seja revista, a fim de que haja um rateio justo e condizente com a situação do imóvel perante o condomínio.

Para isso, os requerentes baseiam-se no LAUDO TÉCNICO efetivado pela Engenheira ...., ora anexo, em que conclui de forma categórica que "existem inúmeras despesas lançadas que estão sendo pagas pelos proprietários da loja 'A e que, efetivamente, não são utilizadas pela mesma.

Não é razoável pagar pelo que não lhe traz benefício algum, em razão da própria configuração da loja no edifício e da não utilização dos serviços, cujos valores são cobrados irregularmente.

Como se observa no laudo, pelas fotos, contidas e pela planta do prédio, inclusos, a entrada referida não possuem qualquer ligação entre si, sendo de fácil percepção que a loja do requerente sequer transitam pelas áreas de uso comum do edifício.

Da mesma forma, as despesas com a utilização da portaria, elevadores e dos serviços prestados pelo síndico são prescindíveis, pois a loja está situada no andar térreo, separada do condomínio e possui entrada própria (independente), não tendo a necessidade de que a portaria do prédio receba as postagens, como contas de luz.

Quanto aos elevadores, a loja não o utiliza, ficando seu gozo adstrito aos condôminos das unidades residenciais do edifício, pois a loja além de se localizar no térreo, o seu acesso se faz pela rua.

Também, não há a utilização dos serviços de limpeza, não utilizando os empregados do condomínio. Ressaltando-se mais uma vez, que não há utilização das áreas de uso comum.

O medidor do consumo de água e luz, inclusive é individual, afastando a possibilidade de cobrança de gastos com água e luz utilizados no condomínio.

Importante ressaltar ainda, que as únicas fontes de despesas que os requerentes vem utilizando para a sua loja, são decorrentes do pagamento de honorários e despesas previdenciárias/sociais do síndico, fundo de reserva (referente as despesas com serviços que comprovadamente serão utilizados pela loja), e honorários de administração.

Ademais, qualquer outro tipo de despesas que o condomínio realize, como as de conservação, manutenção, instalação de equipamentos e utensílios que somente beneficiam os condôminos das unidades residenciais se reveste de cobranças irregulares, que geram um lucro sem causa aos demais condôminos.

Assim, evidencia-se o enfraquecimento dos requerentes frente às cobranças abusivas decorrentes de despesas que não geram préstimo algum para a loja da qual os autores são usufrutuários e nú-proprietários, proporcionando um enriquecimento ilícito por parte do requerido às custas dos requerentes.

2. DO DIREITO

A doutrina e a jurisprudência têm concordam plenamente em que não podem ser iguais ônus de economias que se beneficiam distintamente dos serviços condominiais, mesmo quando a convenção regular não discrimine, tudo em razão de princípios de eqüidade e de contraprestacionalidade na relação custo/benefício.

Neste sentido, muito bem espelha o doutrinador Ivan de Hugo Silva, in Comentários à Lei de Condomínio em Edificações, p. 125:

"O pagamento da quota-parte do condomínio por lojas situadas na parte térrea do edifício, obriga a uma série de investigações para firmar-se ou não a obrigação em bases sólidas.

(...)

omissa a convenção, segue-se a necessidade de analisar para saber-se se a parte térrea é perfeitamente independente do restante do edifício, pagando suas taxas próprias e não usufruindo dos serviços comuns, para poder pleitear eximir-se da contribuição para benefícios que não lhe atingem."

Tal tese se encaixa claramente na situação apresentada, pois, consoante o laudo técnico, a loja dos requerentes é independente do prédio em condomínio, não utilizando as áreas de uso comum do mesmo, o que enseja pleitear a exclusão de contribuições que não lhe aproveita.

Nessa linha de entendimento tem se direcionado Nosso Tribunal:

Ementa: Condomínio. Loja térrea e depósito com autonomia funcional. Despesas ordinárias e chamadas extras. rateio. Ação de cobrança conexa. 1.Loja e depósito na área térrea de edifício em condomínio com entrada e circulação independentes, tendo em comum apenas o tronco de esgoto e a estrutura de prevenção de incêndio, deve contribuir com as despesas relativas a estes serviços e aqueles que digam com a segurança e estrutura de todo o prédio, mas não lhe podem ser remetidas aquelas que, por sua destinação só interessam aos demais condôminos. 2.Mitigação de dispositivo convencional não assinado pelos titulares daquelas unidades, impugnado mediante declaratória e sujeito a controle jurisdicional, deve ter em vista as peculiaridades do caso concreto e o próprio reconhecimento do conselho consultivo do réu. 3.Ação de cobrança conexa que só procede até o limite estabelecido na declaratória. 4.Proveram parcialmente o recurso. (Apelação Cível nº 598222404, Décima Sétima Câmara Cível, Tribunal de Justiça do RS, relator: Fernando Braf Henning Júnior, julgado em 23/03/1999).

Ementa: Ação declaratória. condomínio. loja térrea. entrada independente para a via pública. Despesas. Rateio. Critério. Ressalvadas as despesas com limpeza, segurança e manutenção do prédio, e de parte das despesas com a iluminação (um terço), que são de responsabilidade de todos, o condômino somente responde pelas que efetivamente dispõe. Não é razoável imputar-lhe o rateio se, em virtude da própria configuração do edifício, não utiliza os serviços. Precedentes do STJ. Apelação provida em parte. (apelação cível nº 70000220830, Décima Oitava Câmara Cível, Tribunal de Justiça do RS, Relator: Wilson Carlos Rodycz, Julgado eM 25/05/2000).

Merece respaldo também, a decisão proferida pelo Superior Tribunal de Justiça, que segue:

CONDOMÍNIO – LOJA TÉRREA – DESPESAS – Do rateio das despesas de condomínio não se pode resultar deva arcar o condômino com aquelas que se refiram a serviços ou utilidades que, em virtude da própria configuração do edifício, não têm, para ele, qualquer préstimo. STJ – REsp 164.672 –PR – 3ª T. – Rel. Min. Eduardo Ribeiro – DJU 07.02.2000 – p.154)(Grifo do autor)

Portanto, é pertinente o pedido ora proposto pelos requerentes em alterar o rateio que vem se fazendo nas despesas condominiais, tendo em vista a independência da loja dos requerentes frente ao condomínio supra citado, a fim de que se faça justo rateio e sejam cobradas somente despesas com as quais os autores tenham benefício.

1.DO PEDIDO

Diante do exposto, vêm querer a procedência dos pedidos formulados na presente Ação Declaratória, a fim de alterar a participação da loja dos requerentes no rateio de despesas condominiais.

Requer, ainda, a Vossa Excelência:

a) a citação do requerido por meio de carta AR/MP, na pessoa do síndico, para querendo, oferecer contestação, no prazo legal, sob pena de revelia;

b) a produção de todos os meios de prova em direito admitidas em momento processual oportuno, inclusive pericial e testemunhal;

CONDOMÍNIO EDILÍCIO

c) seja deferida a TUTELA ANTECIPADA, diante da prova inequívoca e verossimilhança da alegação, nos termos do art. 273 de CPC, evitando dano irreparável ou de difícil reparação, no sentido de que o condomínio requerido, obrigatoriamente, emita recibo discriminado e individualizado, especificando as despesas que estão sendo cobradas, aliás, obrigação legal, que não vem sendo atendida, nos termos da convenção e da Lei 4.591/64 e novo Código Civil Brasileiro, evitando quitação genérica;

d) eximir os requerentes das despesas do condomínio que não tenham participação, tais como todas as despesas referentes às áreas de uso comum, especialmente as despesas ordinárias enumeradas no item II (registros técnicos), do laudo apresentado, bem como, as chamadas extras para pagamento da modernização dos elevadores do Edifício, que os requerente vem pagando desde junho de 2004, constantes no item 2 e 3 da Assembléia Geral Extraordinária de 22.12.2003, constantes da circular nº 2004/01, documento incluso;

e) seja deferido pedido cominatório, na forma do art. 287 do CPC: "Se o autor pedir a condenação do réu a abster-se da prática de algum ato, a tolerar alguma atividade, ou a prestar fato que não possa ser realizado por terceiro, constará da petição inicial a cominação da pena pecuniária para o caso de descumprimento da sentença", no caso do descumprimento da discriminação e especificação de todas as despesas condominiais cobradas do requerido, através de demonstrativos, devendo ser cominada multa diária pelo seu descumprimento, na forma do art. 287 do CPC;

f) condenando o requerido em custas processuais e honorários advocatícios.

Valor da causa: R$ ...

N. termos,

P. deferimento.

Santa Maria/RS, ...

p.p. _____

9. Tabela prática das despesas ordinárias e extraordinárias[1]

Dependendo da situação fática serão atribuídas ao condômino proprietário das unidades imobiliárias ou locatário do imóvel, as despesas relacionadas ao condomínio edilício, sendo que em relação ao locatário (inquilino) decorrerá da obrigação originada no contrato de locação, em conformidade à Lei do Inquilinato (8.245/91).

DESPESAS		PROPRIETÁRIO	LOCATÁRIO
AÇÃO JUDICIAL – cobrança de despesas condominiais	será promovida pelo condomínio	●	
AÇÃO TRABALHISTA	verba destinada para atender despesas com reclamatórias trabalhistas e previdenciárias	● data anterior à locação	● no período da locação
ÁGUA	COLUNA verba destinada para conserto ou substituição da coluna água quente água fria. CONSUMO cobrança em separado das taxas d'água. EXCESSO cobrança em separado de excesso d'água de uma unidade. QUENTE cobrança individual ref. Consumo d'água quente.	●	● ● ●
ANTENA COLETIVA	aquisição	●	
	CONSERVAÇÃO manutenção pequenos reparos		●

[1] Tabela com configuração semelhante à constante no Guia de Orientação ao Síndico, publicada pelo SECOVI/RS, confeccionada com a colaboração da acadêmica de direito Simone Bitencourt.

DESPESAS		PROPRIETÁRIO	LOCATÁRIO
ANTENA PARABÓLICA	aquisição	•	
	CONSERVAÇÃO manutenção pequenos reparos		• •
BENFEITORIAS /PRÉDIO	inovações ou benfeitorias extras, acréscimos ou alterações nas coisas de uso comum	•	
BOMBAS	aquisição ou instalação	•	
	CONSERVAÇÃO manutenção pequenos reparos		• •
CAIXA D'ÁGUA	impermeabilizações reformas	• •	
	CONSERVAÇÃO limpeza bóia registro tampas		• • • •
CAIXA DE GORDURA	substituição reformas	• •	
	CONSERVAÇÃO limpeza desobstrução pequenos reparos		• • •
CALÇADA	despesas com reformas e consertos nas calçadas do prédio	•	
CALDEIRA	aquisição reformas	• •	
	CONSERVAÇÃO manutenção pequenos reparos		• •
CALEFAÇÃO	utilização calefação no mês		•
CALHAS	despesas com reformas, substituição e limpeza de calhas e condutores	•	
CHAMADA DEFINIDA EM ASSEMBLÉIA	cobrança de verba estabelecida em Assembléia que não tenha título específico	• extraordinária art. 22, par. único Lei 8.245/91	• ordinária art. 23, § 1º, Lei 8.245/91
CHAVES	despesas com confecção de chaves e troca de segredo		•

206

José Fernando Lutz Coelho

DESPESAS		PROPRIETÁRIO	LOCATÁRIO
CHURRASQUEIRA	construção reformas aquisição de móveis e utensílios pintura externa	• • • •	
	CONSERVAÇÃO manutenção pintura interna pequenos reparos		• • •
	USO taxa de utilização da churrasqueira		•
CONDOMÍNIO	ATRASO cobrança de cotas condominiais em atraso	•	•
	DIFERENÇA diferença de reajuste de cota condominial cobrada em separado	• amigável ou judicial- despesas extraordinárias	• cobradas de forma amigável (ordinárias) sem ação judicial
CUSTAS JUDICIAIS	pagamento de custas judiciais	• extraordinária	• ordinária
DÉBITO ANTERIOR	cobrança de débito anterior quando trocar a administradora		•
DÉCIMO TERCEIRO SALÁRIO	pagamento de décimo terceiro salário aos funcionários		•
DEDETIZAÇÃO	despesas com dedetização das áreas de uso comum do condomínio		•
DESPESA DE PESSOAL	cobrança de despesas com salários dos funcionários		•
DESPESAS INICIAIS	recursos para atender despesas ordinárias, antes da aprovação da previsão orçamentária		•
DISJUNTOR GERAL	aquisição	•	
	CONSERVAÇÃO manutenção pequenos reparos		• •
ELÉTRICA	REFORMA DA REDE despesas relativas à reforma da rede elétrica do prédio	•	
	MEDIDORES reforma ou troca do quadro de medidores	•	

CONDOMÍNIO EDILÍCIO

DESPESAS		PROPRIETÁRIO	LOCATÁRIO
ELEVADORES	substituição de cabos, portas ou de cabines reformas	• •	
	CONSERVAÇÃO manutenção pequenos reparos		• •
ENCARGOS SOCIAIS	ATRASO cobrança de encargos sociais em atraso (despesa)	• extraordinária	• ordinária
ENERGIA SOLAR	aquisição reformas	• •	
	CONSERVAÇÃO manutenção pequenos reparos		• •
ESCADA ROLANTE	aquisição reformas	• •	
	CONSERVAÇÃO manutenção pequenos reparos		• •
ESGOTOS	reformas	•	
	DESOBSTRUÇÃO limpeza		•
EXTINTORES	aquisição	•	
	CONSERVAÇÃO manutenção recarga reteste		• • •
FACHADA	despesas com reformas da fachada do prédio	•	
FECHADURAS	despesas com troca de fechaduras		•
FÉRIAS	pagamento de férias a funcionários		•
FUNDO DE RESERVA	fundo estipulado em convenção e/ou assembléia para fazer frente às despesas emergenciais	•	
	DIFERENÇA diferença fundo aprovado em convenção e/ou assembléia	•	
	REPOSIÇÃO reposição do fundo de reserva utilizado	• extraordinária	• ordinária

DESPESAS		PROPRIETÁRIO	LOCATÁRIO
FUNDO PARA REALIZAÇÃO DE OBRAS	fundo aprovado em assembléia para atender despesas com obras futuras e aprovadas	•	
FUNDO PARA REFORMA	fundo aprovado em assembléia para reformas futuras no prédio	• estruturais	
GÁS	BOTIJÃO despesas com aquisição de botijões de gás	•	
	CENTRAL despesas com instalação e reformas na rede de gás	•	
	CONSUMO consumo de gás individualizado no mês		•
	CONSUMO INICIAL cobrança de gás da unidade para aquisição inicial		•
GERADOR	aquisição reformas	• •	
	CONSERVAÇÃO manutenção pequenos reparos		• •
GRADES	despesas com colocação	•	
	CONSERVAÇÃO pintura e manutenção		•
HALL DE ENTRADA	reformas decoração aquisição de móveis e utensílios	• • •	
	CONSERVAÇÃO manutenção pequenos reparos, inclusive dos móveis pintura		• • •
HIDRÁULICA/REFORMA	verba aprovada para reforma da rede hidráulica do prédio e conserto de vazamentos	•	
HONORÁRIOS ADVOGADO	cobrança de honorários advocatícios de ações do condomínio – dependerá da espécie de ação judicial	•	•
IMPERMEABILIZAÇÃO	despesas com impermeabilização em áreas condominiais	•	
IMPOSTO PREDIAL	cobrança de imposto predial de unidades autônomas	• exigida pelo condomínio	• exigida pelo locador
	GARAGEM cobrança imposto predial da garagem coletiva ou individual	•	•

CONDOMÍNIO EDILÍCIO

DESPESAS		PROPRIETÁRIO	LOCATÁRIO
JARDIM	reformas	•	
	CONSERVAÇÃO manutenção		•
LAVANDERIA	reformas aquisição de equipamentos	• •	
	USO taxa de utilização lavanderia		•
	CONSERVAÇÃO manutenção pequenos reparos		• •
LUZ	CONSUMO cobrança em separado do consumo de luz		•
	EMERGÊNCIA aquisição reformas	• •	
	CONSERVAÇÃO manutenção pequenos reparos		• •
MARQUISE	despesas com reformas da marquise laudo da marquis	• •	
MINUTEIRA	aquisição	•	
	CONSERVAÇÃO manutenção pequenos reparos		• •
MULTA	CONVENCIONAL cobrança de multas impostas pela Convenção		•
	INFRAÇÃO REGULAMENTO multas impostas a Condôminos por descumprimento do regulamento interno		•
OBRAS	verba aprovada em assembléia para atender despesas com obras gerais	•	
PEQUENOS REPAROS			•
PINTURA	INTERNA pintura interna das áreas condominiais		•
	FUNDO PINTURA INTERNA verba aprovada em assembléia para futuras pinturas internas no prédio	•	
	COMP. PINTURA INTERNA despesas com complementação pintura interna	•	

210   *José Fernando Lutz Coelho*

DESPESAS		PROPRIETÁRIO	LOCATÁRIO
PINTURA	EXTERNA verba aprovada em assembléia para pintura externa no prédio	•	
	FUNDO PINTURA EXTERNA verba aprovada em assembléia para futuras pinturas externas no prédio	•	
	COMP. PINTURA EXTERNA verba aprovada para complementação pintura externa	•	
PISCINA	aquisição de filtro e bomba construção reformas	• • •	
	CONSERVAÇÃO manutenção pequenos reparos produtos químicos aquisição e manutenção de acessórios		• • •
PORTÃO	GARAGEM aquisição reformas	• •	
	CONSERVAÇÃO manutenção pequenos reparos		• •
	AUTOM. GARAGEM aquisição reformas	• •	
	CONSERVAÇÃO manutenção pequenos reparos		• •
QUADRA DE ESPORTES OU RECREAÇÃO E SALÃO DE FESTAS	construção reformas aquisição de equipamentos	• • •	
	CONSERVAÇÃO manutenção pequenos reparos aquisição de acessórios e utensílios		• • •
	USO taxa de utilização		•
REMOÇÃO de entulhos	despesa com remoção de entulhos de obras	• reformas ou acréscimos à estrutura integral	• manutenção e conservação

CONDOMÍNIO EDILÍCIO

DESPESAS		PROPRIETÁRIO	LOCATÁRIO
SALÃO DE FESTAS	construção reformas aquisição de móveis e utensílios	• • •	
	CONSERVAÇÃO pequenos reparos, inclusive dos móveis		•
SEGURO	FOGO seguro obrigatório RESPONS. CIVIL cobrança seguro responsabilidade civil contra terceiros	• 	• • • depende do contrato de locação
SISTEMAS	ALARME aquisição reformas CONSERVAÇÃO manutenção pequenos reparos INCÊNDIO laudo vistoria aquisição reformas mangueiras hidrantes baterias CONSERVAÇÃO manutenção equipamentos pequenos reparos	• • • • • • • • • •	• •
TAXAS	ADMINISTRAÇÃO cobrança em separado da taxa de administração do condomínio ESTACIONAMENTO taxa cobrada de condomínios ou locatários que utilizam estacionamento do Condomínio DIFER. ESTACIONAMENTO cobrança de diferença taxa de estacionamento MUDANÇA cobrança de taxa mudança USO ÁREA COND. cobrança de taxa pelo uso de área condominial		• • • • •
TELHADO	verba aprovada para atender despesas com consertos e reformas no telhado	•	
TERRAÇO	verba aprovada para atender despesas com conserto ou reforma do terraço	•	

DESPESAS		PROPRIETÁRIO	LOCATÁRIO
TRANSFORMADOR	aquisição substituição reformas	• • •	
	CONSERVAÇÃO manutenção pequenos reparos		• •
VIDROS	SUBSTITUIÇÃO manutenção		•
VIGILÂNCIA	cobrança em separado de despesas com vigilância		•

CONDOMÍNIO EDILÍCIO **213**

Bibliografia

ASSIS, Araken de. *A execução civil nos juizados especiais.* 3. ed. revista, atualizada e ampliada. Ed. Revista dos Tribunais, 2002.

AZEVEDO, Álvaro Villaça. Atipicidade mista dos contratos de utilização em centros comerciais e seus aspectos fundamentais. In: *Shopping centers-questões jurídicas.* p.30.

BACELLAR, Roberto Portugal. *Juizados especiais:* a nova mediação paraprocessual. São Paulo: Revista dos Tribunais, 2003.

BESSONE, Darcy. Artigo jurídico denominado "Problemas Jurídicos do Shopping Center". In: *Revista dos Tribunais,* n.660, p.7-16.

CARNEIRO, Waldir de Arruda Miranda. *Perturbações sonoras nas edificações urbanas:* ruído em edifícios, direito de vizinhança, responsabilidade do construtor, indenização: doutrina, jurisprudência e legislação. 3. ed. rev., atual. e ampl. São Paulo: Revista dos Tribunais, 2004.

CARREIRA ALVIM, J.E. *Procedimento monitório.* Curitiba: Juruá, 1995.

CARVALHO, Antônio José Ferreira. *O condomínio na prática.* 8. ed. rev. e ampl. Rio de Janeiro: Lumen Juris, 2004.

CHALHUB, Melhim Namem. *Curso de direito civil:* direitos reais. Rio de Janeiro: Forense, 2003.

CHAP CHAP, Romeu. Meio Ambiente e Condôminos – (A lei n.10.931 e as razões que os vetos ignoram), *Revista Jurídica Consulex,* n.188, de 15 de novembro de 2004, p.46/47.

COELHO, Fábio Ulhoa. *Curso de Direito Civil.* São Paulo: Saraiva, 2004. v.2, p.189.

COELHO, José Fernando Lutz. *O contrato de fiança e sua exoneração na locação.* Porto Alegre: Livraria do Advogado, 2002.

——. *Locação: questões atuais e polêmicas.* Curitiba: Juruá, 2005.

DINAMARCO, Cândido Rangel. *A reforma do código de processo civil.* 3. ed., São Paulo: Malheiros, 1996.

DINIZ, Maria Helena. *Curso de direito civil brasileiro:* direito das coisas. São Paulo: Saraiva, 2002.

——. *Curso de direito civil.* 16. ed. rev. São Paulo: Saraiva, 2000. v.1.

——. *Lei de locações de imóveis urbanos comentada.* São Paulo: Saraiva, 2001.

FISCHMANN, Gerson. *Comentários ao código de processo civil.* v. 14. São Paulo: Revista dos Tribunais, 2000.

FONTELLES DE LIMA. Camila Rezende e Claudine Ribeiro de Oliveira Martins. Aspectos polêmicos de garagens em condomínio edilício no novo código civil. *Revista Jurídica Consulex,* n.160, 25 de setembro de 2003.

FORNICIARI JUNIOR, Clito. *A reforma processual civil* (artigo por artigo). São Paulo: Saraiva, 1996.

FRANCO, João Nascimento. *Condomínio*. 3. ed. São Paulo: Revista dos Tribunais, 2001.

——. *Condomínio em Edifícios*. 2. ed., rev. e ampl. São Paulo: Revista dos Tribunais, 1978.

——. *Condomínio*. 5. ed. ver., atual. e ampl. São Paulo: Revista dos Tribunais, 2005.

——; GONDO, Nisse. *Condomínio em Edifícios*, 5. ed, rev. e ampl. São Paulo: Revista dos Tribunais, 1988.

GAGLIANO, Pablo Stolze e Rodolfo Pamplona Filho. *Novo curso de direito civil* (abrangendo o código de 1916 e o novo código civil). São Paulo: Saraiva, 2003. v.2.

GOMES, Orlando. *Direitos reais*. 18. ed. Rio de Janeiro: Forense, 2001.

GOMES NETO, José. Estudos e comentários na *Revista de Direito Imobiliário*, n.39, tratando do tema Shopping Center: Regulamentação Jurídica e Proteção ao Lojista, p.135.

GONÇALVES. Carlos Roberto. *Direito civil brasileiro:* teoria geral das obrigações. São Paulo: Saraiva, 2004. v.2.

GONZALEZ. Cristiane Paulsen. *Código de defesa do consumidor na relação entre lojista e empreendedores de shopping centers*. Porto Alegre: Livraria do Advogado, 2003.

GUILHERME. Luiz Fernando do Vale de Almeida. *Arbitragem*. São Paulo: Quartier Latin, 2003.

LOPES, João Batista. *Condomínio*. 8. ed. rev., ampl., e atual. pelo novo Código Civil, Lei nº 10.406, de 10.01.2002, em vigor desde 11.01.2003. São Paulo: Revista dos Tribunais, 2003,.

MALUF, Carlos Alberto Dabus, MARQUES, Márcio Antero Motta Rosa. *O condomínio Edilício no novo código civil*. São Paulo: Saraiva, 2004.

——. *Multa por inadimplência*. Tribuna do Direito, n.115, nov. 2002.

MARTINS, Ives Granda da Silva. In: *A natureza jurídica das locações comerciais dos Shopping Centers*, Lex 112/8.

MEIRELLES, Hely Lopes. *Direito de Construir*. 5. ed. São Paulo: Revista dos Tribunais, 1987

MONTEIRO, Vilebaldo. *Condomínio Edilício no novo código civil*. Rio de Janeiro: Roma Victor, 2003.

MONTEIRO, Washington de Barros. *Curso de direito civil: direito das coisas*. São Paulo: Ed. Saraiva, 2003.

NERY JUNIOR, Nelson. *Código de processo civil comentado: e legislação extravagante:* atualizado até 7 de julho de 2003 / Nelson Nery Junior, Rosa Maria de Andrade Nery. – 7. ed. ver. e ampl. São Paulo: Revista dos Tribunais, 2003.

NEGRÃO, Theotonio. *Código de processo civil e legislação processual em vigor* / organização, seleção e notas Theotônio Negrão; com a colaboração de José Roberto Ferreira Gouvêa. 32. ed. atual. até 9 de janeiro de 2001. São Paulo: Saraiva, 2001.

PEREIRA, Caio Mário da Silva. *Condomínios e incorporações*. 10. ed. Rio de Janeiro: Forense, 2001.

——. *Shopping centers:* organização econômica e disciplina jurídica. Revista dos Tribunais, São Paulo, n.580, 1984.

QUEIROGA, Alessandra Elias de. *Os parcelamentos ilegais do solo e a desapropriação como sanção*. Sergio Antonio Fabris Editor, 2002.

REALE. Miguel. *Lições preliminares de direito*. São Paulo: Saraiva, 1981.

REVISTA DE DIREITO IMOBILIÁRIO, São Paulo: Revista dos Tribunais, números 14/20 e 11/65.

RIZZARDO, Arnaldo. *Direito das coisas: de acordo com a Lei nº 10.406 de 10.01.2002.* Rio de Janeiro: Forense, 2003. p.620.

ROCHA, Eduardo Assis Brasil. (Org.). *Consolidação normativa notarial e registral do RS.* Santa Maria: Fadisma-Faculdade de Direito de Santa Maria, 2004.

——. *Condomínio e incorporações.* Caderno didático do Curso preparatório para concurso do Colégio Registral do RS, Porto Alegre: 2004.

RODRIGUES, Silvio. *Direito das coisas.* São Paulo: Saraiva, 2002.

———. *Direito civil: dos contratos e das declarações unilaterais da vontade.* 27. ed. São Paulo: Saraiva, 2000. v.3, p. 142.

SANTIAGO, Willis. *Ação monitória.* Repro 81, 1996.

SANTOS, Gildo dos. *Locação e despejo.* 4. ed. São Paulo: Revista dos Tribunais, 2003.

SÉGUIN, Elida. *Estatuto da cidade.* Rio de Janeiro: Forense, 2002.

SHIMURA, Sérgio. Ação monitória. *Revista Ajuris*, n. 66, 1996.

SILVA, José Afonso da Silva. *Direito urbanístico brasileiro.* São Paulo: Malheiros, 1997.

SILVA JUNIOR, Valdecy José Gusmão. A inconstitucionalidade do limite de 2% para as multas de condomínio, junto ao Jus Navegandi, n. 64, abril de 2003, disponível no Artigo jurídico publicado com o título "Condomínio e o Novo Código Civil", na *Revista dos Tribunais,* RT-809, março de 2003, 92. ano, págs 97 e 98.

SUPERIOR TRIBUNAL DE JUSTIÇA. Brasília. Disponível em : http://www.stj.gov.br.

TALAMINI. Eduardo. *Tutela monitória-*Lei 9.079/95, 2. ed. rev. atual. e ampl. São Paulo: RT, 2001, p.146.(Coleção estudos de direito de processo Enrico Tullio Liebman; v. 37).

——. *Tutela relativa aos deveres de fazer e de não fazer.* CPC; art. 461; CDC, art. 84, São Paulo: Revista dos Tribunais, 2001..

TEIZEN JUNIOR. Augusto Geraldo. *A função social no código civil.* São Paulo: Revista dos Tribunais, 2004.

TEPPEDINO, Gustavo. *Multipropriedade imobiliária.* São Paulo: Saraiva, 1993.

TRIBUNAL DE JUSTIÇA DO RIO GRANDE DO SUL. Porto Alegre. Disponível em: http://www.tj.rs.gov.br.

TUCCI, José Rogério Cruz e. *Ação monitória.* São Paulo: RT, 1995. p.11..

VENOSA, Silvio de Salvo. *Direito civil*: direitos reais. 2. ed. São Paulo: Atlas, 2002.

WALD, Arnoldo. *Direito das Coisas.* 11.ed. rev. aum. e atual. com a colaboração dos professores Álvaro Villaça Azevedo e Véra Fradera. São Paulo: Saraiva, 2002.